U0081287

世界首富私藏的致富秘方，
只有知道的人可以脫離貧窮！

塔木德

與世界第一商人一起賺錢

猶太民族是世界上一個極其特殊的民族，也是當今世界唯一縱貫歷史數千年、散居地球五大洲的世界民族。可以說，不暸解猶太人就無法暸解世界。

幾千年來，猶太商人正是憑著自己淵博的學識，從祖先那兒繼承來的聰明頭腦，為自己賺取大量的財富。那麼猶太人的智慧又是如何獲得的呢？這一切皆源於他們所經歷的生活。

猶太族裔經商手腕令人驚嘆，一言一行更牽引著全球發展與經濟動脈。現代科學之父愛因斯坦、美國央行前總裁葛林斯班、管理學大師彼得·杜拉克、戴爾電腦總裁麥可·戴爾、好萊塢電影大師史蒂芬·史匹柏……猶太人在當今世界的科研領域中精英輩出，在文學藝術殿堂上發光發熱，在商業金融界中呼風喚雨。

猶太民族之所以能對人類文明和社會發展做出如此獨特的貢獻，是因為猶太人對文化有著特殊的眷戀，猶太民族素有「嗜書民族」的美稱。在以色列這座城市裡，街道上最多的即是書店，在公共場合隨處可見專心讀書的人。這個國家的學者在人口中的比例和個人平均擁有的藏書量，是世上任何一個國家無法相比的。

猶太人僅占世界人口 0.2％，但在諾貝爾獎得主中就占了近 20％。這個極不相稱的比例，不得不令世界對猶太人刮目相看。據相關部門統計，美國的富

翁中，更有 20%以上是猶太人。

猶太民族是世界上最聰明、最富有的民族，有「世界第一商人」的美稱，更有「拜金民族」的稱號，而其經商智慧便集結於《塔木德》這本猶太典籍，傳承、解釋此本典籍教義的智者，則被稱為「拉比」的猶太教士。

猶太商人尊重知識，認為智慧是最重要的財富，幾千年以來，猶太民族便是憑著卓越智慧和對金錢的執著信仰，得以洞燭商機、累積財富。

本書要介紹的不是猶太民族中某個人或某時期的成就，而是整個猶太民族在歷史長河中共同創造出的文化遺產，筆者試圖用最精鍊的語言，透過一個個富含寓意的故事，來深刻詮釋猶太民族智慧的博大精深，力圖全方位呈現猶太民族的智慧。

本書藉拉比傳承的猶太思想，來闡述金錢的哲理、經商的智謀，帶你領略正確致富觀點，與猶太人一起賺錢！

Chapter 3　猶太人的談判智慧

Chapter 4　猶太人的生存智慧

猶太人的處世智慧

Chapter 1

猶太人的金錢智慧

一、價值連城的商業頭腦

在猶太社會中，每個人都會認為學者遠比君王偉大，學者才是真正值得尊敬的人。猶太人當中流傳著一句「寧可變賣所有的東西，也要把女兒嫁給學者」的格言，可見猶太人的財富是知識和學問轉變而來的智慧，以色列也因為擁有價值億萬美元的猶太商人腦袋，而傲視中東地區！

 ## 教育知識，是為了磨練智慧

猶太人因長期受到迫害，隨時都得準備踏上新的征途，所以他們視知識為自己獨有的財富，一種不會被搶奪而且可以隨身帶走的財富。在當今的以色列，受教育的程度與收入是成正比的，這已成為猶太人普遍接受的一條律例，現實世界裡，也只有猶太人最早領悟到知識就是財富的道理。因為在那漫長的苦難歲月裡，暴徒或國王們帶走了猶太人的錢財，而猶太人自己能帶走的只有永恆的信仰、知識和智慧。

如果說以色列威震中東，是仰賴於猶太人的文化素養和精神的底蘊；如果說東西方的對立，在某種意義上來看，其實是耶穌和馬克思的對立；如果說美國人的財富在猶太人的口袋裡，那是因為猶太籍的商業大亨們善於將知識轉化成為黃金。所以，倘若你不瞭解猶太人、不瞭解以色列，可能會更偏離這個現實的世界。猶太人一生的財富其實是智慧，他們把智慧看得遠比金錢來得重要，因為智慧可以永伴他們度過幸福的一生，使他們獲得成功，並帶來財富。越是卓越的猶太商人，就越有智慧，他們猶如熟透的葡萄，長得越豐碩，就越會低下頭來。因為在他們擁有打開幸運和財富之門的金鑰匙時，他們早已經變得滿腹學識和懂得謙遜了。

在別人不敢去的地方，才能找到最美的鑽石。

眾所皆知，猶太人相當重視財富，在追求財富、崇尚金錢上彷彿有著永恆的動力，且他們是相當有智慧的民族，常以平和、恬然的心態看待財富。他們累積財富其實是為了享受生活，這需要較高的精神境界，自然也需要知識。猶太人的智慧就是以知識為基礎，他們不斷求新求知，磨練心智，才能對生活產生共同的認知與體悟，不斷地提高心性與賺錢的能力。比如在傑出的猶太商人眼裡，鑽石貿易是一樁很賺錢的買賣，可是讓其他商人來經營的話，鑽石生意似乎不像猶太人來的那麼容易。在美國、英國、日本等國的商場裡擺放著各式精美的鑽石製品，生意卻很冷清，甚至是乏人問津，即使一般商人們也同樣運用猶太商法，成敗卻仍不盡相同。但如果將經營者換成猶太商人，情況就會產生大逆轉，關鍵在於其他商人們不如猶太商人那樣具有聰穎與豐富的腦袋，這是誰都模仿不來的。

　　猶太商人自古以來，就尊重知識、重視教育、尊敬智者。《塔木德》中說：「寧可變賣所有的家當，也要把女兒嫁給學者；為了迎娶學者的女兒，即使會失去一切也無所謂；假如父親和老師同時坐牢，做孩子的應先救老師。」充分體現出猶太民族所倡導的，要盡力使自己成為具有學識的人這一觀點。擁有知識和學問，不僅可以提升猶太商人的判斷力，自身的修養也得以提升。

　　因此，同樣是經營鑽石買賣，如果是猶太商人，他們不僅會瞭解產品的性能，更懂得針對客戶下功夫，儘量去滿足顧客的心理需求。且鑽石多是貴族消費的商品，因此還要特別注意銷售場地的合適性。在關鍵時刻，猶太商人會與顧客進行不失風度的「談判」，以理性取得顧客的重視和信任。只要

新絲路視頻4

寰宇時空史地4-1

猶太人復國運動與以色列

王晴天 主講

交易的商品能引起顧客的興趣，這樁買賣等於成功了一半。反之，經營者如果換作普通商人，既不懂得如何去布置場面，也不懂得如何營造良好的氣氛，往往會因為一些不當的用語、一點小小的過失而嚇跑顧客。所以即使同樣是做賣鑽石的生意，日本商人或其他國家的商人可能會因為東西賣不出去而發愁。但精明的猶太商人不一樣，他們總能憑著自己豐富的知識、閱歷和經驗，在鑽石市場裡找出豐厚的利潤與財富。曾有位日本商人問傑出的猶太商人瑪索巴氏：「如何才能成功地經營鑽石生意？」他沒有直接回答，反問這位日本商人：「你有足夠的學識嗎？」然後繼續說道，「要想成為鑽石商人，必須先擬個一百年的計畫。也就是說，單靠你一生的時間是不夠的，至少要再加上你孩子那一代的時間才行。經營鑽石買賣，最重要的是獲得別人的尊敬與信任，被人尊敬和信任是賣鑽石的必備條件。因此鑽石商人的學識要非常淵博，最好是什麼事都知道。」

　　幾千年來，猶太商人正是憑著淵博的學識，從祖輩繼承而來的教育知識，才找到他們所需要的財富。那麼猶太人的智慧又是如何獲得的呢？這一切皆源於他們所經歷的生活，對世界的體悟和對生活的認知，因而開始崇尚知識。在流浪的歲月裡，如果發現一本未曾見過的書，他們一定會買下來，帶回家與親友分享；在生活困苦的歲月裡，他們迫於生計，不得不賣掉黃金、鑽石、房子和土地，但即使窮途末路也不會賣任何一本書。他們從精美的書頁中採其果實，摘其花朵。因此，猶太人所擁有的財富有兩種，一種是智慧和知識，另一種是物質享受，物質財富雖是生存和生活所必需的，但只有智慧和知識才最為寶貴，這種財富以精神的形式永遠存於猶太人的大腦中。猶太人無論是過著流浪的生

箭法再差，多射幾箭也可能碰在靶子上。

活，還是遭受災難，身陷困境或財富被掠奪，誰都搶不走他們的知識，這就是猶太人始終把教育擺在第一的原因。

猶太法規中還有一項規定，當有人來借書時，若不把書借給對方要被課以罰金。即便是敵人向你借書，你也必須借給他，否則你將成為知識的敵人。不僅如此，猶太商人看重知識外，更親近智慧。他們認為學者比君王偉大，只有學者才值得被尊重。而且知識必須派上用場，只知道死讀書或讀死書的人，在猶太人眼中不過是一頭蠢驢，真正的知識必須用在對的地方，它是為了磨練智慧而存在。

根據猶太商人的經驗，智慧源於學習、觀察和思考。學習可以磨練人的心性與思維，猶太人視學習為義務，視教育為敬神，而書是知識的主要載體，不僅承載著新知識、新技術和新資訊，更啟發智慧，拓展思維，指導實踐。讀書是一條累積智慧的捷徑，相反地，若不更新知識、不學習、不讀書，就意味著因循守舊，缺乏遠見，可謂一種無知和愚昧。

《暢銷書出版黃金公式：PWPM
自媒體自出書作者培訓手冊》
王晴天／著

活用智慧，創造金錢

許多猶太人認為在學習知識時，一要善於蒐集資料；二要重點性地選擇，尤其對精要的部分必須細讀精思，融會貫通。三要借腦讀書，透過別人的經驗學習，從他人的結論中獲得精要的東西。四要善於進行人際互動、溝通，從各種媒介、管道中獲取知識。因為知識是死的東西，所以知識的運用更為重要，這時就要反覆觀察、分析，領略事物的內涵，讓知識透過自己的大腦「活」起來。

美國連鎖店先驅盧賓就是一位活用知識的典範。他是在美國早期的淘金浪

潮中做小生意發跡的，後來他花費若干年的時間觀察市場的情況。他發現做生意時，若不在商品上標明價碼，容易導致顧客對商店的誤解與猜忌，反而不利於業務的拓展，但如果能有一個參照標準，對每一商品的價格有一個明確的定價模式，這樣顧客除了能夠放心消費，還能建立彼此的信任關係，避免商業交易中的欺騙行為。於是他採以「單一價格店」的方式來經營，營業額明顯增加，還吸引更多顧客的光顧。盧賓的生意越發興隆，大量人潮致使店裡空間不足，而發生過度擁擠的情況，影響到交易的正常進行。基於這一點的考量，盧賓認為一個商店無論如何經營，它的輻射範圍還是會受到限制，但如果改採連鎖經營的方式，就可以解決貨物的空間問題，同時也可以擴大業務。只要實行多店同貨、同價、同服務的方式經營，並將店面的裝潢、擺設統一，就如同將一家店開設在多處不同的據點，既能滿足許多客戶的需求，生意自然也就越做越大。

　　從以上模式中我們可以看到，盧賓業務的拓展建立在銷售方式、行銷策略的創新上，是一種對過去經營管理模式的突破。一名傑出的商人，不僅要有豐富的知識，深諳銷售的藝術和顧客的消費心理，還要透過觀察將知識轉化為智慧和能力，根據商店的實際情況，設計出完整的問題解決方案。

欲瞭解更多課程資訊，請搜尋新絲路網路書店

　　在商業經營中，思考也是一個重要的環節，這種思考不只是單一考量，而是建立在對現實環境條件變化能否準確掌握、適時做出正確的反應上。世界各國的商人都能意識到商機的變化，可是他們未必能洞悉變化中的商業規律，由此預測到未來的發展趨勢。猶太商人的成功之處，在於他們能將自己對知識的理解、資訊的掌握，輔以開闊的視野和遠大的胸懷，進而發現事物運行變化的內在規律，這正是智慧思考的成果。

　　上帝把錢作為禮物送給我們，不是讓我們存錢還給他。

舉例來說，美國華爾街的金融巨頭 J.P. 摩根（John Pierpont Morgan）其非凡的洞察力和遠見便令人折服，他對趨勢觀察的獨到眼光可說是世界少有。早在一八七一年的普法戰爭，戰敗的法國要賠償德國五十億法郎，而法國國內的經濟也急待振興，法國政府若要正常運轉，就必須發行至少二億五千萬的國債。當時法英兩國的銀行巨頭分別是羅斯柴爾德和哈利，但在如此鉅額的國債以及法國內部動盪的政治下，他們也不敢發行鉅額國債，其他小銀行的經營者更是無力應接。不過 J.P. 摩根以他敏銳的直覺認為，當前政府唯一的出路便是發行國債，這些債務將是投資銀行證券交易最重要的一環，誰掌握了這個先機，誰就是未來金融業的霸主。

J.P. 摩根的判斷是正確的，可是誰敢冒這麼大的風險呢？該是他應用過去累積的知識、見地、學識的時候了。他首先想到的是將華爾街的各大銀行聯合起來，形成一個規模宏大、資金雄厚的國債組織——「辛迪加」，成功將巨大的風險分攤到各銀行。摩根的這種金融風險分攤構想，向倫敦金融中心和世界所有的交易所及投資銀行提出了挑戰，從根本上動搖，甚至是直接否定了傳統的規則，將各個金融機構聯合起來，形成一個經濟體系。對

1911 年的諷刺漫畫，諷刺 J.P. 摩根在經濟市場中占有壓倒性的地位

內，利潤分享；對外，則以強大的財力為後盾，建立可靠的企業信譽。

然而在其他金融巨頭看來，見利就應獨占，即使應付不了，也不能讓別的商業集團獲取機會。他們深信各金融機構之間應是相互敵視，不可能聯手合作，即使為了生存，暫時的聯合也是說變就變，全是以自身的最大利益來考量。而投資商們更是見利欲動、不擇手段，在商業往來中毫無信譽可言，這正是金融鉅子們傳統的商戰思想。所以，即使在 J.P. 摩根提出自己的創見後，整個華爾街乃至於世界的金融界人士都說他是「金融界的瘋子」，但他並沒有因此而動

搖意志，他深信自己的判斷是建立在學識之上，更是建立在科學的推斷之上，他默默等待著機會的來臨。當華爾街的辛迪加成立後，J.P. 摩根又積極推動建立銀行托拉斯，華爾街從投機者的樂園，轉變成美國的經濟中樞，摩根及其家族企業最終成為美國最有錢勢的巨大財團之一。

從上述故事可證，猶太商人確實具有商人的天然基因和高超的經商法則。猶太商人是最早建立遍布全球的貿易網、最早確立嚴格周密的交易規則、具有最科學的商業管理模式，也最善於以經濟手段駕馭政治權力的人。

而猶太商人中最會賺錢的代表之一，就是十九世紀崛起於法國、而後控制世界黃金市場和歐洲經濟命脈長達二百多年的羅斯柴爾德家族，初代家族掌門人邁爾是從古幣生意和發戰爭財起家，再用手中賺取的鉅額財富轉戰投資金融業。他的五個兒子分別控制著倫敦、巴黎、維也納、那不勒斯、法蘭克福、紐約和柏林的金融業，成為歐洲金融市場的力量中心。羅斯柴爾德在一八八三年不列顛帝國廢除奴隸制後，提供二千萬英鎊用以補償奴隸主人們的損失；一八五四年，在英俄克里米亞戰爭中向英國政府提供了一千六百萬英鎊的貸款；一八七一年，則提供了一億英鎊貸款給法國政府，用來支付普法戰爭的賠款；他的家族還控制了整個歐洲的鐵路，並提供法國所有需支付給俄國的貸款。在美國內戰時，他們也成為聯邦財政的主要來源。

世界上最富有的家族——羅斯柴爾德家族

猶太人若不是經濟方面的天才，早就被消滅殆盡了，他們善於賺錢的能力正是最好的自救手段。猶太商人中另一位「巧取豪奪」的大亨——美國石油大王洛克菲勒，從一名小小的會計在石油貿易業的冒險投機事業中發跡，是資本主義之下第一個十億富翁，在美國早年的六十大財團裡位居第一，他在石油貿

傷害人的東西有三：煩惱、爭吵、空錢包。

易的激烈競爭中擊敗所有對手，累積了美國史上最多的個人財富，全面掌控美國資源，成為控制美國經濟命脈的大財閥之一。

此外，猶太大亨亞曼德・漢默（Armand Hammer），二十二歲就成為百萬富翁，是資本主義世界裡第一個到前蘇聯做生意的人。後來，他進入石油業，憑藉著自己精明的頭腦和冒險家的膽識，成為石油王國中的佼佼者。還有一位富可敵國的猶太人哈同，也是由身無分文的守衛，在短短的幾十年裡，成為擁有億萬資產的商業大亨。另外，像是新聞業中的路透、普立茲、馬克斯威爾、凱瑟琳・葛蘭姆都是傑出的猶太商人，他們控制了世界的廣播業、金融業、電影業。CBS 的威廉・佩利、NBC 的薩爾諾夫、米高梅公司的創辦人、華納兄弟、派拉蒙公司這些所有主宰好萊塢黃金時代的巨頭都是猶太商人。華爾街大老賀希哈、牛仔褲的創辦人李維・史特勞斯（Levi Strauss），英國最大百貨公司馬莎（Marks & Spencer）的創辦人、世界最大廣告公司上奇的創辦人、美國金融大王萊曼、安德烈・邁耶和英荷殼牌公司的薩姆爾……等，這些猶太商人富甲天

1920 年華納兄弟之一的傑克・華納與演員、製片人

下的秘密都在他們價值億萬美元的頭腦裡。

總之，猶太商人的智慧在於他們將知識和金錢聯繫起來，認為商人必須具備淵博的學識，無論是政治、經濟、法律、歷史或是生活細節，他們都能談笑風生，其豐富的知識令其他商人欽羨不已。猶太商人因為有著如此精明的腦袋，才能在商戰中立於不敗之地。他們始終認為知識和金錢成正比，一個商人最基本的素質就是擁有各方面的豐富知識和開闊的視野，這對於商人們做出正確的判斷有著非常大的幫助。不僅做生意如此，在經濟理論方面的研究更是如此，

隨處可見卓越不凡的猶太學者。大衛‧李嘉圖、諾貝爾經濟學獎得主 K.J. 阿羅、P.A. 薩繆爾森、西蒙等都是世界級的經濟學大師。

猶太人在商業經營上那非凡的成就，與他們求知求新的觀念是分不開的，他們對於知識財富幾乎到了貪婪的地步。他們的生活之路，就是利用知識創造財富，靠財富、金錢為自己掙得一條生路。

以色列是一個小國，資源貧乏，既缺水又缺能源，這個國家遍地是沙漠，但卻孕育了豐富的人才。數十年來，散居世界的猶太商業鉅子都選擇回歸以色列，將知識、資金、技術、一生的經驗一併帶回以色列，這個國家因而擁有世界一流的人才、最高的教育水準，且當國家有難時，散居各國的猶太人會全部團結起來，支援它、幫助它。以色列還獨創了舉世聞名的農業技術，讓生活在這塊貧瘠土地上的人民，擁有世界上最傲人的財富。他們的工業技術亦是世界最先進的，不認輸的他們創造了一個又一個的世界奇蹟。

在世界的每個角落裡，猶太人憑著智慧，成為金融、商業、教育、

以色列滴灌技術稱霸全球，讓農產增加五倍

科技、政界、娛樂、媒體等各種行業的精英。在美國華爾街的精英中有一半的人具有猶太血統，律師有近三成是猶太人，高科技人員有一半是猶太人。在美國的富商中，猶太商人也占近三成。猶太人還控制了《紐約時報》、《華盛頓時報》、《新聞周刊》、《華爾街日報》、全國三大電視網 ABC、CBS、NBC，我們不得不慨嘆猶太民族的智慧所產生的巨大力量。

一位百發百中的神箭手，如果他漫無目標地亂射，也不能射中一隻野兔。

所以，猶太商人卓越的智慧相當值得我們學習。他們每到一個國家進行商業活動，必定花費大量的功夫研究當地的風土人情、文化習俗、歷史地理、宗教信仰，他們只有在完全掌握瞭解對方的時候，才會開始進行生意買賣，並由此預見各種可能發生的變故，從而洞悉每一個商機。他們對於任何問題都會想辦法瞭解透徹，事物大小都在他們的掌控之中，這種求知的精神，使他們不僅能獲得學問，更創造了鉅額的財富。

不僅如此，善於累積財富的猶太民族更懂得智慧與知識的分別。他們認為，只有創造財富的人，才是智者，也就是說，能賺錢的知識才是真正的智慧。即使你擁有碩士、博士學位，如果不曉得如何運用知識賺錢的話，充其量也只是個學者，而非智者。有智慧的人，懂得金錢的價值，如果不會用智慧去賺錢，那這樣的智慧又有什麼用呢？他們認為學者和哲學家的智慧，算不上真正的智慧，因為他們僅知道金錢的價值，卻無法獲得。而富商鉅子，沒有學者的智慧，卻能駕馭金錢，擁有聚斂金錢的真智慧，這樣的巨商，沒錢可以生錢，沒有智慧可以借智慧，活的錢在他們手中更可以生利，他們擁有的便是生錢的智慧。

簡言之，智慧只有在產生利益時，才具有實質存在的價值。世界猶太商人的卓越經商智慧，不正體現了這種精神嗎？

《塔木德》中提到：「無論誰為鑽研《妥拉》（摩西五經）而鑽研《妥拉》，均值得受到各種褒獎；不僅如此，整個世界都將受惠於他，

妥拉捲軸，現存於德國科隆舊格拉肯加斯猶太會堂

他被稱為一個朋友，一個可愛的人，一個愛神的人；他將變得溫順謙遜，他將變得公正、虔誠正直、富有信仰；他將遠離罪惡、接近美德；透過他，世界享有了智慧、忠告、智性和力量。」

阿爾伯特·愛因斯坦

　　出生於德國，是一名擁有瑞士和美國國籍的猶太裔理論物理學家，創立了現代物理學的兩大支柱：相對論及量子力學。也是質能等價公式（$E = mc^2$）的發現者。因為「對理論物理的貢獻，特別是發現了光電效應的原理」，榮獲一九二一年的諾貝爾物理學獎。愛因斯坦是二十世紀最重要的科學家之一，一生總共發表了三百多篇科學論文和逾百篇非科學作品，有「現代物理學之父」之譽，他那卓越和原創性的科學成就也使「愛因斯坦」一詞成為「天才」的同義詞。

　　希特勒於一九三三年開始掌權成為德國總理時，愛因斯坦正在走訪美國，但因為愛因斯坦是猶太裔人，所以儘管身為普魯士科學院教授，他也沒有返回德國，之後長期定居於美國，成為美國公民。在第二次世界大戰前夕，他在一封寫給時任美國總統羅斯福的信裡署名，提到德國可能發展出一種新式且深具威力的炸彈，建議美國也盡早進行相關研究，美國因而開啟了曼哈頓計畫。

　　愛因斯坦支持增強同盟國的武力，但譴責將當時新發現的核分裂用於武器用途的想法，後來愛因斯坦與英國哲學家伯特蘭·羅素共同簽署《羅素—愛因斯坦宣言》，強調核武器的危險性。

愛因斯坦，攝於 1920 年

　　希望完成自己所能的是人，希望完成自己所希望的是神。

二、為了愛財之心流浪

世界上除了上帝之外，唯有金錢最值得令人尊敬和重視。為了生存，猶太人四處流浪；也是因為流浪，失去國家、土地和主權的這一切，讓猶太民族在流浪過程中，努力累積財富，以金錢為手段，在異地生存了下來。

「錢」是唯一的實質資產

在現代商業資本社會，人的價值更體現在對財富的擁有。從這個意義上來看，猶太人無疑是世界上最傑出、最有智慧的商人，他們透過不斷對金錢、財富的追求，贏得生存和發展的機會，因而聚集了越來越多的財富。猶太人的成功，不僅因為他們控制了金錢，也因為他們透過金錢主導了世界的勢力。

錢，成了猶太民族精神上的一面鏡子，他們對金錢的崇尚，是其他民族無法比擬的。二千多年的流浪生涯，使他們失去了土地、失去了國家，他們唯一可以掌控的，是透過商業經營來賺錢，金錢因而成為他們信仰中萬能的上帝。它不但帶給猶太人生存的機會，更為他們爭取權利和地位。當他們擁有金錢時，便能有效掌握自身的存在和發展的空間，並以金錢對付外來民族的威脅。

在猶太商人眼裡，錢是沒有區別的，這不同於那些衛道的商人，他們關心

的往往是錢的出處，什麼錢可以賺，什麼錢不可以賺。猶太商人認為既然是錢，那誰都可以賺，他們關心的是錢而不是錢的性質。猶太商人認為把錢加以區分是件愚蠢的事情，既浪費時間，又束縛思想，金錢只會為人們提供各式各樣有利於生存和發展的機會。

從歷史上來看，羅馬帝國占領猶太人的地域後，猶太人就被逐出家園，在世界各地流浪。他們沒有主權，也無政治權利，只有錢才是他們唯一可以依賴的東西。即使四處流浪，猶太商人仍一心想著賺錢，因為他們知道錢是最有力的生存競爭武器。有了錢之後，便可以利用錢來控制別人。金錢帶給他們快樂，他們又用錢來對付各種外來的歧視，從而用錢買到人生真正的快樂。

因此，在所有猶太商人心裡，最重要的事就是積極地賺錢，絲毫不必考慮錢的出處。猶太商人從不關心錢的來源，他們知識廣博、反應敏捷、判斷力強，瞄準一切賺錢的機會，知道如何靠著智慧合法地賺到錢。即使在軍中服役的猶太人，也不會錯過賺錢的機會，他們會把軍營當作放高利貸的場

黑森選帝侯與邁爾‧羅斯柴爾德

所，賺取高額的利息收入。十九世紀在歐洲富甲一方的羅斯柴爾德家族始祖邁爾‧羅斯柴爾德（Meyer Amschel Rothschild），當他置身於歐洲拿破崙時期的動盪社會時，便巧妙運用了智慧、謀略、資金與情報，不擇手段地從一位學徒變成具有強大實力的古董商，再轉戰金融業，成為一名金融家，累積了令人咋舌的鉅額資金，奠定其成為今日歐洲首富之實。

以為智慧比美德更重要的人，會失去自己的智慧。

猶太商人很會賺錢，他們認為金錢比一切都來得重要，在他們血液裡永遠流著對金錢原則的不變態度。因此，猶太民族最重要的標誌之一就是以錢為重，沒有任何宗教色彩的鈔票才是一代代猶太商人所要追逐的東西。然而錢又是人類的造物，它最基本的形式是「信用」，國家對「紙幣」的信用猶如上帝授予摩西的那塊法寶。猶太人即使改變了信仰，但他們在取得「錢」方面的成功仍相當一致。

著名的猶太銀行家們，包含倫敦的哈姆勒、紐約的貝爾蒙特、柏林的布萊希羅德，他們都改變了原先的宗教信仰；美國媒體大王、紐豪斯集團（Newhouse）的負責人塞繆爾‧紐豪斯（S. I. Newhouse）應徵員工時更只錄取非猶太人的應徵者；那些在美國名校中獲得學術地位的教授，甚至也不認為自己是猶太人了，可是世人仍把他們視為猶太人。其中最明顯的一個特點就是他們對金錢仍存有共同的原則，因為對待金錢的態度最能直接反應出一名猶太人的文化與價值觀。

猶太人與金錢的密切關係，與他們寄居大城市的獨特生活方式無法真正切割，他們始終從事著商業活動，在同樣遭受亡國或是掠奪命運的其他民族中，只有猶太民族走上了專事商業的道路，累積的財富因而比任何一個民族都多。他們在獲得財富後，又一再地被其他民族搶奪，落得一貧如洗。但為了贏得另一個和平的時期，他們會再次投入商業活動中，藉由金錢與財富迅速地崛起，為居住地帶來繁榮，也為自己贏得財富。

中世紀的歐洲各國就是藉猶太商人之手開創了商業的繁榮，尤其是在法國，期間約二百年的發展

中世紀時期的法國猶太人

史中，有六次召來猶太商人，又有六次驅逐這些猶太商人，他們搶奪了猶太人的財富，又反覆利用猶太人為他們創造一次又一次的經濟奇蹟，從而發展法國的商業。因此，日本商人常說：「信仰猶太教的猶太人，做生意有自己的本事。若生意人都去做猶太教的信徒，世界便可避免戰爭，人人都可以賺錢，世界便成了真正的人間樂土。」

這話很有說服力，猶太商人始終是與錢相伴而生的，他們與其他人類維繫關係的唯一籌碼便是金錢交換，錢和猶太人曾一起受到排斥、遭受掠奪，然而近代的猶太商人因為有錢，又再獲得了崇高的聲譽。他們生活在以色列，以色列便能傲視於阿拉伯世界之外；他們生活在美國，美國就成為世界貨幣經濟強國，同時，猶太商人自己也變得更顯達、更富有。世界上只要有錢的地方，便是猶太商人取得地位和成就的地方，而且他們在一地區生活久了，還會說服當地民族認同他們的金錢意識，將他們的信仰同化為對金錢的追逐，讓這個民族也變成「猶太商人」，至少在金錢方面是如此。如果說美國人對金錢的現實態度最像猶太人的話，這就是最好的例子了，美國人成了現代意義上被「錢」同化的猶太人，因為猶太人的生存邏輯就是錢的邏輯，更是發展資本的邏輯，這種錢和資本的邏輯中，深深反映出猶太商人對金錢的信仰，金錢是他們信仰中的第二個上帝。

其實，猶太商人對錢的態度，早已被世界商人們所廣泛接受。早在二千多年前那個時代，便反應出猶太文化對財富認可的思想，「錢不是罪惡，也不是詛咒，錢會祝福人類」、「錢會給予我們向神買禮物的機會」、「身體的所有部分都依靠心而生存，心則依賴錢財而生」，我們不能否認這是一種最先進的智慧。

最初猶太人因為流浪而重視金錢，因為錢能帶給他們生活中的基本所需。然而，猶太人在被視為異端的宗教徒後，他們認為金錢就是金錢，是他們與其他信徒交往中唯一沒有色彩的東西，所以他們不會鄙視金錢。他們從寄居地位到獲得在一個國家中生存的權利，是用錢買到的，要不是因為猶太人有傑出的

超越別人，不如超越自我。

賺錢能力和鉅額財富，可能早就被消滅了，所以猶太商人才會如此愛財、視財如命。他們在幾千年的流浪歲月裡，散居四處，藉由獲取金錢讓他們團結起來，相互救助而得以延續整個民族。不僅如此，猶太人看重錢，也是因為經商最容易讓他們獲得事業上的成功，錢永遠是商業活動中猶太人的最終目標。因此，還有什麼比賺大錢，更令猶太人感到欣慰的呢？

在商業活動中，錢成為猶太人生活的重心，是他們事業成敗的關鍵，對猶太民族而言，錢更是為了應付潛在危機而準備。錢的存在意味著可以避免災難，錢越多，他們的生存就越有保障，因此賺錢不僅是為了滿足生活的需要，更是為了安全，為了應付突發事件。在其他民族對錢還存有種種偏見時，猶太人的金錢價值觀已從經濟轉向文化、社會領域。錢對猶太商人來說，有了神聖的特質，正是這種凌駕於一切之上的金錢觀，對其資本的產生、發展、累積和增值都占有非常重要的地位。他們將能否賺錢視為決定一切成敗的準則，這樣的價值觀讓世間的一切都可以視為商品來計算價值，因而在猶太世界裡，神、宗教、倫理、情感等廣泛的領域都被抹上了金錢的色彩。

猶太商人可以打破封閉的商業體系，順利進入全新的現代商業領域。有了「錢」，便能取得自主地位，一切在利潤的驅使下，資本開始運轉，世界市場得到開拓，經濟秩序得以維持，從而確立現代資本體系，這期間貢獻最大的群體之一，首推猶太商人，他們遠遠走在其他民族的前面，成為「資本家的原型」。他們對於金錢的認識，不再有觀念上的偏見，因而能在商業領域自由地施展自己的才華，成為世界上最有能力賺錢的人。

《我在星巴克喝咖啡，用 Notebook
上網賺百萬》邱閔渝／著

因流浪而愛財，因愛財而流浪

近年來，許多人逐漸認同猶太商人的成功之道在於愛財之心的驅使，他們因流浪而愛財，又因愛財寧可「流浪」，而逐漸成為貿易、實業、金融、商業各領域的精英。

如果想知道猶太商人是如何賺大錢的，答案其實不難找到。有著最高商業智慧的猶太富賈們，並不是靠緊縮衣食住行的費用來累積財富，而是以錢滾錢賺來的。猶太商人大多是白手起家，即使當代的猶太人巨富，他們的發跡也只不過是二、三代的歷史，且沒有一個家族是靠存小錢累積起資本的。他們討厭苦行僧般的生活，賺錢是為了享受，在文化生活上更是反對禁欲論，猶太商人常為自己的發展訂下幾個目標，比如獲得與美國人一樣的高薪、英式的庭園豪宅、日本人理想的妻子或是中華廚師的美食，他們希望得到世界上最精美的一切，卻不願意像苦行僧那樣節儉。

另一方面，從猶太商人集中在金融業、投資報酬率極高的一些行業來看，「錢滾錢」的經營思想主導了猶太商人的世界觀，他們的目標是賺錢而非省錢。這真是一種具有真知的見解，試想如果一個商人僅依靠賺小錢來獲利，他能成為商業大亨嗎？這不僅遠遠偏離猶太人的冒險經營策略，也是猶太商人不同於別的商人、能夠賺大錢的重要因素之一。他們在從事商業經營上，能夠精打細算，計算到毫釐，成本儘量能低就低，價格儘量能高就高，能賺錢就盡力地賺。而且猶太人的生活是極為奢侈的，如英國的猶太銀行家莫里茲‧赫希（Moritz Hirsch）有一次在莊園宴請上流社會人士，歷時長達兩

《誰搶了我的金飯碗？》顏長川／著

最昂貴的鑽石總是藏在不易被發現的地。

個星期，在其中一個野獵活動中，賓客射死的獵物就多達一萬多頭；另外，在中國上海的猶太商人哈同，更斥資七十萬兩銀元建造華麗的愛儷園，以取悅自己的嬌妻。這些有高級品味的猶太商人，遠不同於那些其他商人，終身不得閒，如螞蟻般活得忙碌。猶太商人最講究生活品味，他們經商時心態平和，發現利潤就順勢賺取，即使無利可圖時也懂得稍安勿躁，這致富商道相當值得我們學習。

「我關心的是錢，而不是錢的性質，既然是錢，我就可以賺，何必將錢區分為可賺與不可賺呢？這樣不僅束縛了思想，更束縛了自由。」這便是猶太商人經商的一大特點。但作為商人，只精於此道是不夠的，還必須「工於算計，長於精明」，這不僅是經商的起點，也是一種最高的境界。

在美、蘇成功發射火箭，載人飛行太空後，法、德、以色列聯合擬訂了月球旅行計畫。招募太空人的時候，一名德國應徵者說：「給我三千美元，我就做，我會把一千美元留作自用，一千美元給妻子，一千美元作為房屋基金。」一位法國應徵者說：「給

美國登陸月球時，阿波羅 11 號的三位成員

我四千美金，一千美元自用，一千美元給我妻子，一千美元給我情人，一千美元用於房屋貸款。」而一位以色列應徵者要價更高：「給我五千美元，其中一千美元給你，一千美元歸我，其餘的三千美元用來僱德國人去執行。」從這裡我們可以看到猶太商人有多麼精明，自己什麼都不做就能賺得一千美元。

又如西元一八七二年隻身去香港謀生的猶太富商哈同（Silas Aaron Hardoon），由赤貧晉升為豪富。他於一九〇一年開辦了哈同洋行，靠房地產生意和販賣鴉片賺了大錢，成為上海地產大王。尤其他在收取地租、房租時的

精明算計非同凡人。哈同出租普通住家和小塊土地的租期都很短，一般三至五年，主要是基於資金回收快，又能在每次續約時調整租金。小攤販若在哈同的地皮上擺攤，也必須交每月五美元的租金給他。

哈同收取租金的方式是以中國陰曆年來計算，因為陰曆一個月為二十九至三十天，陽曆月為三十至三十一天，陰曆每三年有一個潤月，五年再潤一個月，十九年有七個潤月，這樣按陰曆計月收租，每三年可多收一個月租金，每五年可多收兩個月租金，十九年就可多收七個月租金，哈同果真精於算計啊！哈同暴富之後，建造了占地三百畝的「愛儷園」，他在園內興辦學校、出版刊物。為了管理愛儷園，還將員工分為若干等級，各等級的員工需配戴相應的徽章，徽章要員工自己掏錢購買，且徽章成本只有五個銅板，他卻要員工支付四角錢。哈同死後，據英國總領事館人士核算，其遺產共計有一億七千萬美元，不動產部分，計有土地四百六十畝，房屋倉庫一千三百餘所，除愛儷園外，還有店面八十一幢、住家一百四十四幢、飯店四家。由此可見，在猶太商人的世界裡，他們個個都是精明的傢伙，只要腦中有了精明的點子，便會大膽地去嘗試。

1912 年哈同與孫中山在哈同花園合影

猶太人之所以成為世界最富有的商人，是因為流亡迫使他們賺錢，有了錢才得以生存，甚至控制這個強大的世界。他們各個熱衷賺錢，並把錢敬之如神，他們賺錢從不隱諱，之所以成為富人全憑他們的精明與運氣。猶太人把賺來的錢都用在享受生活上，因為過去的二千多年裡，他們流離失所，就算今天是平安的，也許明天就會遭到迫害，既然如此，何不即時享樂，享受現下的時光呢？猶太富賈們透過豪華宴會款待客人，不僅是為了享受，也是在對外炫耀他們可以用錢來支配一切。在傑出的猶太人心目中，理想的藍圖是每天晚上能夠盡情享受精美的晚餐。

生而貧窮並無過錯，死而貧窮才是遺憾。

正是這樣積極賺錢的心態，讓猶太商人在逆境中，更能我行我素地賺錢，他們甚至視逆境為賺錢的最佳機會。如果和猶太商人競爭，他們會設法消除一切對手，做獨家生意，對行業進行壟斷。他們是在最先獲得賺錢的情報後，取得先機並壟斷市場，「別人不去經營的我去經營，別人不會經營的我會經營」，他們就是在別的商人不願意做的買賣上、不屑做的生意上或者不敢承擔風險的投機行業上大膽投資，因而能輕易壟斷市場，獲得相當高的投資報酬率。

且極有個性的猶太商人，習慣於不相信任何人，甚至不相信自己的父母和妻子，因為世界太複雜，他們沒有錢就得去流浪，他們有了錢還是要去流浪。他們認為人類是互相敵視的，因而凡事都小心謹慎，很少被人欺騙，尤其在商場上，更忌輕信，不然會蒙受巨大的經濟損失。當然，猶太商人從不輕易相信別人，精明的算計使他們得以稱霸商場。他們賺到錢以後，不是將錢拿來投資，就是拿來放高利貸，然後再用賺來的錢報復、支配歧視過他們的敵人，他們以高利貸為起點，用金錢為資本，把自己的利益延伸到世界各地，在金融界出盡了風頭。

中世紀的羅馬教皇依諾增爵三世在致法國國王的信中說：「猶太人變得越來越傲慢，以至於透過發放罪惡的高利貸，不僅榨取了高利，而且以利滾利，甚至侵吞了教會的財產和基督徒的財產。」猶太人確實具有商人的天賦，甚至連猶太軍人也玩起放高利貸賺錢的生意經。有了錢，他們一邊享受生活，一邊玩著漂亮的女人，四處觀光、旅遊，生活過得十分愜意。

我們再來看南非首富之一的猶太商人巴拉特。他初期到南非時，僅帶著四十箱的雪茄，他把雪茄拿去抵押，換取一些鑽

羅馬教皇依諾增爵三世

石來做生意，短短幾年就成為當地的大老闆。巴拉特的生意在週六獲益最多，因為週六銀行較早打烊，他可以在這天用支票購買鑽石，然後在下周一銀行營業前售出鑽石，拿收到的錢來支付貨款。巴拉特經常利用這種拖延付款的方式，巧妙地運作銀行休息的時間，藉由「暫緩付款」來獲取利潤。

與其說猶太商人愛財如命，不如說他們更愛流浪，在流浪過程中得到的資訊與情報，能讓他們在幾個小時內賺上幾百萬英鎊。邁爾‧羅斯柴爾德的五個兒子為了那愛財之心，在西歐各國建立了橫跨全歐的專用情報網，不惜花大錢購置當時最快最新的設備，其情報的準確性和傳遞速度超過了英國政府的驛站和情報網。一八一五年，羅斯柴爾德的三兒子納森在滑鐵盧戰役即將結束前，開始出售英國公債，所有人在「納森賣了」的效應下開始拋售，納森也持續拋售，但就在公債價格跌到最低時，他突然改以大量買進。當官方宣布英軍大獲全勝時，納森大發橫財，在股票交易中賺到幾百萬英鎊，這時交易所裡的人才知道這一切都是他精心設計的賺錢遊戲，而這次投機的成功便是建立在快速準確的情報獲取上。

納坦‧羅斯柴爾德，邁爾‧羅斯柴爾德之子，執掌家族在英國的業務

總之，成功的猶太商人都是勇於冒險的玩家，按照商戰法則，冒的風險越大，賺的錢越多，不敢冒險的商人，多是一些平庸之輩。猶太商人不但勇於冒險，更善於投機。他們眼裡看到的就只有商品，而商品只有一個屬性，那就是金錢。如此一來他們的經營範圍就擴大了，而這些商業規則與智慧的運用，都是在流浪中獲得的。

真正的大業，都是在別人認為不可能的情況下完成的。

三、金錢智慧的啟示

01 無形的財富

一艘船在海上行駛，搭乘者都是富甲一方的富豪，這些富人中有一位是猶太拉比（猶太人中精通塔木德的精神領袖、宗教導師階層）。在航行的過程中，船上的人一邊欣賞海景，一邊爭相炫耀自己的財富，拉比聽了一會兒，淡淡地說：「其實，我才是最富有的人，因為我有豐富的學識。擁有知識與智慧，就等於擁有金錢，只可惜智慧、學識是無形的，我無法把財富拿出來給你們看。」拉比的這番話引起了同船富翁們的嘲笑。

不久，他們遇上了海盜船，海盜把船上的金銀財寶洗劫一空，船上那些富翁們頓時成了一貧如洗的窮光蛋。海盜揚長而去後，船漂進一個港口，當地人得知那位猶太拉比是位學識豐富的智者，便請他在當地擔任教師，而那些富翁沒了錢財，只能流落街頭，成為乞丐。

一天，這些乞丐在街上碰到了拉比，感慨地說：「你說的話確實不假，有學問果真能擁有一切啊！」

תלמוד 啟示

《塔木德》格言說：「金錢能買萬物，唯獨買不到知識。」猶太人重視智慧，他們認為學問與知識才是能否掌握財富的關鍵。「知識是唯一可以隨身攜帶，且永遠不會被奪走的財富。擁有知識與智慧的人必然會有錢，但有錢的人未必有知識、有智慧。」這是猶太商人信奉的真理，也是他們得以成就事業的所在。

《區塊鏈創業》吳宥忠／著

02 賺錢哲學

對某些人來說，宗教是一種信仰；對另一些人來說，宗教是一種職責；而對猶太商人來說，宗教則是一種賺錢的哲學。

有一次，四個商人聚在一起，他們分別是佛教、基督教、伊斯蘭教和猶太教的忠實信徒，各自讚美著自己信仰的宗教。

佛教商人說：「我們佛教希望普渡眾生，勸人放下屠刀、行善積德。」

基督教商人說：「萬能的主教導我們應多多祈禱與懺悔，賜給我們力量。」

伊斯蘭教商人說：「真主無所不在，保佑我們平安幸福！」

最後，輪到猶太商人：「我相信你們信奉的宗教都是很好的，但世界上最好的宗教應該是我們猶太教。」他不慌不忙地說，「為什麼這麼說？你們應該都知道，世界上最精於經商、最懂得賺錢的就是猶太人，這表示猶太教是個教人賺錢的宗教，如果大家都信奉猶太教，每個人都經商成為富翁，世界就會因為富足而成為幸福樂園，戰爭也會變成歷史名詞，和平降臨，地球就跟天堂沒有兩樣啦！」

✡ תלמוד 啟示

猶太人確實很有錢，而且很擅長賺錢，生財智慧已經成為猶太智慧王冠上最為碩大且耀眼的鑽石之一，他們之所以能夠成功，是因為他們不在教義上空談，而是真正把宗教的信念落實到生活之中並發揚實踐，也因此，世界上猶太族裔雖然人數不多，卻總是特別耀眼，並成為公認的「世界第一商人」。

03 死要錢

有一位猶太人在性命垂危的時候，把所有的親友都叫到床前，對他們說道：

「請把我的財產全部變賣換成現金，為我買一張最高級的床和一條毛毯，然後把剩下的錢放到我的枕頭下，等我死後再把這些錢都放進我的墳墓裡陪葬，讓那些錢好好陪我。」

親友按照他的吩咐，買來了床和毛毯。這個猶太人躺在豪華的床上，蓋著柔軟的毛毯，看到錢已被放到自己的枕頭下面，嘴角浮上一抹微笑，然後嚥下了最後一口氣。

遵照其遺囑，他留下的這筆為數不少的現金要和他的遺體一起被放進棺材。就在棺材蓋子要關上的那一瞬間，死者的一位朋友趕來了，他在聽說死者的錢要按照遺囑放到棺材的事之後，就從口袋裡飛快地拿出支票和筆，在上面填上要放入棺材中那筆現金的數額，然後將支票撕下放到棺材裡。他拿出棺材裡的現金，把支票放在老人的身邊，輕聲說：「老朋友，支票上的金額與你的財產相同，你在天堂想用的時候，就去領吧！」

תלמוד 啟示

這個故事充分反映出猶太人對金錢的重視和偏好。猶太人價值觀的標準就是金錢，他們認為擁有金錢才能擁有幸福人生。猶太人的這種價值觀和幸福觀，激發了他們對金錢的執著信念，他們認為金錢就是上帝，唯有金錢才能使人盡情地享受生活，而那種「安貧樂道」的想法是一種消極態度，不值得推崇。

04 不將儲蓄當嗜好

「這世界上，除了上帝之外，就只有金錢最值得人尊敬和重視。」猶太人經商，採取徹底的現金主義，他們認為只有現金才能保障他們的生命和生活，以對抗天災人禍與突發事件。

猶太富商克里斯擁有上億美元資產，但他不太喜歡把錢存進銀行，總是將大部分現金放在自己的保險箱。某次，一位銀行存款上萬的商人對他的做法感到納悶，便問他：「克里斯先生，對我來說，如果沒有儲蓄，生活等於失去了保障，變得毫無意義。你有那麼多錢，為什麼不存進銀行呢？」

「許多人認為儲蓄是生活上的安全保障，存款越多，心理上的安全保障程度越高，但如此累積下去，將永遠沒有滿足的一天。這樣豈不是把有用的錢全部束之高閣，降低了自己賺大錢的機會，並且無從發揮自己的經商才能？」克里斯不慌不忙地道，「想想看，有誰是省吃儉用一輩子，靠利息而成為世界知名富翁的？」

商人雖然無法反駁，但心裡總覺得有點不服氣，反問道：「你的意思是反對儲蓄囉？」

「當然不是完全反對，」克里斯解釋道，「我反對的是把儲蓄當成嗜好，而忘記可以提出來再活用這些錢，利用它來賺到遠比銀行利息更多的錢。我還反對銀行裡的錢越存越多時，在心裡上覺得相當有保障，便靠利息來補貼生活費的生活態度。因為這樣將會造成依賴心態，失去了商人必須有的冒險精神。」

תלמוד 啟示

克里斯的話很有道理，存在銀行裡的錢其實和廢紙沒什麼區別，金錢唯有再次放入市場流通，才能發揮它的作用。

猶太人在世界各地流浪二千多年，族裔散居五大洲，他們認為金錢才

你不可能將整個海洋煮沸。

是使他們獲得尊重的關鍵。中國人說：「佛要金裝，人要衣裝。」猶太人也說：「金錢對人的作用，猶如衣服對人的作用。」這兩大世上最古老的族群都信奉金錢的力量，都認為金錢可以讓人獲得重視、得到尊敬。就是這種對金錢的態度，使他們熱衷於投入商業活動，憑藉金錢為居住地帶來繁榮，也為自己贏得財富與社會地位，成為世界最富有、掌握最多資源的族群之一。

05 富裕的祖先

有一位富翁的兒子衣著華麗，衣服上總是綴滿了各式各樣顏色鮮亮的金邊飾品。有一天，他和隨從外出遊玩，但不小心與大家走散，迷失了方向。他茫然無助地在森林裡遊蕩，終於看到迎面走來了一個衣衫襤褸、背著幾個大麻袋和水壺的年輕人。

富翁的兒子把他華貴的衣服脫下來，對年輕人說：「這件衣服很值錢，我用它和你換一壺水，不過你要帶我走出森林。」

年輕人看了看他，問道：「我憑什麼要聽你的？」

「因為我是富人的後裔啊！我的祖先可是非常了不起的呢！」富翁的兒子上下打量著年輕人說，「我猜你肯定不知道你的祖先是誰吧，也許他們是我祖先的奴隸呢！我以我祖先的名義命令你，應該夠分量了吧！」

年輕人聽後，頭也不回地扔下一句話：「雖然我不知道我的祖先到底是誰，但我知道你將是你們家族的最後一個人，而我將成為一個富裕家族的祖先。」原來，那些麻袋裡裝的正是

《賺大錢靠土地》林宏澔／著

年輕人在城市裡經商賺得的金幣，他正要帶著金幣回家鄉呢！

תלמוד 啟示

很多人認為，要有所成就必須要有良好的家庭背景才能實現，但猶太人堅信，沒有誰生來就註定一生平庸，你會繼承家族的血統和膚色，但是不一定會繼承貧窮，只要想改變，自己也可以成為富裕家族。只要懂得依靠自我的勞動和智慧去改變命運，便有機會得到成功。

06 活用金錢的智慧

麥可是個小雜貨店的老闆，他節儉到極點，生活上所有的用品除非到不堪使用的程度，否則絕不換新。他不抽菸、喝酒，也不看電影、不吃餐廳、不到外地旅行，生活裡沒有任何娛樂，最大的興趣就是到各大百貨公司「Window Shopping」（指消費者僅瀏覽商品，沒有購買的意圖），幻想自己有一天也能存到足夠的錢，開一間屬於自己的大型百貨公司。

一天，麥可在百貨公司裡逛了一圈，眼花撩亂地看著各式各樣的商品，然後走到精品櫥窗旁，看著櫥窗裡展示的各式珠寶、首飾。這時，他身邊走來一位穿戴十分體面的猶太紳士，站在一旁抽著雪茄。

麥可恭敬地對紳士說：「你的雪茄很香，應該不便宜吧？」

「十美元一支。」

「真貴……你一天抽多少支呢？」

「十支左右吧！」

「天哪！你抽多久了？」

「四十年前就開始抽了。」

「是嗎？你實在應該仔細算算，要是不抽雪茄的話，那些錢就足夠買下這家百貨公司了。」

沒有能力買鞋子時，可以借別人的，這樣比赤腳走得快。

「這麼說來，你不抽雪茄？」

「當然，我才不把錢浪費在這種東西上。」

「那麼，你買下這家百貨公司了嗎？」

「沒有。」

「那我告訴你，這一家百貨公司，是我的！」

תלמוד 啟示

《改變一生的演講力》
Jacky Wang ／著

　　麥可很懂得計算，他知道每天抽十支十美元的雪茄，四十年累積下來的錢就可以買一家百貨公司；他也懂勤儉持家、由小到大累積財富的道理，但他不抽雪茄也沒有省下可以買百貨公司的錢。麥可的智慧是死智慧，紳士的智慧才是活智慧，錢是靠錢生出來的，不是靠苛刻自己存下來的，善用金錢的智慧令猶太人成了最有錢、最成功的商人。

07 君子愛財，取之有道

　　有一位拉比平日靠砍柴維生，每天都到山上砍柴，然後再把這些柴背到鎮上的市集去賣。但拉比想花多一點時間研究猶太法典，於是決定買一頭驢來馱柴，以節省來回往返的時間。

　　拉比在市集上向一名阿拉伯人買了一頭驢，弟子們看到拉比買了驢都非常高興，他們把驢牽到河邊洗澡，竟然在驢的脖子上發現一顆光彩奪目的鑽石。弟子們開心得不得了，他們都為老師可以從此擺脫貧困的打柴生活，專心致志地研究猶太法典而感到高興。

　　但出乎大家意料，拉比拿到鑽石後便立刻回到市集找那位賣驢的阿拉伯人，並把鑽石還給對方。賣驢的阿拉伯人對拉比的行為感到很驚訝，他說：「你

買了驢，而鑽石又在驢身上，其實你可以拿走鑽石，但你卻把鑽石還給我，這實在叫人驚訝。你為什麼要這麼做呢？」

拉比回答：「猶太法典中告誡我們，只能拿支付過金錢的東西，所以鑽石必須歸還給你。我只買了驢子，沒有買鑽石，我只能擁有我所買的東西，其他非我應得的，我不能貪取。」

阿拉伯人聽後肅然起敬，讚嘆地說：「你們的神必定是宇宙中最偉大的神！」

תלמוד 啟示

所謂：「君子愛財，取之有道。」猶太人雖然重視金錢，但對如何得到金錢的態度卻十分嚴謹。他們堅信，唯有屬於自己的財富才可以用於己身，用不正當的手法欺騙、訛詐得來的金錢，即使到手了，最後也一定會失去。經商必須以合法的方式運作，這樣才能保有信譽，讓事業長久經營。

《圖解金剛經與心經》王晴天／著

08 價值的定義

信心是一股龐大的力量，只要有一點點信心就可以有神奇的效果。信心是人生最珍貴的寶藏，它能使你免於失望，也免於那些不知從何而來的灰暗念頭，使你有勇氣去面對艱苦的人生。同樣的道理，如果喪失了這種信心，將會是一件非常可悲的事情。失去信心，你的前途有如被幾扇門關閉著一般，使你看不見遠景，對一切都漠不關心，甚至沒有生氣的情緒，讓你誤以為人生不再有任何意義。

有一位全美國最頂尖的保險業務經理，他要求所有業務員每天早上出門工作之前，用五分鐘的時間站在鏡子前面看著自己，並且對自己說：「你是最棒的壽險業務員，今天你就要證明這一點，明天也是如此，一直都是如此。」經由這位業務經理的安排，每一位業務員的丈夫或妻子，也在他們出門工作之前，以這一段話向他們告別：「你是最棒的業務員，今天你就要證明這一點。」

信心是人的一種本能，沒有任何一種力量可以和它相提並論，小小的信心可以移動艱險的山峰。所以，有信心的人心中不會存有「這是不可能的事」這樣的思想，他可能也會遭遇挫折危難，但不會灰心喪志。

猶太法典中有這樣一個故事：

有一名猶太青年請教拉比如何獲得幸福，拉比指著一顆醜陋的石頭說：「你把它拿到市集去，但無論誰要買這塊石頭，你都不要賣。」第一天、第二天、第三天都有人來詢問這顆石頭，但猶太青年始終都不賣。第四天，石頭已經能賣到一個很好的價錢了。

這時拉比又說：「你把石頭拿到石器交易市場去賣。」第一天、第二天、第三天時都有人圍過來問，之後的幾天，石頭的價格也已被抬得高過了其他石器的價格。

拉比又說：「你再把石頭拿到珠寶市場去賣……」

相信你一定可以想像最後出現了什麼情況——石頭的價格比珠寶的價格還要高了。

תלמוד 啟示

人是依靠信心而生的，一旦失去信心，我們就會開始退縮，對一切都不敢肯定，人生也就沒有了方向。就像那名猶太青年一樣，如果富有自信，就能為自己的生活打下堅實的基礎，讓自己得到幸福。

每個人的本性中都隱藏著潛力無窮的信心，拉比其實就是在挖掘猶太青年潛在的信心。世上的人與物皆是如此，如果你認定自己是一個不起眼

的石頭，那麼你可能永遠只是一塊石頭，但如果你堅信自己是一塊無價的寶石，那麼你就是。

只有自信，才能夠感覺到自己的能力，其作用是其他任何東西都無法替代的。支持自己的理念，有信心依照計畫行事的人，比起一遇到挫折就放棄的人更具獲得成功的優勢。

09 金錢不該是煩惱的根源

從前，一名猶太人經過二十多年的辛勞，終於擁有了一份自己的產業。他的辛苦和操勞使他擺脫貧困，得以過著富裕的日子，但他卻發現自己二十歲的兒子不喜歡工作。他嘗試向兒子講述辛勤工作所帶來的成就感和喜悅，兒子卻說：「既然父母已經為我準備好了一切，我又何必這麼辛苦呢？」

父親非常疼愛兒子，一心想讓他體會工作和成功的喜悅。於是，他賣掉所有產業，把錢都捐給慈善機構幫助窮人，然後告訴妻子和兒子，由於生意虧損，他們的生活將陷入窮困。父親滿懷希望地認為兒子應該會開始工作了，但令他失望的是，兒子解決貧窮的辦法竟是要和富翁的女兒結婚，因為這樣他便可以獲得女方的嫁妝，未來繼承富翁的財產。

父親一氣之下把兒子趕出家門，他也發現自己已經失去第一次創業時的精力與衝勁。失去兒子、沒有積蓄，在滿懷失望與傷心的情緒中，他來到一座橋上，決定投河自盡。當他跨過欄杆準備往下跳時，一名衣衫襤褸的孩子走到他身邊說：「先生，既然你要自殺，那麼身上的錢和手錶對你已無用處，不如送給我吧！」這名父親愣了一下，想不到臨死之前竟然還有人要算計他僅有的一點財產。這時他突然醒悟過來，不想死了，他和那孩子也成為朋友，開始向孩子講述自己的故事。

要相信自己的判斷，任何人的意見都不十分可靠。

只要換個角度想，就能得到心理平衡。《塔木德》格言說：「金錢不是善良的、罪惡的，也不是萬能的。」很多人為了金錢而煩惱、憂慮甚至恐懼，但很多事並不是強求就能順利得到解決。沒錢可以再賺，失敗可以東山再起，只要肯定自己，就會發現自己的價值，與其對無能為力的事情煩心，不如看開一點，或許能找到另一片天空。

⑩ 貪心的下場

有一位猶太拉比在山中意外發現一座寶庫。他從沒見過那麼多財寶，但他最後只從山上拿了一小塊金子。他藉著金子換取金錢，開始過著快樂的生活。

有一個貴族知道了這件事，也找到那座山洞，他把所有的口袋都裝滿金塊後還不滿足，甚至準備搬走整座金山。這時，山神說話了：「不要太貪心，否則天一黑，門關上了，你不但得不到半塊金子，連命也保不住。」可是貴族置若罔聞。

就在他不停搬運黃金的時候，轟隆一陣巨響，門關上了，貴族再也沒有辦法走出這個山洞。

許多人的一生就是這樣，追逐權力、金錢，沒完沒了，到頭來卻沒有一樣東西真正屬於自己，因為他太貪婪了。

善待自己的生命才是人生最大的目標，如果一個人的追求不能使生命更燦爛，反而負重累累，那它的意義何在呢？離功名利祿這些沒

《圖解道德經：老子的81則人生短語》王晴天／著

關係，只要能靠近快樂，你就能感受幸福，擁有幸福與快樂，才能成為一名真正富有的人。

11 富翁的小費

一個晴朗的夏日，火車站裡坐著一位衣服沾滿泥土、滿臉疲憊的老人。火車進站了，老人起身向剪票口走去，這時忽然走來一個胖太太，她提著一個很大的行李箱，顯然也要趕這班列車，但箱子太重，累得她直喘氣。她看到了那個老人，朝他大叫：「喂，老頭，快幫我提箱子，我待會兒給你小費！」老人拎過箱子就朝剪票口走。

火車慢慢啟動了，胖太太抹了一把汗，慶幸地說：「要不是你，我可能就趕不上這班車！」說著，掏出一美元遞給老人。老人也不推辭，微笑伸手接過。

此時，列車長走了過來，對老人說：「您好，敬愛的洛克菲勒先生，歡迎搭乘本次列車，如果有需要效勞的地方，我很樂意為您服務。」

老人客氣地說：「謝謝，不用了，我只是剛剛結束了一個為期三天的徒步旅行，現在我要回紐約總部。」

胖太太驚叫起來：「什麼？洛克菲勒？上帝，我竟叫石油大王洛克菲勒先生替我提箱子，還給了他一美元小費，我這是在做什麼呀？」她忙向洛克菲勒道歉，並誠惶誠恐地請求將一美元小費退給她。

洛克菲勒笑著說：「太太，妳根本沒做錯什麼，不須道歉，這一美元是我賺的，所以我就收下了。」說著，洛克菲勒把那一美元鄭重地放進了口袋。

תלמוד 啟示

一個理解財富本質的人，絕不會看不上小錢，也不會放棄賺小錢的機會，當他的行為既能賺錢又能造福社會時，他才是一個真正優秀的商人。

賺錢，要賺女人和有錢人的。

12　利用別人的錢為自己賺錢

當機會來臨時，有智慧的商人會毫不猶豫地大舉借錢，然後經過周密策劃、精心營運，最後得到別人不敢想的利益。

猶太金融大亨索羅斯創立基金時，只有四萬美元的資本額，靠這一點錢在華爾街是根本掀不起風浪來的。因此，索羅斯協同羅傑斯採取了一套策略。這套策略概括地說就是「以利生利」，也就是金融界常說的「利用別人的錢來為自己賺錢」，索羅斯將此一策略比喻為「槓桿原理」。

在大多數投資者膽戰心驚的日子裡，敢於冒險的索羅斯脫穎而出。他們利用多數投資者的心理，大膽賣空大多數機構關注的股票，例如迪士尼等，從中賺取了豐厚的利潤。他們又以一、二十美元的價位，賣空雅芳股票，同樣獲得了成功。正是利用這兩個原理，他們獲得了最初的財富。其資本增加速度之快，令同業們羨慕不已，索羅斯與羅傑斯就這樣不斷互相引導、互相啟發，共同走向華爾街成功的巔峰。

美國猶太金融大亨喬治·索羅斯

תלמוד 啟示

善於借錢生錢的猶太商人，往往也是利用機會的高手。在猶太人眼裡，善於把握機會的人，往往能發揮自己的聰明才智。

13　不吃做種子的小麥

《塔木德》中說：「可以將小麥借給佃戶做種子，但做種子的小麥不可食用。」此一箴言流傳了幾千年，在商業上的解讀是：本錢是用來賺更多的錢，

擁有者必須小心經營，不可將其揮霍掉。更進一步說，這句話還包括「不可把錢存進銀行，指望它為人帶來利息」、「不可把錢借給他人，指望它給人帶來好處」等意思。

猶太人認為，把小麥借給佃戶做播種之用，至少還有歸還的可能；把做種子的小麥磨成粉，做成麵包果腹，就是純粹的消費行為，吃完以後只好再去借，借麥者就會陷入越來越窮的境地，而出借者的利益也會受到損害，這種帳極可能成為呆帳。其次，消費借貸、生產借貸可能產生因資本的流通不暢，而出現無法回收借貸物的情況。正因為如此，商人們要考慮好資本的運作，使從商者和消費者都擁有可供順利運作的資本。

猶太人認為，從商者充分考慮好順利回收資本（貸款或貨款）的環境和條件，考慮好如何制定合理的價格，考慮好如何提供符合消費者需求的商品和令消費者滿意的服務，這是使經濟活動中貸款或貨款順利支付的基礎。所以說，種子是用來交換金錢的，種子是不可食用的。

תלמוד 啟示

可以將小麥借給佃戶做種子，但做種子的小麥不可食用。靈魂的純潔是最大的美德，經商者應牢記：抓住屬於自己的錢，不抓不屬於自己的錢。

14 金錢的負擔

有一名商人，生意做得有聲有色，財源滾滾，他請了好幾名會計，但總帳還是堅持要自己算。因為錢的進出又多又大，他天天從早上按計算機按到三更半夜，累得腰酸背痛、頭昏眼花。更慘的是，每晚睡前他就開始想明天的生意，一想到成堆白花花的銀子，他就又興奮又激動，根本無法好好睡覺。白天忙得不能睡覺，夜晚又興奮得睡不著覺，這個商人因此患了嚴重的失眠症。

活用一切有利條件，充分發揮自己的潛能。

商人隔壁是靠做豆腐為生的小夫婦，每天清早起來磨豆漿、做豆腐，說說笑笑、快快活活、甜甜蜜蜜。牆這邊的商人在床上翻來覆去，搖頭嘆息，對這對窮夫妻又羨慕又嫉妒，他的太太也說：「我們這麼多銀子有什麼用？整天又累又擔心，還不如隔壁那對窮夫妻活得開心。」

商人早就意識到自己還不如鄰居生活得輕鬆灑脫，等太太話音一落便說：「他們是窮才這樣開心，一旦富起來就不可能了，很快我就讓他們笑不出來。」說完，商人下床去錢櫃裡抓了幾把金子和銀子，扔到鄰居院子裡。

這對夫妻正在邊唱歌邊做豆腐，忽然聽到院子裡「撲通」、「撲通」地響，提燈一照，見是閃閃的金子和白花花的銀子，於是連忙放下豆子，慌手慌腳地把金銀撿回來，心情緊張極了。這些金銀讓這對磨豆腐的小夫妻非常焦慮，一時不知該把這些財富藏在哪裡才好，藏在屋裡怕不保險，藏在院子裡怕不安全，從此再也聽不到他們說笑，更聽不見他們唱歌。

商人和他太太說：「妳看！他們再也笑不出來、唱不起來了吧！早該讓他們嚐嚐有錢人的滋味。」

《川普逆襲傳奇：成也川普敗也川普的真相揭密》王晴天／著

![icon]תלמוד 啟示

有些時候，剝奪人生快樂的與其說是兵戎相見，不如說是物欲圈套；耗盡我們的生命，與其說是窮困的折磨，不如說是瑣碎的誘惑。人總是為了生存和生活的需求而創造財富，但當個人財富超過一生的需求時，情況也許就不同了。如果處理得當，可能會為你增添無窮的快樂與幸福；如果處理不好，就會變成一種負擔，禍害無窮。

15 最會賺錢和用錢的民族

加利曾為一個貧窮的猶太教區寫信給倫貝格市一位有錢的煤礦商，請他贈送幾車煤炭。商人回信：「我不會白送東西給你們，不過可以半價賣給你們五十車煤炭。」該教區表示同意，於是先要了二十五車。但交貨三個月後，他們既沒付錢也不再購買。

不久，煤商寄出一封措詞強硬的請款書，幾天後收到加利的回信：「您的請款書我們無法理解，您答應賣給我們五十車煤炭減掉一半，二十五車正好等於您減去的價錢。這二十五車我們要了，另外二十五車我們不要了。」煤商憤怒不已，但又無可奈何，不得不佩服加利的聰明。

在這其中，加利既沒耍賴，又沒搞騙術，僅利用口頭協議的不確定性，就氣定神閒地坐在家裡等人「送」來二十五車煤炭，這就是猶太人賺錢的高招。

猶太人不僅愛錢，更懂得錢在商業社會中的重要性和如何用錢，他們賺起錢來毫不客氣，但同時也不乏施捨行善的美德，通常他們會拿出自己收入的百分之十作為慈善捐款。以色列社會非營利組織機構數不勝數，都是以捐款形式建立的，在提供社會福利、維護公民權利和促進民族和睦等方面都發揮著積極作用。

YOUTUBE 搜尋新絲路視頻，免費學習更多知識

תלמוד 啟示

世界的錢在美國人的口袋裡，美國人的錢卻在猶太人的口袋裡。猶太人認為，賺錢是最自然的事，如果能賺到的錢都不賺，簡直是罪惡。

財富、美麗、善良、力量、誠實、智慧都是重要的。

Chapter 2

猶太人的經商智慧

一、巧取豪奪的猶太大亨

財富是生命中最大的快樂，猶太人把錢財當作最美好的事物，他們運用過人的智慧和手段，在求財的過程中過關斬將，一步步蠶食鯨吞，不僅獲得了快樂，也得到了最實質的回報——金錢！

從中世紀以來，猶太人從事著被人類視為罪惡之源的商業和一切與金錢相輔的行業。他們經歷的是一條商業的煉獄之路，自古就具備了現代資本商人的條件，其基因不斷被延續下來，在激烈的生存競爭中，他們與錢緊緊地聯繫在一起。直到自由市場時代的來臨，猶太人的金錢人生修成了正果，成為世界第一的商人。

在商業界，猶太人天生會做生意，並以善於賺錢經商而聞名世界，他們永遠在追求著豐厚無邊的利潤，事實上他們世俗的上帝就是錢，錢變成他們真正的神。在世界上任何有錢的地方都有猶太人的身影，他們畢生追求著財富，將金錢視為自己的信仰，在一定意義上猶太人才是「專職」的商人。如果研究一下他們的猶太教教義，篇篇都在鼓勵人們學習、尊重知識，所以猶太人多是學識淵博的智者，這些高智商的人做生意，肯定會成功的。因此，你也可以說猶太教的本質其實就是生意經。

《財道聖經》黃仁志／著

從歷史上看，猶太人特別重信守約，使得各種商人與猶太人做生意時，對猶太商人的履約態度極有信心，他們這項特質對整個商業界產生了深遠的 影響。因為他們把守約視為一種義務，在實際的商業活動中，信譽就是市場，是企業生存發展的基礎，高度的商業信譽為猶太人事業的發展提供了保障；如

舌頭這個東西，說它好，沒有比它更好；說它壞，沒有比它更壞。

果從智慧的角度來看，這是一種富有遠見的利潤算計學問。從文化上來看，猶太人反應敏銳，具有很高的情報意識，他們不但有知識，更有智慧，帶動了他們在商業發展上的遠景。從財富上來看，猶太商人最富有冒險精神，建立在科學的推算基礎上，是一種精於算計的冒險，因而獲取了世界第一的財富，成為世界第一的商人。猶太商人將一切以金錢為基礎來進行貿易活動，其價值觀中唯一的標準就是錢。

由於猶太商人天生的經商基因和傳統經商習慣使然，最早形成遍布世界各地的貿易網，最早確立嚴格周詳的交易規則，最富於行業協調精神，最精於商業的合理化進程，最善於以經濟實力影響政治權力。他們是世界上的「有錢人」，是當今世上最重要的一股經濟力量。

商界教皇托馬斯・彼得曼認為：「公司總經理的主要職責就是設法實現公司的價值。優秀公司的特點在於文化，而文化影響力之強烈，足以使你要為遵守其規章制度而辭職，沒有別的選擇。」猶太富商在經營自己的財富事業時，或注重革新、或注重品質、或注重優質服務、或巧取豪奪，其重點皆不相同，不過他們為了創造卓越的自身價值和成就，都會盡力比同行們勝出一籌。

《富中之富的財富方程式》林偉賢／著

 ## 金融天才喬治・索羅斯

被譽為「金融天才」的喬治・索羅斯（George Soros），自一九六九年建立「雙鷹基金」以來，現已創下令人難以置信的產業，以平均每年 35% 的成長率令華爾街的商業大亨們望塵莫及。他如同宗教裡的「神」，主導著全球的金融市場，其一言一行將直接影響商品或貨幣的交易變化。當索羅斯投資黃金買

賣時，黃金價格便急速上漲；當索羅斯投資倫敦房地產時，原來一直處於頹勢的房產價格竟迅速扭轉；當索羅斯撰文質疑德國馬克的價值時，德國馬克匯價立即下跌，這種經濟上的「索羅斯效應」至今只有少數人知道，因為他對投資方面的事大多保密，不願多談，所以人們總是想盡辦法試著揭開他成功背後的神秘面紗。

在商業競爭中，有人會走到競爭的臨界點，卻永遠跨不過去；也有人走到了臨界點，在偶然間跨過界去了。而索羅斯則是個喜歡尋求變化的智者。

一九三〇年索羅斯生於匈牙利布達佩斯一個猶太家庭，父親是有名的律師，總是灌輸他要超越自我，具有革新的挑戰思想，所以索羅斯少年時就顯得與眾不同，自信且自重。一九四四年，身為猶太人後裔的他們沒能逃過流浪外地的命運，在躲過納粹迫害的劫難後，索羅斯終於明白，要逃過世間的劫難，有時是需要冒險的，不過這種冒險要避開毀滅性的災難。

匈牙利國徽

一九四七年，十七歲的索羅斯從匈牙利來到了倫敦，當一名工人以維持生計，身處社會的底層。可是他厭惡貧窮，決定改變自己的處境。他於一九四九年進入倫敦政治經濟學院學習，在校期間對他影響至深的是卡爾‧波普爾的哲學思想，這也成為他日後建立金融市場新理論的根據。一九五三年他從倫敦經濟學院畢業後，決心進入獲利最豐的投資業，他毛遂自薦，順利進入 Singer & Friedlander 公司當一名實習生，成為該公司負責黃金和股票的套利交易員，但當時他在 Singer & Firedlande 公司並未留下什麼驚人的成績。後來他帶著所有積蓄五千美元前往紐約 F. M. Mayer 公司做套利交易員，從事歐洲證券業務分析，專門為美國的金融業提供諮詢服務。一九六〇年，索羅斯在金融界初露鋒芒，當時德國安聯保險公司的股票和房地產投資價格上漲，其股票售價與資產價值相比大打折扣，他建議投資人大量買進安聯公司的股票，摩根擔保公司和德瑞福斯基金（Dreyfus Fund）便採用了這個建議，成為最大的受益者，因為

安聯公司的股票在短時間內價值連翻了三倍。一九六三年索羅斯轉往 Armhold & Sbleichroeder 公司分析外國證券，從此他在金融界聲名大噪。

倫敦政治經濟學院校徽

索羅斯最擅長從宏觀經濟學角度來把握全球金融市場的動態發展，尤其是把握一些重大國際政治事件對金融市場的影響，他在這方面可以說天生具有高度的敏銳度，一九六七年則升為公司研究部主管。一九七三年，索羅斯創辦索羅斯基金管理公司，親自擔任交易員，由羅傑斯負責研究專案。索羅斯和羅傑斯積極投入這項工作，他們訂購三十多種商業刊物，蒐集上千家美國和其他國家公司的金融財務紀錄。羅傑斯每天都會分析二十至三十份的年度財務報告，以尋求最佳投資機會，如一九七二年的銀行業非常不景氣，因為管理方法落後、過於僵化，致使投資者很少選擇銀行股票投資。然而敏銳非凡的索羅斯對這一行業進行深入且縝密的研究，他發現有一批高學歷的優秀專業人才即將進入銀行業，著手改革落後的管理體系，盈收的趨勢越來越明顯，於是索羅斯大量買進銀行股票。不久，銀行股票大幅上漲，索羅斯從這次的投資中獲取了50%的利潤。就在這一年裡，贖罪日戰爭爆發，索羅斯又緊盯著握有美國國防部訂單合約的諾斯普公司、聯合飛機公司、格拉曼公司、洛克伊德公司，並大量投資這幾家公司，替自己帶來鉅額的利潤。

在金融業裡，索羅斯不僅經常採取買低賣高的獲利法則，更善加利用賣空買空的交易方式。如索羅斯與雅芳化妝品公司的交易案，就是以市價每股一百二十美元借了雅芳化妝品公司一萬股股份，以達到賣空的目的，後來股票開始狂跌，直到索羅斯以每股二十美元的價格買進雅芳化妝品公司一萬股才停損，而這筆交易讓索羅斯以每股一百美元的利潤為基金賺進一百萬美元，達到近乎五倍的獲利。

索羅斯與羅傑斯超凡的投資策略，使得索羅斯基金呈量子般增長。到了一九八〇年十二月三十一日，索羅斯基金成長達3,353%，與標準普爾綜合指

數相比，後者同期僅僅成長了 47%。

　　索羅斯對華爾街金融市場認真考察後發現，以前的經濟理論都過於學術，根本不能套用在現今的市場變化。他分析整理出一套新的金融市場理論，認為金融市場是動盪、混亂的，市場的買入賣出決策是基於投資者的預期，數學公式不可能完全反應出金融市場的變化。在交易中，投資者對某一股票所持的態度，是肯定還是否定，將影響到股票價格的上漲或下跌，市場價格也不能適時地反應市場未來發展的趨勢。同樣地，投資者對某一股票的偏見所做出的推測，必定忽略了某些未來因素可能產生的影響。

　　在實際的股票交易中，投資者對目前股市的預測不一定與未來發展趨勢相吻合，相反地，目前的預測卻成了未來的投資準則。投資者依據相關資訊的反應，不可能決定股票的價格，他們往往根據自己的感覺做出預期的推測。索羅斯還發現，人們對市場的反應，是從事實到觀念，再從觀念到事實，如果投資者的觀念與事實相距太遠，又無法回到事實上，這時金融市場就會出現激烈的波動，表現在一個「盛──衰」反覆的序列上。所以精明的投資者常常逆勢操作，對盛衰過程做出明智的判斷，這也是索羅斯的常勝籌碼，還有最重要的一點是，投資者的偏見引發市場的盲從行為，而盲從行為終因過度的投機致使市場崩潰。

　　索羅斯的制勝之道在於他從不拘泥傳統的金融理論，而是立足變化不定的金融市場，總結出自己的投資理論。如八〇年代索羅斯對雷根政府經濟發展的

　當秘密說出來後，你便成了它的奴隸。

預測，他認為美國經濟即將出現一個「盛——衰」的序列，索羅斯隨即看準時機大膽投資。當時雷根政府推行新經濟政策，促使美國經濟呈現一片繁榮，至一九八二年，美國股市上揚，索羅斯的量子基金上漲了 56.9%，淨資產從一點九三三億美元激增至三點零五八億美元。正當美國經濟出現空前的繁盛之際，美元更加看漲，貿易逆差急遽上升，預算赤字逐年增大，索羅斯這時已洞悉到美國經濟大衰退時代即將來臨。隨後美元貶值，他又預測到德國馬克和日圓未來將升值，而美國政府將會支援美元貶值，於是他決定做一筆大交易。

一九八五年九月，索羅斯開始了多頭（股票術語。凡看好股市行情，買進股票待漲價賣出者）馬克和日圓的交易。最初他持有的馬克和日圓多頭資金達七億美元，儘管早期受挫，他仍堅信自己的投資決策是正確的，又將資金增加到八億美元。九月二十二日，美日德法英財長舉行會議，討論美元貶值事宜，五國財長簽訂《廣場協議》，當天美元兌換日圓下降 4.3%，從原來的一美元兌換二百三十九日圓下降到二百二十二點五日圓，索羅斯一天就賺進四千萬美元的利潤。十月底，美元跌落 13%，一美元兌換二百零五日圓；一九八六年九月，一美元可兌換一百五十三日圓，美元的大幅狂跌，使索羅斯總共賺進約一億五千萬美元。他的量子基金也由一九八四年的四點四八九億美元上升到一九八五年的十點零三億美元，資產增加 223.54%。一九八六年索羅斯量子基金又增加 42.1%，達到十五億美元，其個人收入達到二億美元，成為華爾街排名第二的富翁。

但索羅斯的財富事業也非永遠一帆風順，一九八七年他曾在經濟上遭遇了「滑鐵盧」般的慘敗。他根據總結出的「盛——衰」金融市場理論，將其應用於日本證券市場。當時日本許多大公司包括銀行和保險公司等積極收購

《覺醒時刻：創富藍圖潛意識激活》
王晴天、范清松／著

其他日本公司的股票，有些公司透過發行債券進行融資，日本股票出售時的市盈率高達四十八點五倍。索羅斯憑著在金融業的經驗，認為日本證券市場將走向崩潰，而美國證券市場的市盈率僅為十九點七倍，遠低於日本市場，因此索羅斯相當看好美國的證券市場。

一九八七年九月，索羅斯將幾十億美元的投資轉移到華爾街。但索羅斯失算了，因為證券市場首先面臨大崩潰的便是美國華爾街。一九八七年十月十九日，美國紐約的道瓊指數狂跌五百零八點五三點，隨後的一個星期裡，紐約股市一路下滑。這時期日本的證券市場卻大漲，索羅斯只好拋售手中所持有的幾種長期股票份額，其他的交易商也隨之跟進大量拋售這些股票，致使索羅斯的期貨現金折扣下降 20%，折扣額達到二億五千萬美元，索羅斯在一天內的損失高達二億多美元，在整個華爾街股票大崩潰中，損失額總計在六點五至八億美元之間。而量子基金的淨資產跌落 26.2%，超過美國股市 17% 的跌幅。

面對如此巨大的經濟災難，索羅斯仍以平常心看待，他認為對事物認識的不足是人類與生俱來的，要在跌倒的地方重新站起來。他告誡人們：「如果你的表現不盡人意，首先要採取的行動是以退為進，不可鋌而走險。當你重新開始時，最好從小處著手。」這時從市場迅速撤出才是明智的，應盡力避免損失。索羅斯比別人早看到投資決策的錯誤，為了保存實力，他開始仔細檢查，分析錯誤之所在，修正自己的觀點，等待下一次機會的來臨。

索羅斯在長期的金融實戰中和《塔木德》的薰陶下，總結出一套自己的市場理論，他認為金融市場是毫無秩序的，股票交易的獲利不是靠邏輯分析而是心理決策取勝，關鍵在於是否掌握投資者的心理。尤其預測市場變化應該將相關市場和態勢綜合起來，在某一市場發生的波動，必將影響到相關市場，如果能準確判斷它所產生的連鎖反應，還能在多個市場同時獲利。但值得注意的是，金融投資業是要承擔風險的，一個人固然會出錯，獲利越大就越需要膽識，若過於小心謹慎是不易獲得風險利潤的。

索羅斯認為一個投資者最大的錯誤在於膽小怕事，一旦準確預測行情發展

　只要真理在手，就堅決地用真理來保護自己的利益。

的趨勢，就要掌握時機放手一搏，如果確信自己的投資決策無懈可擊，即使冒多大的風險也無所畏懼。索羅斯為何總是能在金融市場獲得鉅額的利潤？答案便是他有著超凡的膽識與智慧。

一九九二年索羅斯再次成功狙擊英鎊，成為家喻戶曉的投資大師。近二百年來，英鎊一直是世界的主要貨幣，原本採取金本位制，在全球金融市場上占有重要的地位。然而二次大戰結束後及一九二九年的股市大崩潰，英國政府被迫放棄金

華爾街，世界最具經濟活力之城和首屈一指的金融中心

本位制，改採浮動制，自此英鎊在世界金融市場的地位逐年下降。

於是，索羅斯決定嘗試撼動一下大不列顛這棵巨碩的英鎊大樹，他果斷地採取行動。從來沒有任何人做過此類的瘋狂舉動，有誰會如此狂妄，以個人的力量去對抗一個國家的金融體制呢？這個舉動真的太瘋狂了！

早在英國加入歐洲匯率體系前，英鎊與德國馬克的匯率皆維持在一英鎊兌換二點九五馬克的水準，然而自一九八九年十一月柏林圍牆拆除後，德國統一的進程加快，索羅斯認真思考這一重大國際事件所帶來的影響，他相信統一後的德國將經過一個重建的困難時期，而無暇顧及歐洲的經濟動向。可是英國當局不顧這個嚴峻的現實，在自身經濟處於衰退的時期，仍以維持高匯率作為條件，並於一九九○年後加入歐洲匯率機制（ERM），這意味著英國要付出昂貴的代價。一方面索羅斯認為在歐洲匯率機制範圍內，每一種貨幣只允許在一定的匯率範圍內進行浮動，這將導致英國依賴於德國馬克，為了保護本國經濟利

益，只能促使本國貨幣貶值。另一方面英國中央銀行（英格蘭銀行）有足夠的能力維持如此高的匯率嗎？

一九九二年二月七日，歐盟十二個成員國簽訂了《馬斯垂克條約》，使英鎊、里拉這些貨幣處於巨大的貶值和降息壓力之下。索羅斯進一步瞭解到，金融市場是動盪不定的，一旦英國的金融市場發生動盪，以德國馬克為核心的歐盟成員國會幫助英國度過難關嗎？這很值得懷疑。就在此條約生效不到的一年時間裡，歐洲國家

柏林圍牆被推倒數日前

的貨幣經濟政策變得難以協調，那時英國的經濟發展十分不景氣，為了刺激經濟的發展，英國梅傑首相宣布若要在歐洲匯率機制下維持英鎊價值，唯一可行的辦法就是降低利率，但如果德國馬克匯率維持不變，英國又單獨採取行動，自然就會削弱英鎊的價值。索羅斯認清了這個複雜的現實，早已伺機狙擊英鎊，和其他一些投資人大膽地擴大資金規模，嚴陣以待。當英國經濟繼續大幅度的衰退時，英國政府急速請求降息，卻不被各成員國接受，英國政府需要採取貶值英鎊的行動，但又受限於歐洲匯率機制，只能勉強支撐，於是索羅斯更加堅信自己的判斷了。

英鎊對德國馬克的匯率不斷下跌，英國政府擔心英鎊對馬克的比價低於歐洲匯率機制的最低下限二點七七八，下令英格蘭銀行購入三十三億英鎊，試圖干預金融市場，結果適得其反，這更加強了投資人的信念，索羅斯便在此危機四伏的時期大膽出擊。一九九二年九月，世界的投資人們開始圍堵歐洲匯率機制中那些疲軟的貨幣，尤其是英鎊和里拉。索羅斯和其他長期從事套匯營利的共同基金和跨國公司，持續在市場上拋售疲軟的歐洲貨幣，而這些國家為維持歐洲匯率機制內各自貨幣價值的穩定，只好拿出鉅額資金去干預市場。

英國政府採取的第一個措施是從國際銀行組織借資七十五億英鎊，阻止英

金錢是沒有臭味的，它是對人類安逸生活的祝福。

鎊繼續下滑。然而光是索羅斯一人為了狙擊英鎊，就已經動用了一百億美元與英國政府對抗，在這場被稱為天量級的豪賭中，索羅斯拋售了七十億美元的英鎊，購入六十億美元走強的德國馬克。索羅斯還進一步瞭解到，英鎊的貶值必定影響英國股市的行情，他分析後又購入五億美元的英國股票，並賣空鉅額的德國股票。一九九二年九月十五日，索羅斯決定大量放空英鎊，這時英鎊仍一路下跌，英鎊對德國馬克的匯率下滑至歐洲匯率機制的最低下限達到二點八，這時英鎊處於退出歐洲匯率機制的邊緣。

當時，英國政府一再請求德國降低利率，都被拒絕了。於是他們又採取透過高匯率來吸引貨幣回流，最初將利率上調 2% 至 12%，一天內又繼續提高到 15%，但英鎊的匯率並未維持在最低下限二點七七之上，英國政府在這場金融戰中斥資二百六十九億美元的外匯存底最終慘敗，不得不於一九九二年九月十五日退出歐洲匯率機制。與英鎊一同遭受鉅額損失的還有義大利的里拉和西班牙的披索，所以義大利和西班牙也紛紛宣布退出歐洲匯率機制。

《數字貨幣的 9 種暴利秘辛》林子豪／著

在這場豪賭中最大的贏家就是索羅斯，他從英鎊空頭交易中獲利近十億美元，在與英國、法國、德國等利率期貨的多頭上，以及與義大利里拉的空頭交易上，他獲利達二十億美元。在這一年裡，索羅斯基金成長了 67.5%，個人淨賺六億五千萬美元，成為華爾街財富排名第一的猶太富賈。

索羅斯不僅是天才型的投資商，更是傑出的《塔木德》生意經理論家。他認為投資的成功關鍵在於認清形勢的變化，及時發現並確認逆轉的臨界點，這是最重要的。就股票市場而言，當投資者對某些公司充滿信心時必定大量買進這些公司的股票，致使這些公司股票上漲，公司也處於獲利地位，還可以透過

增加借貸、出售股票，以及買賣活動來達到企業獲利之目的。如果市場出現飽和，在競爭中又挫敗了企業的獲利能力，或者市場盲從行為推動了股票價格的上漲，導致股票價格被高估，最後致使股票價格崩潰，這些都是金融交易中的「相互作用」所致。

索羅斯善於從變化不定的股市風雲中總結出一定的規律，並吸收內化成自己的投資理論。在選擇股票方面，他會在一個行業中，選出最好和最差的兩家公司作為投資標的，業績最好的公司股票是投資者們最願意買進的，這樣它的價格會被持續向上推；可是行業中最差的公司股票上市後，一旦這種股票吸引住投資者，就可能賺取巨大的利潤。索羅斯在金融投機方面最不看重常規行動，但又最善於把握這些規則的變化，因為當投資者都認定某一規則時，規則本身卻又在發生變化，如果能把握這種變化，投資者就有機會獲得與風險相當的利潤。比如索羅斯在襲擊英鎊時，就是掌握了這個變化的時機，對他而言，最重要的便是賺錢，他的嗅覺總是如此敏銳。

在九〇年代，當東南亞國家出現經濟奇蹟之際，也大力推行金融自由化，讓自己成為全球金融的中心。但經濟的快速增長，導致東南亞各國出現過度投資房地產、高估企業規模和市場需求等狀況，一場潛在的經濟危機即將爆發。索羅斯對東南亞金融市場的巨大危機，自然勝算在握，因為他正在等待時機，準備再打一場英格蘭式的經濟戰。

過沒多久，東南亞各國的經濟過熱現象逐漸擴散，於是各國的中央銀行展開控制通貨膨脹的措施，普遍採取調高銀行利率的辦法。這為投資商帶來了投機的大好機會，東南亞各國銀行內部也投入美元、日圓、馬克等外幣，開始炒作外匯。當局雖也瞭解採取這種措施的嚴重後果，因為大量借入外幣，會造成銀行短期外債遽增，如果外國游資被迅速抽走，那麼東南亞各國的金融市場將發生劇烈震盪，但東南亞的各國政府面對如此開放的市場，已無法扭轉局面

當時泰國在東南亞各國的自由開放程度最高，泰銖緊跟著美元轉，資本在泰國流通非常自由，泰國銀行將外國流入的大量美元貸款都投資在房地產方面，

抓住好東西，無論它多麼微不足道，緊緊把它抓住不放，不要讓它溜掉。

致使供需失衡，造成銀行大量呆帳、壞帳，資本運轉環境惡化。僅一九九七年上半年，泰國銀行的壞帳金額就高達八、九千億泰銖，海外借款有95%屬於一年的短期借貸，借款結構非常不科學，泰國經濟因此出現「泡沫」現象。

　　索羅斯在對東南亞經濟結構反覆研究後，發現泰銖是東南亞金融市場上最薄弱的一個環節，於是決定向泰銖發起進攻，進而襲擊整個東南亞市場。一九九七年三月，泰國中央銀行宣布泰國目前有九家財務公司和一家房屋貸款公司資金嚴重不足，這更強化了索羅斯對東南亞經濟所做出的判斷，他和那些套利基金經理們開始拋售泰銖，泰銖自此一路下滑，外匯市場更是波濤洶湧，五月泰銖跌至一美元兌換二十六點七泰銖的最低點。泰國中央銀行動用了一百二十億美元外匯平衡泰銖的跌幅，限制本國銀行拆借，並提高隔夜拆借利率。這使得索羅斯的頭寸交易呈倍數邊增，可是索羅斯很清楚自己的預測是正確的，他深信泰國無論採取何種措施，也難以抵擋他發起的攻勢。

泰國國徽

　　一九九七年六月，索羅斯再次襲擊泰銖，籌集了龐大的資金，這次行動造成泰銖狂跌，泰國交易所更是一片混亂，投資商們瘋狂拋售泰銖，泰國政府為了平息這場風暴，動用了三百億美元的外匯存底和一百五十億美元的國際貸款。面對天量級的國際游資，這四百五十億美元根本發揮不了任何影響。七月二日，泰國政府不敵索羅斯的攻勢，不得不將原來的貨幣聯繫匯率制改為浮動匯率制。七月二十四日，泰銖跌至歷史新低一美元兌換三十二點六三泰銖，泰國被以索羅斯為首的投資人們拿走了四十億美元。

　　索羅斯在擊潰泰國之後，他乘勝追擊，將目標改為整個東南亞金融市場，接著襲擊了印尼、菲律賓、緬甸、馬來西亞等國，致使印尼盾、菲律賓披索、緬甸元、馬來幣大幅貶值，造成東南亞各國物價飛漲、銀行破產、工人失業、經濟蕭條，索羅斯又從這些國家掏走一百億美元的鉅額財富，這相當於東南亞國家幾十年的經濟成長額，百姓的荷包被精明的投資人搜刮一空。

索羅斯從東南亞捲走鉅額資金後，並沒有停止自己的金融行動，他轉而盯上東方的香港。一九九七年七月，適逢港幣一路下滑，投機商大量拋售，索羅斯再次找到下手的絕佳機會。這時港幣已跌至一美元兌換七點七五港幣，香港金融市場一

片混亂，香港政府立即強行干預市場，一星期後，港幣兌換美元的匯率仍跌破了七點七五港幣關口，香港政府再次斥鉅資挽回跌勢。索羅斯襲擊香港市場首次受挫，他準備調整策略，對港幣進行大量的遠期買盤，希望能夠再創英格蘭和東南亞市場的業績。

一九九七年七月二十一日，索羅斯向香港金融市場發動新一波的攻勢。當天，港幣三個月同業拆借利率從 5.575% 升至 7.06%。香港政府不得不發行大筆債券，提高港幣利率，促使港幣兌換美元的匯率大幅上揚，強化對投機商的反擊，當港幣出現投機性拋售時，香港政府又大幅提高短期利率，致使銀行間的隔夜貸款利率暴漲。經過幾個回合的較量，索羅斯進攻未果，損失慘重。期中一個最重要的原因，就是香港和中國大陸的外匯存底高達二千億美元，另外還有大量的台資和澳門資金，外匯總存底超過三千七百四十億美元，這是索羅斯受挫的一個根本原因。

索羅斯是最傑出的猶太商人，也是世界第一流的投資家，不僅如此，他還具備了豐富的學識，著有《全球資本主義危機》、《開放社會》、《索羅斯論全球化》和《金融煉金術》等書。此外，他更以索羅斯基金會（The Soros Foundation）大力支持慈善活動，該基金會在全球二十二個國家運作，每年捐贈數十億美元。數十年來他在金融市場所取得的輝煌成績，無人能與之匹敵，

人有兩隻耳朵一張嘴，就是要人凡事應多聽少說。

不論成功或失敗,他總能從跌倒的地方站起來,猶如金融界的「魔鬼」,以他手中持有的鉅額投資基金捲走許多國家的財富,掏空成千上萬人的荷包,讓許多富人變成窮人。但他投機貨幣只是為了賺錢,因為在商場上本來就是有賺有賠,這是很正常的事情,誰也沒有傷害誰。交易中可能受損,也可能獲利,但他對受損的任何人並不會有絲毫的罪惡感,因為他唯一的目的是賺錢,這就是猶太商人的精神。

索羅斯是金融界的殺手,藉著《塔木德》的智慧,他的財產超過了聯合國中四十二個成員國國內生產的總值,這便是一代傑出猶太商人的驚人成績,世人看見的是天才金融家的賺錢天賦。

洛克菲勒、羅斯柴爾德和約瑟的成功事蹟

不論在猶太商人之間,或是與其他非猶太商人的貿易中,商人的世界只論錢,他們認為財富是地位與尊嚴的象徵。比如一八七三年的石油壟斷之爭,來自瑞典的諾貝爾兄弟取得了俄國高加索地區的石油開採權,該地區的石油儲量超過美國的賓夕法尼亞州。諾貝爾兄弟需要更大的資金投入,於是和羅斯柴爾德合作,但這與洛克菲勒(John D. Rockefeller)的石油壟斷事業相衝突,這時俄國也極力想消除洛克菲勒的影響力。

後來羅斯柴爾德與洛克菲勒、諾貝爾兄弟達成了共同分享歐洲市場的協議。但洛克菲勒仍極力排除任何一個想打入亞洲市場的財團,這時一位剛在日本煤業賺取鉅額利潤的猶太商人馬可仕·薩姆爾(Marcus Samuel)便捲入了這場石油壟斷戰之爭,並在這場猶太商人之間的戰爭,表現出猶太人最高的智慧。薩姆爾將一艘艘滿載石油的油輪經新加坡、雅加達、泰國、香港和上海打入亞洲市場,當油輪到達終點橫濱後,又將船艙油槽用蒸氣清洗乾淨,運回米、茶葉和水果,這麼一來一往便帶來一筆豐厚的利潤。自一八九三年,薩姆爾的船隊源源不斷地將石油運往東方,洛克菲勒透過情報人員獲悉情況後,對暴發戶

殼牌石油公司實施一連串的報復，造成全世界石油價格下跌，許多小型石油產商被迫停業，薩姆爾憑著他的強大銷售網和船隊，抵擋了這股石油界的狂風。

殼牌，世界第二大石油公司

一八九二年，薩姆爾成立了自己的殼牌運輸貿易公司，擁有三分之一的股份，並和家族共同經營這家公司。薩姆爾對開採石油一竅不通，公司最初只有幾個員工，但他卻憑著一個猶太商人的精明與敏銳洞察力，與擁有強大資本的洛克菲勒對抗，也讓殼牌公司在競爭中不斷發展壯大起來。正當薩姆爾計畫一舉擊潰洛克菲勒船隊之際，卻遭受俄國和亞洲市場的反擊，結果以慘敗收場。這時南非爆發了「波耳戰爭」和「美西戰爭」，面對這樣一個絕佳時機，他把位於俄國的公司賣掉，改變了經營策略，企圖向戰爭中的軍方提供重油，最後薩姆爾又狠狠撈了一筆意外的戰爭財。從這場猶太人間的利潤爭奪可以看到，錢才是代表猶太人身分的東西。

殼牌創辦人馬可仕·薩姆爾

另外一位商人，洛克菲勒是控制美國財富的十大財閥之一，是世界上第一個十億富翁。他的精明是猶太人當中屬一屬二的，他的發跡充滿了艱辛、冒險、傳奇與智慧。洛克菲勒十六歲時在美國一家公司擔任會計助理，由於他工作認真，喜歡投資事業，還曾為公司賺到一大筆錢。後來和英國商人克拉克以四千美元合夥設立穀物與牧草經紀公司，當年該公司的營業額達四十五萬美元，淨利達四千美元。

美國南北戰爭爆發時，洛克菲勒很有遠見地向銀行貸款，擴大資本額，並囤積大量的食鹽、火腿、穀物、鐵礦石與煤等，在第二年賺得淨利一萬七千美元。一八六〇年，美國杜雷克在賓州鑽出了石油，成為世界上第一口油井，隨後人們從四方紛紛趕來鑽油，一哄而起。洛克菲勒在對油井及市場進行認真分析後，認為這些鑽石油的人都是一些蠢蛋，他思考著如何進行投機買賣，不斷

　別想一下就造出大海，必須先由小河川開始。

地觀察市場動向，等候最佳時機。

美國南北戰爭爆發後，林肯總統向全美徵集七萬五千名義勇軍。洛克菲勒關心的不是前線的戰爭，而是賺錢，於是他挑了二十至三十名替身，用錢僱請他們替他服役。隨著戰爭的進行，華盛頓地區所需要的食品緊縮，洛克菲勒又從中大撈一筆。後來英國化學家安德魯斯獨創了一種用亞硫酸氣精煉石油的技術，他便去找克拉克共組煉油公司，洛克菲勒出資四千美元，成立安德魯斯‧克拉克公司。他自己仍密切觀察局勢，注意市場的變化。不久石油原油價格一跌再跌，而煉油行業前景看好，洛克菲勒便拍賣原來的煉油公司，擊退克拉克，創立自己的洛克菲勒‧安德魯斯公司，並壟斷煉油和石油的銷售。該公司當時日產油量達到七萬九千公升，年銷售額逾百萬美元，到了一八六九年，公司年銷售額超過一百二十萬美元，他決定讓弟弟威廉設立第二家煉油公司——威廉‧洛克菲勒公司，隨後又在紐約開設第三家公司。

洛克菲勒公司更進一步與負責運輸的鐵路公司訂立契約，保證每天提供六十輛車的精煉油，藉此要求鐵路公司降低運費，因而使其公司的產品得以再降低銷售價格、拓展銷路，最終擊潰同行、壟斷市場，獲得鉅額的利潤。

普法戰爭爆發後，海上運輸中斷，石油價格一路狂跌，美國許多中小企業破產，這為財大氣粗的洛克菲勒集團提供了併吞中小企業的絕佳機會。他開始算計克里夫蘭那些倒閉的石油產業，以低廉的價格將其收購，同時計畫著實施最高壟斷形式托拉

1901 年在諷刺漫畫中，被描繪為資本主義帝王的洛克菲勒

斯，這場石油大戰導致鐵路公司的瓦解。洛克菲勒又調整了對策，以高價收購反抗的石油公司，等機會成熟就立即中止收購，並壓低銷售價格，導致原油產地的企業破產，最後終於成功收購了他的首要強敵亞吉波多企業，從而實現對

克里夫蘭地區的石油壟斷。

　　洛克菲勒實現壟斷利潤後，開始說服紐約、費城與匹茲堡當地的石油大亨建立聯盟，以交換股票的方式「合作」，直到一八九七年洛克菲勒集團才實現對美國石油業的壟斷，並逐漸向壟斷世界石油業邁進。

　　一八九○年，洛克菲勒家族擁有資產一億一千萬美元，如今的紐約第五街座落著五十三層的摩天大樓——洛克菲勒中心，亦是埃克森公司所在地，也就是洛克菲勒的石油公司。它是當今世界上最大的集團經營企業，擁有股東三十萬，年收入達五百至六百億美元。這就是那些傑出猶太商人的不凡實力，充分證明他們的確不負世界第一商人的稱號。

　　洛克菲勒的成功其實也是《塔木德》商道的最佳典範，他曾說：「傑出的同伴是事業成功的第一要素，你的夥伴可以幫助你成就事業，也可能葬送掉你的公司。」為了將財富推向高峰，洛克菲勒不惜代價地設法從自己對立的陣營裡挖掘人才，他選擇了具有傑出商業才能的人作為自己的夥伴。他選擇的第一位商業夥伴是克拉克，但非猶太人的克拉克不具有經商的天賦，最後洛克菲勒以拍賣煉油廠為由，請他離開。隨後他選擇了佛拉格勒，這是位靠發戰爭財起家的投機商，他們成了生意上最好的夥伴。他還收買了精明能幹的企業家亞吉波多，他是從對手陣營來的，最初洛

76歲的洛克菲勒與兒子小約翰·戴維森·洛克菲勒

克菲勒先安排他在產油區臥底，後來讓他擔任董事長。洛克菲勒總是從敵對陣營中挖掘最有競爭力的企業家，然後吸收到自己的麾下。這些人都曾經是洛克菲勒的勁敵，後來成為他的得力助手，從而為洛克菲勒集團的發展奠定堅實的

基礎。

　　洛克菲勒在很小的時候，父親就曾告訴他：「人生只有錢！錢！錢！」因此洛克菲勒在十六歲時，便帶著金錢人生的信仰開始了經商活動。後來，即使美國發生內戰，他腦中思考的並非逃命，而是如何從這場激烈戰爭中賺到他要的錢。所以他非常關注戰爭的進展，希望獲得前線的情報，以便評估如何拓展其食品和鹽的交易，他最終如願以償，從戰爭中大發橫財。

　　洛克菲勒和所有的猶太商人一樣，是如此地愛錢，為了賺錢可以不擇手段。在石油大戰中，他逼迫中小企業家走上絕路，收購他們的財產，更併吞了周圍的競爭者，實現他的終極目標──最高壟斷托拉斯。他對商業保有的敏感度與出色的處事能力，再加上他的善於思考與觀察，講求信用與注重細節，使他成為控制全美的十大財閥之一。洛克菲勒的事業是賺大錢的事業，洛克菲勒對商機的敏銳把握，使其投機生意越做越旺，賺取的利潤成倍數成長，他成就的正是猶太商人最偉大的金錢事業。

78歲的洛克菲勒

　　無論如何，猶太商人是最具冒險精神的，歷史上長期處於變動的成長背景下，自然也鍛鍊他們具備獨特應付風險與危機的能力。尤其在希特勒併吞奧地利之際，維也納的羅斯柴爾德家族逃往巴黎或瑞士避難，留下路易斯·羅斯柴爾德管理奧地利的所有家族財產。後來納粹士兵來到羅斯柴爾德家，準備將他強行帶走，他卻宣稱自己必須吃完早餐後才能啟程，餐後他還吃了水果，抽了支雪茄，平靜自若。到達納粹總部，納粹官員以交出羅斯柴爾德家族在奧地利的一切財產，以及維克威茲公司的全部股權來作為釋放他的條件。當時羅斯柴爾德家族在奧地利的全部財產至少有五百萬英鎊，可是羅斯柴爾德家族並不急於贖人。因為他們早已聽說奧地利有可能會被德國併吞，

所以已暗地將維克威茲公司的股權轉到英國公司名下。經營管理權轉到一家英國保險公司名下，自然受到英國保護，而且當時希特勒無意招惹英國政府。

羅斯柴爾德在做好一切準備後，只願以三百萬英鎊的價格讓出維克威茲公司管理權，這讓希特勒十分惱怒。在希特勒相繼占領捷克和維克威茲後，才發現這家公司受到英國保護，最後只好依照他們開出的條件達成協議。作為傑出的猶太商人代表，羅斯柴爾德家族在逆境中表現出從容與智慧，最終順利化解風險，堪稱猶太商道中的經典人物。

猶太人從聖經時代就開始遭受迫害，勇敢面對逆境可說是他們生活的核心，這比起其他自暴自棄的民族來說，要來得上進多了。前文提到羅斯柴爾德家族的邁爾·羅斯柴爾德從小就生活在歧視與敵意之下，當他承繼父親的古幣事業時，便對商業世界展現出了敏銳的嗅覺。他以無比的耐性經營古幣，學習「古錢幣學」，對古幣的瞭解到了博學的程度，在與一位貴族將軍進行第一次鉅額交易後，便開始了他的商業活動。不過在他的前半生，只能算得上是個小有名氣的古幣商，後來他繼續等待時機，並替比海姆公爵服務了二十年，直到法國大革命爆發，才為他帶來賺錢的絕佳商機。歐洲的軍火買賣與金融市場都是他賺取鉅額利潤最好的投資，他從戰爭中發了橫財，躍登歐洲金融帝國的掌門人，成為令人羨慕的一代富賈。

像邁爾這樣從貧民轉為巨富的猶太人確實不少，比如約瑟·賀希哈，便是從一代貧民轉變為股票世界中的猶太大亨。八歲時他還是位小乞丐，不過小小年紀便懂得許多人情世故，他希望能跨越低賤與富貴間的鴻溝，但乞丐的身分深深刺痛了他幼小的心靈，他深刻明白一個人若沒有錢會永遠被輕視。當他身處紐約時，才意識到金錢是轉動世界的魔力，他希望自己能擁有很多很多錢。一九一一年，十一歲的約瑟來到曼哈頓百老匯街紐約證券交易所，發現在那裡進行交易的人能一夜成為百萬富翁，他覺得自己找到了心中所追求的天堂。

上帝奪取了我們的一切，剩下的只有我們自己。

欲瞭解更多課程資訊，請搜尋新絲路網路書店

　　第一次世界大戰結束時，紐約證券交易所裡冷冷清清，他好不容易才在某間小公司謀得一份不起眼的工作，這家公司正在發行股票並且經營股票業務。六個月後，他向總經理提出想做公司股票經紀人的要求。三年來他一直從事股票行情圖的繪製，為了賺錢，他同時為華爾街勞倫斯公司做同樣的工作，默默地在股票世界裡累積經驗和知識。一九一七年，他辭去了工作，當時他以二百五十五美元的積蓄作為全部的賭注，開展自己的股票事業。不到一年，就賺了十六萬八千美元，但後來不幸賠本，只剩下四千美元。約瑟才發現自己的股票知識仍嫌不足，於是加緊學習股票知識，求教各路股票高手。一九二四年，他和朋友合資創辦了賀希哈證券公司，一九二八年，他成為股票大經紀商，月收入達二十八萬美元。

　　當全美發生經濟危機，美國經濟一片蕭條時，約瑟決定轉向礦藏豐富的加拿大開創事業。一九三三年，他在多倫多開設了一家證券公司。四月又和加拿大產業大亨拉班兄弟合作開設戈納爾黃金公司，以每股二十美分的低價獲得公司五十九點八萬股的上市股票。三個月後，每股漲至二十五美分，在對行情進行一番分析後，他決定立即賣出，等到十月股價大跌時，他們從中賺取了一百三十萬美元。自一九五三年後的二十年間，約瑟不但擁有金礦，還擁有鈾礦、鐵礦、銅礦、石油等礦藏資源，房地產開發業務也為他帶來鉅額財富。

　　約瑟以一個猶太商人的執著、智慧、膽識與天賦，從一個乞丐成為億萬富翁，這都源自於他對股票利潤的追求，以及依賴股票投資生意賺取的金錢。他說自己在股票生意中找到了快樂，那就是賺錢，一時的輸贏並不重要，重要的是能否輸得起。像約瑟這樣從一名乞丐成為億萬級的大富翁，成為猶太商人中的傳奇，更稱得上是世界第一流的商人。其實通往財富的路就在你腳下，如果

你也能運用猶太商道的智慧與技巧，擁有猶太商人的生意頭腦與執著追求的精神，你便能踏上通往致富的黃金坦途。

猶太商人的傳奇故事，給了西方商人啟迪，也開啟西方的文明，在往後的時代裡產生無數極具傳奇性的美國商人、英國商人、日本商人、德國商人等。

其實成功與失敗都是無法預見的，投資就意味著風險。可是猶太商人贏了，成就的是財富的事業；如果輸了，也不會太慘，因為他們並非盲目冒險，所以還有時間轉向，投資到別的事業裡，因此猶太商人始終都是大贏家。對猶太商人而言，高風險就意味著高報酬，尤其猶太商人總是以平常心面對風險，往往能轉敗為勝，他們也懂得靜待時機，賺取鉅額資金，這樣便成就了世界第一商人的聲譽。

《保證成交操控術》王晴天／著

在當今經濟領域，投資意味著巨大的風險，尤其投機金融業風險更大，但是猶太商人卻能有效化解這些巨大的風險，並從大風險投資中，獲得最大的利益。猶太人似乎天生就是冒險家，剛涉足金融業，便成為「風險管理者」，當機會來臨時，他們只做一次風險管理，轉眼便成為富翁，而這一切都有賴於《塔木德》的經商智慧。只要仔細研究猶太巨商發跡的歷史，你會發現他們皆是典型的冒險家，一夕致富的傳奇經常在他們身上發生。

讓我們看看猶太大亨亞曼德‧漢默（Armand Hammer）的事蹟。早在義大利占領利比亞的時代，墨索里尼為了在利比亞找到石油，投資了一千萬美元，結果一無所獲；殼牌石油公司在投資了五千萬美元後，打出的油井沒有多大商業價值；埃克森（Exxon）石油公司投資數百萬美元後，竟在最後一口井裡成功挖到石油。在投資者紛紛撤退後，留下的盡是一些無用之物，這時漢默從利

能夠逢人學習對方優點者，乃世上最聰明之人。

比亞政府那裡得到兩塊遺棄的租借地，他最初的努力結果是鑽出了三口乾井，打井費用就高達三百萬美元，地震探測及私下對利比亞政府官員的賄賂金又花去了二百萬美元。

但漢默仍然堅信自己的預測，所幸他們在蘇伊士運河以西打出的第一口油井出油了，此後的八口油井也發現油礦。同時，漢默在另一塊租借地也打出利比亞最大的一口井——珊瑚油藏井，日產七百零三萬桶。漢默預測到一個全新的事業即將來臨，於是他再次投資一億五千萬美元修建日輸油量達到一百萬桶的輸油管道，當時西方石油公司（Occidental Petroleum）的資產淨值僅有四千八百萬美元。

漢默成功了，作為猶太商人，他天生具有這種膽識、超凡的預測能力，他的智慧與冒險精神建立在他對市場合理的推斷上，因而能成為世界石油業中的佼佼者。

傑出的猶太商人總遵循著猶太商法、生意經，憑著他們敏銳的嗅覺、獲取情報的能力、準確的前瞻性；他們的智慧與知識、耐性與執著、冒險精神與風險意識，以及對數字的敏感與卓越的心算能力，在一條如煉獄般的商業道路上，成為人們公認的「世界第一商人」。

亞曼德·漢默

二、以己為先的猶太商魂

《塔木德》中說：「客人和魚一樣，新鮮時是絕對的美味，但超過三天便會發出惡臭。」又說：「道路的右側凍成冰塊，左側是一片火海，如果走向右側就會受凍，如果走向左側便會被燒成焦炭。唯有道路的中間保持不冷不熱，才是一條恰當的前進之路。」猶太商人幾千年來遵循這條以己為先的商業原則，這正符合猶太教的教條，人們先要學會尊重自己，然後才會懂得尊重別人。

為己謀利才有價值

在現今的猶太富翁中，絕大多數是透過自我奮鬥獲得成功的。在他們看來，人生的事業就是要為己謀利，唯有自己賺取了鉅額的財富，才能真正體驗人生的價值，人的一生是一條靠自我奮鬥實現心中理想的道路。「不必空盼航船抵岸，除非你早已遣它出海」，猶太商人總喜歡靠自己來實現心中的信念，將人生掌握在自己手裡，不管是白手起家，或從企業老闆逐漸成為商業鉅子，最後都會超越自我，成為名揚天下的富商巨賈。

美國連鎖店先驅盧賓，最初是一無所有的窮光蛋，在他十六歲時，適逢美國「西部大淘金」浪潮，但他並非藉由淘金賺到大錢，而是從做個小商販開始，慢慢地賺錢，將生意逐漸向城市中心轉移。直到發明了連鎖經營模式之後，他的生意才越做越大，如同滾雪球一般，歷經十餘年，終成為商界巨富。金融世家的猶太商人邁爾·羅斯柴爾德從小生活在一條髒亂的街道上，他最初靠販賣古幣賺錢，經過二十多年的財富累積後才成為大富翁，並涉足金融界，成為威震歐洲享譽全球的金融舵手。在猶太商人中，還有服裝大王羅森沃德、牛仔褲創辦人李維·史特勞斯、美國電報大王薩爾諾夫、金融大亨索羅斯這些財富大亨，都是以己為先，靠著個人奮鬥從無到有，最後走上成功。

人生必須透過黑暗，才能看到光明。

《從零開始無痛創業》王晴天／著

所有成功的猶太商人都相信個人神奇的力量，認為命運應該掌握在自己手中，因此他們也只相信自己，以己為先，以個人利益為最高目標。

我們可以從《塔木德》中的一則寓言中獲得啟示：曾經有兩位猶太人，一位出身於富貴世家，一位出身於貧窮之家。有錢的那位年輕人常為自己祖先的榮耀感到自豪，並向這位貧窮子弟炫耀自己家族的財富與地位。

而這位窮人子弟卻說：「你只不過是你偉大祖先的後代，且你可能是這個家族中最後的一個人，而我就要成為我們這個富貴家族的祖先了。」

這則故事告訴世人一個道理，個人的價值高於一切，其他的東西並不重要，重要的是透過自我奮鬥與努力去實現心中的目標。因此猶太人普遍認為，若要成就自我，就必須做到以下幾點：頑強的獨立意識、自強不息的戰鬥力，企業家則要有遠大的理想和目標，要在商業這條煉獄之路上持續奮鬥、永不放棄。

猶太人經歷了二千多年流浪的歲月，他們居無定所，受盡歧視，只能靠自己不斷地奮鬥。所以他們從小就培養了獨立的意識，父母親也常告誡孩子們，只能相信自己，任何人都是靠不住的。為了培養孩子只相信自己，不相信任何人的觀念，他們還時常扮演壞人的角色，讓孩子瞭解，即使是自己的父母也不能相信，加強他們的防範意識。

《改變人生的 5 個方法》王晴天／著

作為一名商人，絕對需要具備這種理智的獨立意識與生存競爭理念來保護自己，才不會在逆境中掉入商業陷阱，因此，猶太商人擅於抵抗事物假象的迷惑。具有獨立的意識，只是適應生存的第一步，他們那自強精神，更令人稱讚。一些顯赫的猶太人，在創業前不一定受過完整的教育，他們有的人是從身無分文發跡，有的是白手起家，經濟條件並不好，可是他們卻能在貧困的環境裡打出一片天。其中最重要的一個原因就是，猶太人骨子裡那自信與自強不息的精神。其實「世上沒有廢物，只是放錯了地方」，如果你選擇了正確的道路，並且堅定不移地走下去，相信你也能擁有成就不凡的事業。

從羅馬帝國時代起，猶太人就被迫離開故土，流浪天涯，他們在流浪中形成了自己民族的宗教、語言、文化、文學、傳統、曆法、習俗等，這才是真正智慧的總結，也造就了猶太民族的特性和高度的凝聚力。

在以色列本土就有許多生生不息、戰鬥不止的傑出猶太商人，這個國家的猶太民族占全國人口的83%以上，是他們在歷盡人間苦難後，才於一九四八年在亞洲西部、地中海東岸中東地區約二萬平方公里的土地上建立起來的，雖然全國有80至90%都是沙漠之地，但猶太人在經過四十多年的努力下，以獨特的遠地引水和滴灌技術發展農業，養活了這個國家的人民，農業還成為出口創匯的一部分。

猶太商人的自強精神也成為他們制勝的關鍵。看看世界連鎖店先驅盧賓的成功，他因受到俄國的歧視遷入英國，當時連吃飯都成問題，之後遷往紐約，十六歲隨淘金者去加州淘金，結果逼得他另謀生路，改為販售日用品，到創造連鎖店的經營模式，這些都是因為他找到人生的出口。既然淘不著金，那就從這些千千萬萬的淘金者身上賺錢，最後踏上規模經營和連鎖經營之路。

猶太商人與其他商人不同的是，他們往往能集中精力，在有限的人生裡去實現自己訂下的目標，因此成功率自然很高。大衛‧布朗（David Brown）是一位英國籍的猶太商人，他的父親一生慘澹經營，只能賺到生活的基本費用。他最後歸究於是自己沒有訂下目標，因而希望兒子完成他無法實現的事業。布

如果一艘船不知道該駛去哪個港口，那麼任何方向吹來的風都不會是順風。

朗在父親的教誨下，勤奮學習、深入工廠熟悉技術，累積了豐富的經驗，從此訂下奮鬥的目標。他將父親原來經營的小型齒輪製造廠改造為賽車製造廠，這是他經過深入研究市場和消費心理後所得出的結論。

又創辦了大衛・布朗公司，聘請專家和技術人員進行設計創作，引進先進技術設備投入生產。一九四八年，公司生產的「馬丁」牌賽車在比利時舉辦的國際賽車比賽中一舉奪冠，他所生產的賽車因而被看見，布朗從此發跡。猶太商人在建立自己的財富帝國之路上，都相當注重確立自己的人生奮鬥目標，並且非常切合實際，符合發展需要，絕不會將自己的奮鬥目標建立在無法實現的白日夢上。

曾被大衛・布朗收購的知名汽車品牌奧斯頓・馬丁

猶太商人一生都相當重視正能量的意識，這種積極進取的精神，是他們成功的一大秘訣。即使遭遇困難，也能設法將其轉化為積極的那一面，這是猶太商人奮鬥精神中最具活力的特徵。羅斯柴爾德家族就是一個很好的典範，他們的始祖邁爾從經營古幣、古董開始累積資本，當歐洲工業革命到來時，他利用此一難得的機會，巧妙地運用資金、情報與智慧，在英法等歐陸市場上進行買

賣。後來不惜投入鉅資設立銀行，投資股票、鐵路、礦藏，又將五個兒子分別派到倫敦、維也納、法蘭克福、巴黎等大城市經營公司，羅斯柴爾德便建立起強大的跨國企業。

除此之外，建立偉大企業王國的還有白手起家的連鎖店先驅盧賓、沙遜跨國集團、金茲堡金融集團、報業奇才《紐約時報》創辦人奧克斯（A.S.Ochs）、好萊塢媒體大亨高德溫（Goldwyn）、華爾街地產大亨里治曼等。他們憑著堅定的企業理念、積極進取的精神，從而發跡擁有鉅額的財產。其實這一切成功的背後，正是支撐他們成就財富帝國的「我一定要有所作為」之強烈進取精神。

媒體大亨高德溫（右）與演員埃迪‧康托爾

「我們自己的公司才是世界最好的。」上奇兄弟（Charles & Maurice Saatchi）經營著世界 5% 的廣告業，旗下有一萬四千名員工，是創造世界廣告神話的奇才。

一九七〇年，上奇廣告公司（Saatchi & Saatchi）還是小公司時，查爾斯（Charles）和莫里斯（Maurice）兩兄弟誇口說要將公司打造成世界最大的廣告公司。不到五年的時間裡，這家公司就成了第四大廣告公司英國，一九八〇年更居於全英國廣告業之首。隔年一躍成為全歐之首。一九八二年名列全球第八位，在全球四十個國家設有據點，共有七十四個分公司。到了一九八三年，僅花費九個月的時間就完成公司全年收入一點五三億美元的指標，成長率達到 50%，稅前利潤在五年內以每年 43% 的速度激增。接著，一九八六年，上奇廣告公司坐上全球榜首之位。

在經營策略上，上奇廣告公司將創新的重點放在新穎、獨特的廣告產品設計上，滿足客戶多樣化與標新立異、追求新奇的需要。經營之初，公司採取主動策略，在廣告設計的定位上，努力做到超越常規的絕妙構思。他的設計師和文案撰稿者必須經常超越自我，發揮獨特的想像力，「我們鼓勵設計師更大膽一點」、「比競爭對手更大膽一點」，直到影響公眾思維，從另類的角度看問題，且不以讓顧客接受為滿足。公司的市場調查、公共關係、業務諮詢、業務銷售等部門都努力為產品設計刻意求新的想法而共同努力。新奇又具話題性的廣告，使這家公司在短短幾年內就超過紐約許多資深的本土廣告公司，獨特的設計團隊為他們贏得國際間許多大客戶的訂單。

上奇廣告還成功透過對政治活動的宣傳來提升公司知名度。一九七八年，他們為英國柴契爾夫人製作一幅競選文宣，上面畫著一幅一望無際的失業隊伍，下面寫著「工黨幹什麼的」，在一則電視廣告中宣稱：「如果所有失業的英國人排起隊來，應該可以從位於伯明罕（Birmingham）的英國下議院排到格拉斯歌（Glasgow）。」另一則電視廣告提醒觀眾，「英國製造」在過去意味著某種英國產品是世界最好的，而現在英國卻以阻礙人們製造最優秀的產品而著稱於世，後來電視上還出現英國議會塔的大鐘指針急速向後倒轉的畫面。保守黨透過這幾則廣告，聲名大噪，柴契爾夫人曾兩度利用上奇廣告的出色廣告宣傳，成功入住唐寧街十號（英國首相官邸）。

《超強文案力》張光熙／著

對於上奇廣告來說，一開始就設定要成為世界最好公司的目標。他們體認到，創造一流，就意味著建立信譽，這樣就能擁有最大的獲利，多樣化地拓展經營方式。因此他們確立了從銷售到制定整體戰略的經營模式，建立一個由

六人組成的遊說推銷團隊，並招攬大量的生意。不僅如此，上奇廣告的形象總走在時代尖端，就如同它的廣告宣傳一樣，總能帶給大眾鮮明的印象。

此外，上奇兄弟還瞭解到財務管理的重要性。因為技術產品上的創造力在受到市場和財務的限制下，更能充分地發揮潛力，這樣公司便可盡力減少財務上的風險。但事實上，有計畫地冒些小風險，公司才可能獲得創新與發展。最後，他們將公司分成兩大部分，一部分作為專職構思、創新等設計；另一部分則是獨立的財務部門，任何人要將自己的構想變成現實，都必須徵詢財務部門的意見，公司還對所有專業人才投保高額保險，不惜重金留住人才。

上奇廣告在訂立了自己的發展目標後，努力發展到購併企業，擴大經營內容和規模，逐漸稱霸商界。一九七二年，上奇兄弟成功合併了同行對手，一九七六年，買下康普頓廣告英國分公司的絕大多數股票，康普頓當時的規模是上奇廣告的兩倍。於是上奇廣告得以在倫敦股市登記註冊，後來又透過控股形式掌握更多子公司，進而實現了公司的多角化經營。在順利合併康普頓英國分公司後，有數家英國廣告代理商也相繼被它合併。一九八一年，公司以五百六十萬英鎊買下加洛特控股公司，上奇廣告成為英國最大的廣告業集團。他們觀察到世界上大多數的市場都拓展得很慢，一個跨國公司才能在與規模較小的競爭對手較量賽中獲勝。

一九八二年，上奇廣告以五千五百多萬美元的資本，成功買下紐約康普訊息公司，首次打進美國廣告界，並為未來擴張全球事業打下基礎。一九八四年，公司再次以一千三百五十萬美元合併洋基克洛威奇市場調查公司，其擁有經驗豐富的智囊團和強大的開發能力。同年，又收購 Hay Group 企管顧問公司，從而吸收大批的管理諮詢人才。一九八五年，公司以一千萬美元購買羅蘭公共關係公司。同年，先後合併馬爾布羅推銷公司、克萊德行銷公司，此後上奇廣告開始從事公共關係活動，也跨足商業行銷業務領域。一九八六年，公司以五億美元的高價合併達彼思（Ted Bates）廣告公司，自此上奇廣告成為一間以廣告資訊生產、加工、銷售為主要業務的公共關係公司，並在世界五大洲都設有自

你的內在是獨一無二的，只有你知道自己能做什麼。

《How to 打造自動賺錢機器》
王晴天、杜云安／著

己的分公司。

上奇兄弟認為，全球性的銷售需要全球化的廣告業，如此一來，廣告業勢必將集中於少數幾家大型跨國廣告公司之手，為此，上奇兄弟將其廣告業帝國分為兩個獨立卻又互相競爭的國際性廣告聯盟，即 BSB 環球廣告系統和雙上奇環境廣告系統，在此產業中獨占鰲頭。

 實現自我超越

《塔木德》中曾說過，超越別人，不能算真正的超越；超越從前的自己，才稱得上真正的超越。在猶太商人看來，唯有超越自己的人，將來有一天才能超越別人。人生真正的價值就是對自我創造力的超越，這需要智慧與冒險的精神，以及積極進取的力量，羅斯柴爾德金融世家就是因為實現自我超越，才得以成就輝煌人生。

這個影響歐洲政治經濟二百多年的家族，原是白手起家，經過二十多年的苦心經營，邁爾放棄了經營古幣的興趣，當時法蘭克福有一家小銀行要出讓，他以傾家之財接收這家位於萊茵河畔的小銀行。後來適逢戰亂，這時正是他拓展新銀行的絕佳時機，邁爾仔細思考後，決定自己和長子阿姆謝爾留在法蘭克福經營；三子納坦去倫敦開設銀行；五子詹姆士則前往巴黎尋求發展；二子索羅門到維也納設立家族銀行，四子卡爾派去義大利那不勒斯設立辦事處，實現從一地經營走向跨國經營的轉變，也是超越過去經營模式的突破。

他們充分利用所在國的形勢，為交戰的王公貴族們提供戰時急需的物資與貸款，從中賺取高額利息與利潤。戰後轉向有價證券、政府公債、保險等賺

錢業務，投資採礦業、鐵路業等部門，最終成為金融霸主。更值得稱讚的是羅斯柴爾德家族歷經二百多年不衰，其第一代、第二代、第三代、第四代，都成功實現自我超越，向世界更廣闊的市場拓展新業務。

羅斯柴爾德家族之父邁爾·羅斯柴爾德

另外，猶太商人保羅·紐曼的發跡史也證明了這一點。他出生在美國的猶太家庭裡，父親只是一名普通的生意人。大學畢業後賣掉父親留下來的雜貨店，一心一意投入演藝界，成功實現從商人走向明星的轉變。

一九八二年，他發現一種特別的商品，以猶太人特有的敏銳直覺，看到其中蘊藏的商機。於是他跟朋友合資數十萬美元，決心開發這種食品市場，成立「保羅·紐曼食品公司」，再次成功地從明星轉型為傑出的企業家，被譽為美國的「食品大王」。保羅·紐曼從商人、演員、天王巨星、企業家、食品大王的發展過程，每一次都能成功超越自我。

保羅·紐曼與妻子瓊安·伍華德為電影《夏日春情》拍攝宣傳照

在這個激烈競爭的商業時代，與其把希望寄託在別人身上，倒不如從超越自我做起。那些威名遠揚的猶太人，創業之初多是白手起家，以自己獨特的智慧和挑戰精神，開創了一片天地。「不要問國家能為你做什麼，要問自己能為國家做什麼。」他們認為，如果沒有個人的奮鬥目標，又怎麼會有國家的繁榮與富強呢？

猶太法典中曾這樣告誡世人：「最值得依賴的朋友在鏡子裡，那就是你自

反覆無常通往地獄，謙卑自持通往天堂。

己。」、「人們介意他人身上輕微的疾病，卻看不見自己身上的重病。」、「人有兩隻耳朵一張嘴，就是要人們凡事多做少說。」

猶太人凡事從自我做起，確立遠大目標，然後確實地走自己的路，不斷反省自己，嚴格約束自己，信守約定。尤其猶太商人強調嚴格信守契約，一定會根據契約來履行義務與享受權利。

他們更確信，唯有自己去履行合約，才能實現上帝對「特選子民」的承諾，符合猶太人與上帝的約定。雙方都履行約定，這樣合約便有了存在的價值，如果雙方只想用合約去約束對方，這樣的合約如同虛設。猶太商人與別人訂立合約，從來不曾爽約，也因為他們從自我做起、嚴格遵守約定，才能得到「世界第一商人」的美譽。同理，任何一位猶太企業家，都會嚴以律己，然後以身作則地去教育別人、影響他人。猶太商人不僅會履行契約，更注重對自我的反省，他們很少要求別人，而是從行為中去思考自己的得失。猶太民族的慎獨思想，正是民族延續的基本要義，他們「以身作則」，旨在提升自己，並不是為了與集體或其他個體相悖離的。

人類利益與欲望的源頭來自我們自己，然而對猶太商人來說，健康才是猶太商人之本，他們為了賺錢，隨時都在工作，捨不得浪費一分一秒。但他們精於計算少休息與多休息的利害關係：「如果工作一小時可賺五十美元，每天休息一小時，每個月就少賺一千五百美元，一年少賺一萬八千美元，這值得嗎？」猶太商人會說：「如果一天工作八小時，一天可賺四百美元，而我的壽命減少五年，如果按每年十二萬美元收入來計算，五年我將減少六十萬美元收入。如果每天計畫休息一小時，在每天損失五十美元收入後，我還可以得到五年每天工作七小時所賺的錢。我現在六十歲，如果我按時休息，可多活十年，但我將損失十五萬美元，而十五萬美元與六十萬美元的差距是多麼大呀！」這便是猶太商人賺錢的精明之處。

從週五日落到週六日落是猶太人的休息日，這是《聖經》規定的。《聖經‧創世紀》說，神造物用了六天的時間，所以第七天就要停下一切工作。神賜

福給第七日，因此這一天什麼也不做，因為神停止了祂的一切工作，就安息了。每個注重傳統的猶太人，每週都有這樣快樂的一天，這便是猶太人的安息日，一個真正的假日。

米開朗基羅描繪《聖經‧創世紀》中上帝創造亞當

在生活中，猶太人以利己為優先，盡情地享受生活；在生意上，猶太商人更是以利己為優先，大筆大筆地賺著錢，並且信守合約，因此，基督教宣揚的是博愛，而猶太教教導人們的卻是如何珍惜自己。

性格要像仙人掌，外表堅硬帶刺，內心卻相當甜蜜。

三、重信守約取信於人的商業霸主

對人真誠地服務，當策略正確了，災難也可以變成財富。《塔木德》中說：「一個人死後進入天國前，上帝會問，你生前做買賣時是否誠實？如果欺騙別人，會被打入地獄。」它所記述的許多誠實經商典範，讓猶太商人相信，誠信守約的經商之道才是獲利的最高原則。

 ## 誠信經商是重要原則

猶太人是世界最傑出的商人，他們誠信經商、重信守約，在商界形成了最好的信譽口碑，也成為他們賺錢最重要、最珍貴的無形資產。由於猶太民族流浪了二千多年，他們遭遇了謊言背後無情的打擊，因而誠實是支撐猶太人精神世界的一大支柱，他們相信說謊的人死後會遭受煉獄之苦。猶太人對律法的精通，也說明了他們希望透過大量的律法、規章制度來消除人性中的惡。猶太商人可說是人類約法中的堅實履行者，這一切都真實體現在他們紛繁的商業活動中。正如猶太教的首席拉比希雷爾說過：「不要向別人要求自己也不願意做的事情。」

《塔木德》上有個例子是這樣的：有位拉比邀請六個人參加會議，可是第二天卻來了七位，大家都不知道誰沒被邀請？拉比便宣布：「誰不請自來的，請現在離開！」結果離開的是其中最有名望的人，大家都毫無疑問地認為他應該受到邀請，然而就因這位智者的退讓，留給那位沒有受到邀請的人一條路。猶太人很早就意識到，如果我們不希望被人欺騙，就不應該去騙別人，因為別人也不希望被欺騙。所以《塔木德》也要求非猶太人做到：一、不吃剛殺死的動物生肉。二、不可大聲斥責別人。三、不可偷竊。四、要守法。五、不准殺人。

六、不可近親通姦。七、不可有亂倫關係。在猶太教中，有六百一十三條律法適用於猶太人，但這七條同樣也限制非猶太人，是各個民族共同的習俗與法規。

在猶太商人的經營理念中，他們提倡誠信第一，儘管他們遭受過無數精心安排的謊言與圈套，仍沒有背棄上帝的教誨，反而遵守約法，以誠實取信於人，並且相信誠實必定能得到回報。所以猶太商道的商業交易都是在信任的基礎上完成，不論是達成合作的書面協議，還是口頭上的承諾，猶太商人都會徹底履行，因而才能贏得重信守約的名聲。

在具體的貿易交往中，《塔木德》還制定了許多商業規定，像是嚴格禁止欺騙性的宣傳、推銷；不得把奴隸裝扮得看起來很年輕、健壯；不得將家畜染色欺騙顧客；賣方有義務如實介紹所售商品的品質；顧客有權退貨；買賣價格自由協商等，此外還規定如果賣方欺騙買主，議定價格超過平常價格的 10% 以上，此交易視為無效。這些都是猶太人在農耕時代所制定的，展現了誠信經商的特點，這絕對是猶太人對未來商業和貿易發展具有遠見的揭示。他們在商業中從不做短期策略，其經營的商品或服務都稱得上一流，不會濫竽充數，他們對商業最高境界的領悟是卓越的信譽。

英國的馬莎百貨公司（Marks & Spencer）便是追求信譽、講求誠信經商的典範。這家公司是由西蒙‧馬克斯和以色列‧西夫創立的。早在一八八二年，米歇爾‧馬克斯還是個商業小販，後來在利茲市建立連鎖商店而發跡。一九六四年，他的兒子西蒙與西夫將這家連鎖店發展成具有超市功能的連鎖購物商場。這家商場不僅標榜價格低廉，而且注重商品品質，馬莎百貨以低廉的價格向消

失去金錢，只是失掉半個人生，但失去勇氣，整個人生都失掉了。

費者提供了極為考究的服飾。現在該公司的「聖米歇爾」商標也成為優質品牌，讓消費者可以用最低的價格買進最優質的商品。此外，該公司還強調最優質的服務，挑選員工如同精選商品一樣，成為購物者的天堂。而作為企業的老闆，除了要為顧客提供優質的商品及服務，也要為員工提供最好的工作條件，例如高薪待遇、設立保健醫院和牙醫診所，優越的條件讓這家公司被公認為英國同業中效率最高的企業。

英國馬莎百貨商標

此外，美國百貨零售業龍頭西爾斯百貨公司（Sears Roebuck & Co.）也採取了這種經營策略。該公司總裁羅森沃德（Julius Rosenwald）是位精明的猶太商人，在西爾斯百貨融資時，他入主董事會。一九一〇年公司創辦人理查希爾斯退休，公司的年收益達到五億美元。羅森沃德出任總裁後，制定了一條「顧客不滿意可以退貨」的經營策略，羅森沃德可說是第一個將商業信譽提升到高規格的人。他經營的公司以其商品品質可靠、價格低廉、信譽卓著和對市場變化的精確評估，廣受顧客好評。公司的商品型錄在他任內的發行量更高達四千萬冊，幾乎遍布美國各個家庭，構成美國社會的一部經濟史。

猶太商人在生意場上，雖然誠信經商，但並非輕信他人。猶太商人即使與相識的朋友做生意，也不會因為上次的成功合作，就放鬆警惕，他們總會將每一次的交易單獨看待，連長期合作的夥伴也會看作第一次的交易，如此即可防止落入對方的圈套，也確保每次生意獲利的可能。有趣的是，猶太商人在生意中，因為總將對方視為初次的交易，所以自己在消費時，也會試圖為自己設下一個可從中獲利的陷阱。例如「先生，這把雨傘品質很好，真絲製品，外觀也很漂亮，買這把如何？」

「可是價格太貴。」

「那換這把，這款價廉物美，僅售五美元。」

「品質可靠嗎？」

「絕對品質保證！」

「但它不是真絲製的。」

從這則對話中可以發現，猶太人並未落入售貨員的陷阱中，也可以看到他們買賣時的精明之處了。

猶太商人做生意時知道如何對待自己和別人，他們從小受的教育就是只相信自己，其他人都是不能相信的，而且這樣的想法近乎偏執。我們從《塔木德》中的這段話就能明白：「如果對方是猶太人，無論有沒有契約，只要答應了，就可以信任；反之，如果對方不是猶太人，即使有契約，也不可輕信！」猶太商人從不違約，更不會欺騙別人，他們和外國商人交易時，對契約的訂立條件要求十分嚴格，合約中的每一項條款都要經過嚴密的研究，不會讓外國商人有漏洞可鑽。

猶太商人雖然不相信外國人履行合約的誠意，但他們還是需要與外商積極合作，建立廣闊的商業聯繫網。他們對於訂立的合約，持不輕信的態度，但為了確保雙方履行合約，常常要設立監督機構，聘請專家進行督促。商人們為了賺錢，有時會不擇手段，在合約中動些手腳是常有的事，尤其與外商的貿易中，對方往往利用語言差異設下陷阱，外行的商人是很容易受騙的。

彼得‧尤伯羅斯（Peter Ueberroth）是個傑出的猶太商人，大學畢業後進入一家航太公司工作，由於工作表現出色，在短短一年內就躍升為副總經理。後來他在好萊塢開設了一家國際運輸顧問公司，雖然只是一間小公司，但他講求誠信，經營有方，公司很快便對外發售股票。一九七二年，他轉向經營旅遊服務業，公司迅速發展，將原本在世界各地的三十八個辦事處拓展到一百多個。一年又創辦了僑胞旅

奧林匹克商業之父彼得‧尤伯羅斯

　人生的大門往往是沒有鑰匙的，人最需要的是一塊砸碎障礙的石頭。

社，快速發展到擁有四千多套房間，十多個豪華遊樂場的規模。接著一九七四年，他成立了第一旅遊公司，花了不到半年時間，第一旅遊公司便在全球擁有二百個辦事處，成為北美第二大旅遊公司，年收入近二億美元，年淨利達數百萬美元。

而這只是尤伯羅斯白手起家的開始，他計畫以一千零六十萬美元的價格出售第一旅遊公司，準備以私人名義籌辦奧運會，開始另一項具高風險的事業。作為猶太商人，他首先意識到的是舉辦奧運會背後所帶來的經濟效益，絕非僅有體育或政治意義。「任何東西到了商人手裡，都會成為商品」，對於這一點，尤伯羅斯感受很深，傑出的企業家最關注的是企業的信譽和產品的品牌效應，為了讓自己的產品知名度超過競爭對手，每個廠商都會願意花大錢設法擊敗對手。於是尤伯羅斯決定利用舉辦奧運會的機會，提高贊助費用，計畫奧運會只接受三十家贊助單位，從各種不同的行業中選出一家，贊助費用至少四百萬美元以上，獲得贊助權的公司可取得該屆奧運會某項產品的獨家販售權。規定一公布，各大公司為了獲得贊助權，競相拋出高額的贊助費。

可口可樂和百事可樂兩大公司長期處於激烈的競爭狀態，這次也參加了該屆奧運會贊助單位的角逐，尤伯羅斯向兩大公司提出四百萬美元底價，當百事可樂公司還處於猶豫狀態時，可口可樂公司早已經把贊助費拉高到一千三百萬美元，一舉奪得飲料業獨家贊助的權利。

尤伯羅斯在獲得一千三百萬美元的贊助後，把下一個目標鎖定在柯達公司和富士公司的競爭上，柯達公司主動提出贊助一百萬美元的要求，但被尤伯羅斯拒絕了。富士公司因為希望能將產品打入美國市場，經過討價還價後，最終以七百萬美元獲得軟片業的獨家贊助權。此外，美國通用汽車和日本豐田汽車等企業也加入了這場激烈的競爭。

最後，尤伯羅斯舉辦的「私人」奧運會，獲得了三億八千五百萬美元的贊助，他還設法將奧運會的電視實況轉播權作為專利拍賣，從而賺取二億五千萬美元的高價。在美國廣播公司（ABC）和全國廣播公司（NBC）爭奪奧運會轉

播權的激烈競爭中，由美國廣播公司贏得。後來，美國廣播公司又以七千萬美元的價格將奧運會的轉播權分別賣給歐洲、澳洲等國。尤伯羅斯在此項目上籌集的贊助費高達二億八千萬美元。不僅如此，就連參加美國境內奧運聖火接力賽的人，每人也必須繳納三千美元，最終共獲得三千萬美元的現金。

尤伯羅斯真是一個經營的天才，透過由私人舉辦奧運會的機會，就淨賺了二億五千萬美元的利潤！

可口可樂1890至1900年間的宣傳海報

透過觀察，掌握市場方向

藤田田是另一位傑出的猶太商人，他成功運用《塔木德》猶太生意經中的誠信與靈活原則，被稱為「銀座的猶太人」。一九七一年，藤田田與美國麥當勞公司合作，以各占50%的投資方式，在日本設立第一家麥當勞，位於日本銀座三越百貨公司的一樓，占地面積五十平方公尺。

當藤田田開始籌辦漢堡店時，許多日本的朋友都建議他把漢堡做成日本風味，也有人提議以米食和魚為主要銷售食品，以符合日本人的口味。但藤田田並未採納那些建議，他是一個非常遵守猶太經商法則的商人，認真研究了日本民族的飲食習慣及口味的變化，查閱資料時發現日本食用米的銷售量逐年減少，國人的飲食結構正在發生變化，因此他更加相信漢堡將來必定能在日本市場打開銷路。

藤田田做出開店的決定後，就前往三越百貨公司租用店面，接著又聯繫一家位於地鐵站百貨店的食品商，不久藤田田便成為了暴發戶。

在創立之初，三越百貨公司預測每天銷售漢堡的營業額最多不會超過二十萬日圓，但藤田田不以為意，依舊進行自己的計畫。在開業之初，這間麥當勞單日營業額竟達

1940 至 1948 年麥當勞最早的商標

一百多萬日圓，客流量達到一萬人以上，每天賣出的可口可樂高達六千瓶，超過東京一家飲料專賣店單日的銷售量。百貨內其他同樣面積的店鋪，年營業額最多不超過一千五百萬日圓，而藤田田的麥當勞年營業額竟達一億日圓。

在猶太生意經裡，必須建立客戶信心，掌握消費者的消費心理，這樣才能賺大錢，藤田田正是利用漢堡抓住顧客的消費心理，產生了強大的客戶效應。漢堡最大的好處不僅在於攜帶方便，人們可以在餐廳吃，也可以外帶在路上或辦公室吃，既可做正餐，也可當零食，經濟又實惠；且漢堡的味道鮮美，也符合現代生活的需要。更令人意外的是，藤田田規定漢堡出爐超過七分鐘後，就不能再賣給顧客，這種對待顧客的誠信服務，便是他成功的根本原因，也呈現出猶太生意經中以女人和嘴為目標的經營特色。漢堡的原料，從芥末到果醬，全是在美國當地量身訂做，配方科學合理，符合營養學，一個人一天對牛肉的最低需求量是四克，而漢堡則提供了四十五克的上等牛肉。

作為猶太商人，他們經營的常常是自己不喜歡的東西，但那往往是最容易獲得成功的項目；反之，喜歡的東西會妨礙你把它賣出去。藤田田也是因為經營他不喜歡的東西而獲得成功的，不過他事先做好了準備工作，將一切處理得非常井然有序。他明白，在生意繁忙時就無暇顧及其他顧客，這樣是無法贏得顧客好感的，所以研發了頗多新奇的招式。

藤田田在經營他的江之島店

《標靶式銷售：集客、養客、留客的魔法行銷》王晴天／著

時，曾於一九八二年八月創下單月九千五百萬日圓的銷售業績，當月銀座三越百貨公司的銷售額僅五千五百萬日圓，比同等規模的店鋪營業額高出了十多倍。因為藤田田透過市場調查瞭解到，他以每天通勤的一萬四千五百萬輛汽車中所承載客人為銷售對象，而客人的消費心理是衛生、方便、快捷。於是藤田田想出電話預訂的銷售方式，從而滿足了消費者追求便利的需求，他還改進了收銀方式，引進電腦收銀機，以加快結帳速度，連美國麥當勞總公司全美六千多家分店也採取這種新型態的收銀系統。

不僅如此，麥當勞把企業發展的長期戰略鎖定在兒童，從小就培養兒童對麥當勞食品的喜好，並特別招募漂亮的女性店員，銷售漢堡的同時，也帶動飲料的銷售量。

藤田田還經營過女性用品、鑽石與男士領帶等。他在銷售男士領帶時，總是讓客人選好領帶，如果客人不知如何選擇，只要說出「高雅、氣派或風度」等讚美，往往就能成交。藤田田經營麥當勞還有另一個特點，那就是不賣酒也不設卡拉OK。因為賣酒，怕會有顧客酒後調戲漂亮女店員的尷尬情況，女性員工也有可能因此離職，影響公司的正常經營。而唱歌則會對一些喜歡安靜的顧客造成困擾，同時也會變成只吸引年輕人消費的場所。

藤田田認為，麥當勞的成功，有賴於科學合理的猶太經營方式，先建立客戶信譽，贏得顧客，並創造出符合大眾口味和消費心理的漢堡作為銷售產品。為了讓麥當勞的員工安心工作，藤田田採取了幾種並行的辦法，他規定麥當勞每年為員工和家屬支付一千萬日圓給東京兩家大醫院，以確保員工生病時能夠及時獲得醫治。每位員工的家屬過生日時，

《完銷力：業績王都在用的成交潛規則》洪傳治／著

借別人的鞋子比赤腳走得快。

藤田田會請花店送上鮮花慶賀，每年還會發放三次獎金，其中一次是專門發放給員工家屬的。不僅如此，每年麥當勞還會在飯店舉辦派對，所有員工都必須帶家人參加。而員工自己過生日或者小孩過兒童節，員工都可獲得一天的假期和家人團聚，公司還會送上五千日圓的紅包。小朋友過生日也會收到麥當勞寄來的生日卡，在生日當天持生日卡到麥當勞消費，可享受優惠折扣。

　　總之，猶太商人做生意，會認真分析顧客或交易對象的消費心理特徵，並非只做一次交易，而是建立起長期的消費信譽，以誠信獲得忠實的顧客。消費者的心態是相當微妙的，只要迎合他們的心理需求，猶太人的生意自然就能獲得成功。《塔木德》中的猶太生意經是他們幾千年來經商經驗的智慧結晶，第一個必須掌握的是女人，第二個則是嘴巴，然後再大膽地運用猶太商法，輔以科學的管理，創造只盈不虧的商業奇蹟。

《N的秘密》王擎天／著

四、經商智慧的啟示

01 失而復得的金幣

金錢，對於貪婪的人來說，永遠沒有滿足的時候。

很久以前，有位猶太商人前去一座城鎮做生意。他聽說幾天後會有特別便宜的商品出售，就留下來等大減價的日子到來。他身上帶了不少金幣，但當時還沒有銀行，走到哪裡帶到哪裡，既不方便又不安全。於是，他悄悄來到一處偏僻的地方，見四下無人，就在地下挖一個坑，把金幣埋了起來。

第二天他回到原地一看，卻大吃一驚，錢袋竟然不見了！他呆呆地站在那裡不斷回想，確信自己在埋金幣時未被任何人看見，為什麼金幣會不見呢？他怎麼也想不通。就在他百思不得其解時，無意間抬頭，發現遠處有一幢房子，房子的牆上有一個窗戶，這個窗戶恰巧對著他埋錢的地方。於是他聯想到，會不會是住在這房子裡的人正好看見自己在埋錢，等他離開後就將錢袋挖走了呢？

猶太商人決定前去一探虛實。他來到那幢房子前，發現裡面住著一個男人，於是禮貌地上前問道：「我是個鄉下人，你住在城市裡，頭腦一定很靈活，現在我有一件事想請教你，不知道可不可以？」

那人答應道：「儘管問吧！」

猶太商人接著說：「我是外地人，特地到這裡買東西，身上帶著兩個錢袋，一個裝五百枚金幣，一個裝八百枚金幣。我已把那個小錢袋悄悄地埋在一個沒人知道的地方。現在的問題是，這個大錢袋是埋起來比較安全呢？還是交給可信任的人保管比較安全？」

房子的主人回答說：「如果是我就誰都不會相信，因為人心難測啊！我會選擇把大錢袋和小錢袋埋在一起。」

「這個主意真好，謝謝你，今天晚上我就把錢袋埋起來。」猶太人笑著說。等猶太商人一走，這個貪心的人馬上拿出前一天挖出的錢袋，埋回原來的地方。他一離開，那個守在不遠處的猶太商人馬上走過去挖出錢袋，五百枚金幣一個不少地又回到自己的手裡。

《真永是真‧魔法筆記》
魔法高效研發小組／著

 תלמוד 啟示

　　這個猶太商人的手段確實高明，他知道小偷之所以偷竊別人的東西，就是因為有一種貪得無厭的心理，物品的價值越高，貪念就越大。

　　「金錢沒有經歷過不受歡迎的日子」，這個猶太商人就是利用這種心理，讓小偷自己吐出原已偷到的金幣。貪婪的人在利益薰心的情況下，總會輕易地洩漏自己的底細，所以適時利用人性中的貪念與欲望，可以從中獲利。

02 虛虛實實

　　一個叫法耶梭迪的猶太青年在星期五傍晚來到一座小鎮，他飢腸轆轆又身無分文，不但沒錢買飯吃，更別提找個落腳的地方住宿了，他只好去猶太學校找學校的管理員，希望對方能幫他安排個可提供他在安息日食宿的家庭。

　　管理員打開筆電查了一下，不好意思地對法耶梭迪說：「這個星期五在此地停留休息的人特別多，幾乎每家都安排了客人，現在只剩開珠寶店的米契列家還沒有客人，不過他從來不收留客人，神拿他也沒有辦法。」

　　「他會接納我的。」法耶梭迪十分自信地說，因為根據猶太教的教規，凡

是猶太教徒，不論走到哪裡，都應該受到生活上基本的照顧和款待。

半個小時後，法耶梭迪來到米契列的珠寶店門前，他走進店內，將老闆米契列拉到一邊，神秘地從大衣口袋裡掏出一個拳頭大小、沉甸甸的小布包，悄聲問道：「老闆，你看這麼大一塊紅寶石能賣多少錢？」

米契列沒想到，眼前這個衣衫襤褸的年輕人居然會有這麼大一塊紅寶石，他見法耶梭迪的模樣像是外地人，對本地的珠寶價格沒有概念，於是便想，如果能做成這筆生意，肯定能賺到一大筆錢。可是按照猶太教規，安息日是一星期中的最後一日，也就是每個禮拜六，這段時間不能談生意，更不能談錢，如果違反了教規就會遭受厄運。米契列實在捨不得放棄這筆生意，再三考慮後決定讓法耶梭迪留宿一晚，等安息日過後再談生意。

「這樣吧，小伙子，如果你不介意的話，就請在店裡住一個晚上，我想你還沒有吃晚飯，一同共進晚餐吧……」不用說，法耶梭迪當然很愉快地住了下來。整個安息日，法耶梭迪受到老闆米契列的盛情款待，好到他自己都感到有些難為情。

到了星期六晚上，安息日一結束，可以進行交易活動時，米契列笑咪咪地對法耶梭迪說：「好了，小伙子，現在可以把貨拿出來讓我估價了。」

法耶梭迪不慌不忙地從衣袋裡掏出布包，然後一層層地打開，裡面居然是一塊石頭。米契列立刻驚訝地瞪大眼睛：「搞什麼鬼？你的布包裡包的不是紅寶石嗎？」

法耶梭迪笑著說：「老闆，你一定是誤會了，我什麼時候說我有紅寶石了？我一進你的店，就感到十分好奇，於

《從零開始打造網路新事業的
七大步驟》葉威志／著

　開鎖不能總是用鑰匙，解決問題不能總靠常規方法。

是想知道一下像我布包裡那塊石頭般大小的紅寶石能值多少錢，所以才問你的。」

猶太人是世界公認最會賺錢的民族，他們對金錢有著特殊的敏銳感，並具有與生俱來的經商天賦。

猶太人善於捕捉人性的弱點，知道利用人性的好奇心、虛榮心和貪圖便宜的心理，便可為自己賺取利益。這也正是猶太民族歷經二千年流離失所的漂泊生活，卻沒有失去其民族，在屢遭屠殺後又能迅速崛起的原因。

03 發財秘訣

我們經常從各類報章雜誌上看到許多詐騙集團落網的報導，令人驚訝的是，這些詐騙集團的手法都如此簡單和相似，除了少部分利用人們的善良和同情心以外，其餘絕大部分都是利用人們想不勞而獲、貪小便宜的心理。有這樣一個故事：

有一則廣告上說：匯款一百元，就能得到賺一千元的秘訣。

一位讀者按約定把錢匯過去，後來他得到一封回信，信中只有一句話：「去找十個像你這樣的傻子。」

同樣的道理，當有人告訴你他手上有一個稀世古董，因缺錢而急於變賣，打算以低廉的價格賣給你，你一轉手就能賺多少等等——這時你應該冷靜地想想，對方對古董買賣的經驗肯定比你豐富許多，如果連他都無法高價賣出，何況是你呢？

有人拿著各式各樣的外幣在銀行門口等著你，說急需用錢，想便宜拋售，跟你換些現金——你不知道那些錢是哪個國家的貨幣，而他能換進來，卻換不出去，你有把握能換得了這些錢嗎？許多例子都告訴我們，唯有靠自己辛勤努

力，才有機會獲得成功，如果總妄想一步登天或憑機運發財，那只會是一場空。

耶路撒冷

舉世聞名的猶太裔富豪洛克菲勒剛步入商界時，經營舉步維艱，他一心想要發財，卻苦無良方。有天晚上，他從報紙上看到有出版社推出一本名為《發財秘訣》的書，興奮不已，第二天他便急急忙忙到書店去買這本書。當他迫不及待地打開閱讀時，只見書內僅印有「勤儉」二字，其餘再沒有任何內容，他大失所望又覺得氣憤。

洛克菲勒因為受騙而感到沮喪，他反覆思量該「秘訣」的「秘」在哪裡？起初，他認為出版社和作者在聯合欺騙消費者，一本書只有這麼簡單的兩個字，他想指控他們在欺騙讀者。後來，他越想越覺得此書言之有理。的確，要想發財致富，除了勤儉外別無他法，這時他才恍然大悟。

此後，他嚴格控管每天需要花費的錢節省儲蓄，同時加倍努力工作，千方百計地增加額外的收入。這樣堅持了五年，存了八百美元，然後將這筆錢用於經營煤油事業，在經營中他精打細算，千方百計地節省開支，把大部分的盈餘存起來，到一定時間後將其投入石油開發。照此循環發展，如滾雪球般使其資本越來越多，生意越做越大。

經過三十年左右的「勤儉」經營，洛克菲勒成為美國前三大財團之一的首富，其財團所屬的石油公司，年營業額高達一千一百億美元。

一張弓，如果一直緊繃著，即使是鋼做的，也會失去彈力。

　　猶太商人一生都在督促自己積極正面，這種積極進取的精神，是他們成功的一大秘訣。洛克菲勒的故事就是最好的例子，即使遭遇困難，他們也能設法將其轉化為積極的一面，這便是猶太商人奮鬥個人事業中最具活力的特徵。

04 道高一尺

　　賴得亞從市集上牽回一匹馬，一進屋就對妻子說：「今天我在市集上從一個狡猾的吉普賽人手裡買了一匹好馬。那匹馬值五百元，可是我只花二百元就買下了。」

　　「聰明，花二百元就買回一匹價值五百元的馬，真是太好了！」

　　「不過也不算太好，馬有點矮小。」

　　「那怎麼說是一匹好馬呢？」

　　「馬雖矮小，但很健壯。」

　　「健壯就算是好馬。」

　　「美中不足，馬有點瘸。」

　　「瘸馬？那怎麼行！不能耕田也拉不了車。」

　　「那只是暫時的，馬之所以腿瘸，是因為牠的後蹄上有一根小釘子，我幫牠拔出來，再抹上藥，拉車就不礙事了。」

　　「這麼說，你是花二百元買了一匹好馬，你的運氣太好了！」

　　「運氣不怎麼好，付錢的時候，我把五百元的鈔票當二百元給他了。」

　　「真要命，這怎麼能說是花二百元買了一匹好馬？你根本一點便宜都沒有占到呀！」

　　「怎麼沒占到便宜，我給他的那張五百元鈔票是假的！」

　　在激烈的商戰競爭中，猶太商人一生都在設法賺取利潤，他們賴以生存的基礎就是精妙的談判術、謊言家般攻心的策略、雄辯的口才、靈通的情報來源，還有他們特別的經營智慧。

　　商人們為了賺錢，有時會不擇手段，尤其在與外商的貿易中，對方往往利用語言差異偷偷布下陷阱，外行商人很容易受騙；從這個故事可以學習警惕，在經商的過程中必須注意每個環節，以免為自己帶來損失。

05 做獨家生意才能發財

　　猶太商人一般心態都較為正面，能在不利的環境中，我行我素地做生意，甚至把逆境視為做生意的最佳機會。

　　在猶太人中流傳著這樣一個笑話：猶太人從週五日落到週六日落的時間，是休息日，這是《聖經》中規定的安息日。《聖經·創世紀》說，神造物用了六天時間，所以到了第七天就要將一切工作停止。神賜福給第七日，意為神日，這一天什麼也不做，因為神停止了祂的一切工作，就安息了。注重傳統的猶太人，每個禮拜都有這樣快樂的一天，這便是猶太人的安息日，按照猶太人的規矩，安息日是不能工作的，只能在家中虔誠休息，學習典籍。

　　但有個商店的老闆卻照常營業，褻瀆了安息日。一次講道時，拉比對這樣的店主大加斥責。禮拜結束後，褻瀆安息日最甚的這名老闆卻送給拉比一大筆錢，拉比非常高興。接下來的這個禮拜，拉比對安息日營業的老闆就不再嚴厲指責。他想著那個老闆可能會給他更多的錢。不料，拉比這次一毛錢也沒拿到。拉比猶豫了好一陣子，最後鼓足勇氣來到那個老闆家裡，問他到底是怎麼回事。

　　「事情十分簡單，」安息日營業的老闆說，「在你嚴厲譴責我的時候，我的競爭對手都感到害怕，所以安息日只有我一個人開店，生意興隆。而你這次

態度一客氣，恐怕下週大家都會在安息日營業了。」

🔑 תלמוד 啟示

　　猶太人以虔誠聞名於世，但在說笑話時，不僅有學問、有知識的拉比，甚至連神也可能遭到奚落。從這個本意在於調侃拉比的笑話中，不難發現猶太商人的精明之處。

　　猶太人一向推崇金錢，每每有好的賺錢點子，總是敢於大膽實施，甚至專門選擇逆境或獨特的時機作為發財的最好機會。做獨家生意是獲取大筆利益最好的方法之一，只要能占得先機，率先進入某個行業，形成壟斷，消除競爭對手，就能成為最賺錢的人。猶太商人認為，別人不能做的，我可以大膽地去做，別人不能成功的，我可以自己發展。他們發現，壟斷所得到的報酬率是最高的，他們總能及時找到企業生存發展的新點子，做出自己的特色，從而替自己成就財富。

06 誰最精明

　　在美國和蘇聯兩國成功發射載人火箭後，德國、法國和以色列也聯合擬訂了月球旅行計畫。在火箭與太空艙都製造完畢後，他們開始應徵太空人，工作人員分別詢問各國應徵者要求什麼待遇。

　　一名應徵的德國人說：「給我三千美元，我把一千美元留作己用，一千美元給妻子，一千美元用作房屋基金。」

YOUTUBE 搜尋新絲路視頻，免費學習更多知識

095

接下來又問法國應徵者，法國人說：「給我四千美元，一千美元歸我自己，一千美元給我妻子，一千美元給我情人，剩下的那一千美元留著付房屋貸款。」

最後一位以色列應徵者要價更高，他說：「必須給我五千美元才行，但我會把一千美元給你，一千美元歸我，其餘的三千美元用來僱德國人。」

תלמוד 啟示

從這個故事我們可以看到猶太商人的腦袋有多麼精明，自己什麼都不做，還能賺下一千美元。猶太人認為，商業經營中最重要的是錢，不必將錢區分為可賺與不可賺，既然是錢就都可以盡力去賺，不必受思想束縛。這是猶太商人經商的一大特點，作為商人，必須「工於算計，長於精明」，這是經商的起點，也是最高的境界。

07 花小錢省大錢

所謂「聚沙成塔，積少成多」，要成就大筆財富，必定要從累積小錢開始。大多數人一生勞碌，卻難以夢想成真。這是什麼原因呢？因為許多人賺錢的心太急切，只想賺大錢，卻不知道「聚沙成塔」，從小錢累積大錢的道理。

一位猶太富商走進一家銀行，來到貸款櫃檯前坐了下來。

「先生，有什麼事情可以為您效勞嗎？」貸款部經理一邊小心翼翼地詢問，一邊仔細打量此人的穿著：名貴的西裝、高級的皮鞋、昂貴的名牌手錶，還有鑲有寶石的領帶夾……。

「我想借點錢。」富商答道。

「沒問題，您想借多少？」

「一千美元。」

「只借一千美元？」

「我只需要一千美元就夠了。」

相信自己，便會攻無不克。

貸款部經理的大腦立刻快速運轉起來，這個人穿著如此闊氣，為什麼只借一千美元呢？恐怕是想先試探一下我們的工作品質和服務態度。於是便滿臉笑容地說：「當然，只要您提供等值的擔保品，無論借多少，我們都可以辦理。」

富商指著停在門口的保時捷說：「門口的那輛車足夠擔保吧？」貸款部經理核對資料後，接受保時捷為擔保品，把跑車開到銀行地下室的車庫停放。

兩個禮拜後，富商一回到紐約便立刻歸還貸款，並交付五元利息。

「感謝您的惠顧！我們查對您的資料後發現，您有上千萬的資產，以您的財力，為何還要向銀行借貸一千元這樣的小錢呢？」貸款部經理怎麼也弄不明白，一個坐擁千萬的富商怎麼會跑到銀行來借一千美元？

「好吧，既然你如此熱情，我不妨把實情告訴你。」富商微笑說，「理由很簡單，因為這裡是唯一一個只花五元就能停車兩星期的地方。」貸款部經理如夢初醒，不得不佩服這位先生的精明。

 **תלמוד 啟示**

這個故事雖然是一則笑話，卻闡述了「從小錢累積大錢」的道理。這個世界上不可能人人都賺大錢，更不可能人人都成為億萬富翁。如果你不具備或暫時不具備賺大錢的條件，不妨先腳踏實地賺些小錢，等累積了一定的資本後，再操作更大的投資，以錢滾錢，讓你獲益無窮。

大錢固然可愛，但別忘了小錢也是錢，懂得省下「小錢」，莫以利小而不為，由小錢到大錢，終有一天你也會擁有令人驚羨的財富。

08 避稅妙計

　　猶太商人羅恩斯坦，在經營他的跨國公司時，他發現當地的法律規定本國籍的人只須繳交小額所得稅，而外籍人士卻要繳納高額所得稅。作為猶太商人，他首先想到的不是如何去逃漏稅，而是想到一個絕妙的「減稅」辦法，就是加入該國的國籍，這樣便能省下一大筆稅款。猶太人是最精明的精算師，面對稅金，當然也會想盡辦法省下最多的錢。下面便是一則猶太人用智慧避稅的經典例子：

　　喬坦‧佛桑是美國籍猶太商人，他對經商中的逃稅技巧頗有研究，對美國海關的各項規章制度一清二楚。過去，從義大利進口皮鞋到美國的關稅很高，喬坦‧佛桑為了賺錢，到義大利買了一萬雙最高級的純小牛皮皮鞋。但要如何把這批皮鞋運到美國，又規避掉進口關稅呢？喬坦‧佛桑挖空心思，終於想出一個妙計。他首先將這一萬雙皮鞋分開，將一萬隻右腳打包運往美國，然後把另一萬隻存放起來。

　　美國海關提貨廳裡堆滿貨物，提貨廳的牆角放著一個大木箱，一直無人過問。這是從義大利寄來的一箱貨物，看起來很普通，但已經超過提貨期限，仍不見貨主提貨。這個木箱裡裝的，就是那一萬隻右腳皮鞋，根據美國海關的有關規定，凡是超過提貨期限的貨物，海關有權將其作為無主貨物拍賣處理。

　　有一天，海關人員將貨箱打開，發現裡面是精美的純小牛皮皮鞋，令他們感到奇怪的是，這一萬隻皮鞋竟都是右腳的。他們按照慣例，把這一萬隻右腳

　　無知者不可靠，膽怯者不可教，急躁者不可傳教。

皮鞋全部送到拍賣行，喬坦·佛桑馬上以低價全部買下。一萬隻右腳皮鞋被拍賣出去之後，海關當局意識到其中一定有文章。因此，海關警察秘密下達了指令：從現在起務必嚴加防範，可能會有一批左腳皮鞋運到港口，如果發現單隻皮鞋或其他可疑情況，立即通報，絕不能讓那個狡猾的進口商得逞。

自警方下達密令後，海關對每批貨物都進行嚴格檢查，以防漏網。一個多月過去了，儘管在此期間也曾遇到幾批皮鞋貨物，但都與那一萬隻右腳皮鞋毫無關係。由於未發現任何可疑跡象，也未再看到那個曾經在拍賣行露過面的得標者，海關便逐漸鬆懈了防範。

喬坦·佛桑自從第一批貨發出之後，已料到一定會引起海關警方的懷疑，因此遲遲不發貨，使其產生錯覺，以待時機蒙混過關。喬坦·佛桑為了使第二批貨順利通過海關，採取了和第一批貨不同的包裝形式，他將每兩隻皮鞋裝一小盒，裡面再用透明塑膠紙包上，外包裝清楚標明生產廠家、註冊商標、統一號碼、出廠日期、使用說明等，看起來完全符合產品的銷售要求。

第二批貨到了美國海關後，海關人員一看，一個盒裡裝兩隻皮鞋，肯定是一雙，再加上包裝精美，一切手續完備，因此未加刁難便一路放行。就這樣，喬坦·佛桑順利地取出貨物，只交了五千雙皮鞋的關稅。

十月中旬，一批義大利高級純小牛皮皮鞋出現在美國市場，儘管價格昂貴，但由於做工講究、樣式獨特、尺碼齊全，深受消費者喜愛，一萬雙皮鞋很快地就被搶購一空。

תלמוד 啟示

從這個故事可以知道，在交易過程中，只要規劃得宜，任何原則都會為你所用。仔細規劃每次的商業運作，可以讓自己在合法範圍內省下最大的成本，這是每個經商者都須具備的概念。

猶太人在進行每一筆交易前，都會先做一次整體的策略規劃，讓自己在最有利的情況下執行商業活動，自然也就能為自己帶來最多利益了。

09 放棄眼前利益

有一天，一位年輕人向一位億萬富翁請教成功之道。富翁拿了三塊大小不等的餅放在他面前：「如果每塊餅代表一定程度的利益，那你會選擇哪一塊呢？」

「當然是最大的那一塊啊！」這位年輕人毫不猶豫地回答。

富翁聽了，笑著道：「好，那請用吧！」富翁把最大的那塊餅遞給了年輕人，自己則吃起了最小的那塊。

很快地，富翁吃完了最小塊的餅，隨即拿起桌上那塊第二大塊的餅，在年輕人眼前晃了晃，接著大口吃了起來。

年輕人馬上就明白了這位富翁的意思，富翁吃的每一塊餅雖然都比自己手中的小，但加起來之後，卻比自己吃得多。如果每塊餅代表一定程度的利益，那麼富翁最後所占的利益自然比自己的多。

תלמוד 啟示

很多時候，我們都以為最大的利益就是最好的利益，但等到我們把事情做完後會發現，原來要耗費那麼多的精力和時間；反之，如果用相同的精力和時間去做其他事情，雖然無法一次獲得最大的利益，但只要做的事情多了，利益總合的結果就會比只做一件事情的所得多出許多。一間企業若想要有更大的發展，管理者就必須懂得放棄的藝術──唯有放棄眼前的蠅頭小利，才能獲得長遠利益。

10 聰明的醬汁

有兩個女孩，一個叫羅塞琳，是猶太人，另一個叫瑪莎，不是猶太人。她們在同一家公司擔任會計的工作，兩人的關係一直很融洽。

一個人必須要駕馭他的承諾，而不是讓承諾駕馭他。

瑪莎經常對羅塞琳說，自己很羨慕猶太人的智慧和聰明。有一天吃午飯時，瑪莎不斷地要羅塞琳把猶太人聰明的「秘密」告訴她。羅塞琳被她問煩了，只好告訴她：「好吧，我告訴妳。不過妳必須保證不告訴任何人。」瑪莎立刻答應了。

「那好，」羅塞琳好像在計畫什麼陰謀似的，悄聲對瑪莎說，「秘密在於猶太人醃雞胸肉時所用的醬汁，跟其他人的不同。如果妳能在每週四早餐時吃一塊用獨特醬汁醃的雞胸肉，很快就會變聰明了。」

瑪莎不知所措地說：「明天就是星期四了！羅塞琳，請妳幫我帶塊獨特醬汁醃的雞胸肉吧！購買材料需要多少錢？我付給妳！」

「好吧，明天早上我就帶點醬汁醃的雞胸肉來，但妳得付我十美元。」

翌日早上，瑪莎把錢交給了羅塞琳，然後拿了雞胸肉，在桌旁偷偷吃起來。中午吃完飯休息時，瑪莎出去散步，路過一家食品店便走了進去。她發現雞胸肉的標價是一點五美元一磅。瑪莎一回到辦公室就去找羅塞琳，問她是怎麼回事。羅塞琳微微一笑，把那張十美元的鈔票遞給了同事，然後說道：「明白了吧？妳開始變聰明了。」

YOUTUBE 搜尋新絲路視頻，免費學習更多知識

 תלמוד 啟示

猶太民族是世界上最聰明、最富有的民族之一，他們懂得判斷事物是否合理，不會輕易上當。真的吃了特殊醬汁就會變聰明嗎？凡事只要動腦筋想想是否符合邏輯常識，就能判斷事情的真假。要知道，即使天上掉下

金塊，會掉到自己頭上的機率只有數十億分之一，而邁向致富發財之路的唯一途徑就是：勤奮學習、努力工作，還有活用你的大腦！

馬克・祖克柏

出生於美國紐約州白原市，Facebook 創始人、Meta 董事長兼執行長，被《時代雜誌》評選為「二〇一〇年年度風雲人物」。二〇一四年以三百五十二億美元成功打入富比士全球富豪榜，成為歷史上最年輕打入世界前十大的億萬富豪。二〇二〇年資產首次超越一千億美元大關，成為全球第四大富豪。

祖克柏在他的哈佛宿舍內，於二〇〇四年發起了 Facebook。學生們稱其為「The Facebook」。這樣以相片為核心的網站，大大拓展了許多私校學生的交流，學生們可以列出彼此的基本資料，比如班級、學年、交友偏好、電話號碼等。二〇一〇年祖克柏宣布他的網站會員已經達五億人，在媒體問到未來的發展策略時，他表示：「如果觀察我們網頁平均的廣告搜尋率，其實點擊率只有我們網頁的 10%，如果我要求升到 20%，要做這件事情不難，但是我們不想這麼做，我們已經賺夠了。的確，我想說的是，我們正走在我們想走的路上。」

二〇一〇年，《浮華世界》雜誌把祖克柏列為「資訊時代中最有影響力」的第一人。二〇一二年 Facebook 在那斯達克上市，募集資金一百六十億美元，成為美國歷史上第三大首次公開募股案例。

2018 年的馬克・祖克柏

Chapter 3

猶太人的談判智慧

一、78：22 的經商法則

在商業社會裡，沒有錢的人永遠會被人看不起；從一個窮人變成富翁，多少人做著這樣的夢？然而猶太商人成功了，並且稱霸世界，他們所依靠的是什麼呢？答案是——78：22 經商法則和絕妙的《塔木德》生意經。

《塔木德》中的生意經是世界上最棒、最通用的，其點子更是世界上最值錢、聰慧且實用，總能點石成金。幾千年來，猶太商人遍布世界各地，擅於投資管理，精通股市行情，敏於商業談判，並專門進行公關和廣告宣傳活動，他們從《塔木德》中總結出一套科學合理的生意經和「巧取豪奪」的賺錢理論。其中，最常被人使用的就是 78：22 之經商法則，它可謂猶太商道的根本要義，猶太商人便是運用這一法則將世界的財富和智慧統統裝進自己的口袋。

78：22 法則是大自然中一條客觀存在的大法則，它規定著宇宙中某些恆定的部分。如自然界裡氮與氧的比例是 78：22，人體中水分與其他物質成分的比例是 78：22，正方形中內切圓的面積與其餘部分面積的比例是 78：22。猶太人的經商法則就是建立在這條自然法則的基礎上，並成為猶太人千百年來經商的黃金法則。

在實際生活中，這一法則到處可見，如果有人問：「世界上放款的人多還是借款的人多？」多數人會認為借款的人多。然而猶太商人的答案卻正好相反，他們認為「放款人占絕對多數」。比如說銀行，它從許多人手裡把錢借走，然後貸給

YOUTUBE 搜尋新絲路視頻，免費學習更多知識

不要為明天的問題擔憂，因為你並不知道明天會給你帶來什麼。

一部分人，從中獲取利潤。如果借款人多過於放款人，支大於收，銀行早就宣告破產。因此他們認為放款人與借款人的比例也是 78：22，銀行正是利用了這個比例法則來賺錢的，所以說一旦交易打破這一規律，借款人多於放款人，銀行也就只有關閉一途。

猶太人還發現了普通人和富翁的比例也是 78：22，很自然的有錢人是少數，有趣的是，他們的財產分配比例也遵循這一法則，富翁和普通人的財產之比正好是 78：22，所以普通人控制的錢是少數。猶太商人在認知到這一法則後，大多選擇從事金融業、鑽石方面的生意，並靈活運用 78：22 法則，順利成為世界級的商業大亨。

一九六九年十二月，藤田田訪問東京一家百貨公司，請求該公司提供給他一個銷售鑽石的專櫃。「藤田田，這樣的買賣在年關季節是做不起來的，就算你認為買主都是些有錢人，但他們也不會拿錢去買鑽石的。」最後藤田田還是很有耐心地說服對方提供一個市郊的百貨專櫃給他使用。藤田田考察了該分公司的環境，雖然地方偏僻、顧客少，但他還是認為可行。於是他請紐約的鑽石商將貨品運送到東京，並迅速展開「年關大折扣」活動，銷售的第一天，營業額就達到三百萬日圓，藤田便在近郊和四周地區同時展開大促銷，結果每處平均的營業額都超過五千萬日圓。

欲瞭解更多課程資訊，請搜尋新絲路網路書店

該百貨公司在東京的總公司眼看藤田田成功了，就答應在總店提供一個專櫃給他，但考量在近郊設的櫃位會分散顧客，所以他們預估日營業額不會超過一千萬日圓。藤田田不以為然，他聲稱「在總公司的月營業額一定能達到三億日圓」，結果第一個月營業額就達到一億二千萬日圓，兩個月後，竟突破三億日圓大關。這就是一則精明猶太商人從事鑽石生意，成功運用《塔木德》78：

22 經商法則的經典案例。

鑽石是一種高級奢侈品，在一定程度上是高收入階層的專用消費品，普通收入的上班族很難買得起。從一個國家擁有鉅額財富的統計比例來看，高所得的人比普通收入的人少得多，因此大多數商人會認為，消費者少，利潤絕對不會太高。可是猶太商人卻發現，高所得的人雖為少數，但他們持有的錢財卻占了大多數，依據 78：22 法則，普通收入的人與高收入的人比例為 78：22，但從財富分配看，高所得的人與普通所得的人財富比例也是 78：22。那猶太商人就要鎖定「78：22」中「78」的錢，如此就不難發現藤田田賺錢的秘密了。

鑽石在東京本是少數有錢富商的消費品，這些富人卻占據著「78」的錢，在實際的鑽石買賣中，78：22 法則很快得到了驗證，尤其是地處東京的繁華地段，全國名流大亨皆聚集於此。一九七〇年十二月，藤田公司銷售業績創下一億二千萬日圓的佳績，一九七一年二月，鑽石銷售額突破三億日圓，其四周的分店也有超過二億日圓的營業額，藤田田不就等於賺了少數全日本有錢人的錢嗎？

要做一名成功的商人，就必須懂得自然法則，樹立良好信譽。「78：22」這看似簡單的阿拉伯數字，卻反應了一定的運行規律。根據猶太商人的經驗，生意人注重這一數字是理所當然的，這不僅對於經商非常重要，在生活中同樣有益。他們總會用確切的數字來反應具體的生活，比如中國人常說：「今天很冷。」猶太人卻會說：「今天是華氏五十度。」猶太人將數字滲透到他們的生活中，並企圖從這些數字中發現經商法則，提高他們賺錢的可能性。猶太商人把數字運用於經商，78：22 法則是他們經商的第一步，如果偏離 78：22 法則，他們就無法賺到錢。

猶太人習慣透過心算賺錢，他們都是徹底的現金主義者，不只是因為他們在歷史上經歷過流浪，錢成為他們逃亡時唯一可以隨身攜帶的東西；也因為他們不相信別人，如果將商品賒出去，誰能保證賒欠的錢一定拿得回來？如果再次遇上流亡，唯有現金是最安全、可靠、永恆的財富。在生活中，他們將一切

舌頭能置人死地，也能救人生還。

的東西都兌換成現金，也最關心現金，比如在交易中，他們比較在意「這個人究竟帶了多少現金？」或是「這家公司值多少現金？」之類的問題。尤其在動盪的歲月裡，他們手中持有的是現金，或把錢換成黃金或鑽石，總之他們的固定財產是零。因為如果他們守著諸如土地、建築物或是其他不動產等固定財產，當遇到局勢緊張時，就不得不棄財而走。所以，聰明的猶太

《市場 ing》王晴天／著

人不會選擇購買土地或別墅，唯有現金是他們生活的保障和依靠。

猶太商人對金錢的崇拜，採取的是現金主義，這是《塔木德》的商法之一。他們認為數字才是賺錢的根本，隨身攜帶計算機，這樣在談生意時，生意的成本和利潤便能立即一目了然。例如一位猶太商人在導遊的陪伴下參觀一家日本工廠，這家公司專門生產精密收音機。他到達現場後看到一位工人正緊張地工作，問：「你每小時能賺多少工資？」「月薪二萬五千日圓，先生。」工人回答後又開始工作起來。導遊想幫這位猶太人算出工人的時薪，但他花了五分鐘才算出這個答案。然而猶太商人在工人回答後就已經知道他每小時薪水是二十五美分，當導遊告訴他答案時，他已經從生產一台收音機的原料費用和工人數中計算出每台收音機所能賺取的利潤。

猶太商人非常精於數字和心算，能透過對方提供的資訊，計算出對方的實力、成功率和利率。這就是那些活躍於金融業的商業鉅子之所以能看準時機，敢於冒險，最終賺取億萬資產的原因所在。

根據 78：22 之經商法則，猶太商人是緊盯利潤走的。不論經商或是進行貿易，如果沒有利潤，他們會立即設立停損點或中止交易；如果能獲取高額利潤，他們會採取更果斷的決策進行交易。美國芝加哥有家專門賣行李箱的公司，

老闆是位著名的猶太商人。公司從開業以來，生意一直很好，但芝加哥環境汙染嚴重，猶太老闆不幸染上了肺結核，醫師勸他最好去南美洲療養。儘管他在芝加哥的生意很不錯，而且行情越來越看好，他還是毅然決然地把公司賣掉。不過在南美洲療養的期間，他也沒閒著，仔細觀察分析後，決定在南美洲設廠，繼續從事行李箱的生產與銷售，成為世界著名行李箱大王。

如果說猶太人時常運用「78：22」這一自然法則成就財富之夢，那麼素有經濟帝國「紅色之盾」美譽的羅斯柴爾德，就是成功運用這一法則的典範。邁爾・羅斯柴爾德原本生活在猶太「賤民」區，他花了幾年時間就建立起世界最大的金融王國，實現了由窮人變成金融大亨的美夢。在一八三三年不列顛帝國廢除奴隸制後，羅斯柴爾德曾資助二千萬英鎊補償原本主人的損失；一八五四年英俄克里米亞戰爭中羅斯柴爾德向英政府提供了一千六百萬英鎊的貸款；一八七一年幫助法國支付普法戰爭中的一億英鎊賠款；美國內戰期間，他們提供的資金亦成為聯邦財政的主要來源。羅斯柴德爾德家族現今仍控制著世界的主要黃金市場，也是猶太商人中最會賺錢的傑出代表之一，他們的財富便是建立在「78：22」自然法則上。

邁爾・羅斯柴爾德

邁爾是從十歲開始向父親學習經商，少年時的他就對古幣和古董有強烈的興趣。他認為最有效的銷售辦法就是拉攏最具購買力的貴族，因為他們占據那些「78」的錢。邁爾是從零開始創業的，他一路累積著從富人那裡賺到的小果實，並積極拓展商機。他在認識 78：22 法則後，就擬訂計畫將這些古幣透過郵寄的方式推銷給世界各地的皇親貴族，還將稀罕珍奇的古幣編印成精美目錄，寄給所有的顧客。邁爾艱辛地開闢著通往勝利的銷售之路，不久，當地伯爵召見了他，邁爾不惜以低價賣出自己收藏的珍貴古幣，這筆交易也為他日後建立羅斯柴爾德家族奠定了根基。

邁爾很清楚，向有權勢和財富的人銷售他的產品是最有效的途徑。於是他

一個裝滿了金幣的罐子搖不動，一個隻裝有三五枚金幣的罐子卻搖起來很響。

以很高的價格收購這些古幣，又以低得出奇的價格出售給伯爵。事後，伯爵再幫他蒐集古幣、介紹買主，使他獲得數倍的利潤，後來更成為伯爵的財產管理者。

這其實是一種捨棄小利獲取鉅額利潤的經商法則，日後邁爾持續不斷採行這種策略，最初是為那些有錢的貴族、領主、金融家提供情報，為之服務，之後再從這些大人物手中賺取利益和財富。在邁爾四十五歲那年，適逢法國大革命爆發，伯爵那時已是歐洲最大的金融家之一，並從事著大宗的軍火買賣，將自己的龐大資金借給君主和貴族以賺取高額利息，身為其財產管理者的邁爾也從這場戰爭中賺取了暴利，自十九世紀以來的一百多年裡，累積了四億英鎊的資產。

羅斯柴爾德家族在向奧地利進行商業擴展時，也同樣運用了 78：22 經商法則。當時來奧地利拓展市場的邁爾次子索羅門，在研究分析奧地利市場後，提出了承包發行奧地利國家公債的建議。剛開始，他擬定發行的高利率公債遭到各方的抵制，精明的索羅門溫和地應付著，並巧借傳媒來刺激人們的購買欲，這種輿論造勢引

奧地利國徽

發了商人們的投機心理，不久國家公債便開始暴漲。奧地利政府籌到鉅額的經費，買公債的人也獲得了利潤，索羅門更是從中大賺一筆。他認為「用錢來敲門，沒有不開的買賣」。

在成功拓展奧地利市場後，他又開始向奧皇斐迪南一世提出申請，要求修建從維也納到巴伐利亞長約一百公里的鐵路，奧皇批准了他的請求，但卻遭到各方人士的反對。索羅門雖然已和掌握「78」財富的權勢人物建立了良好的關係，但他仍然溫和面對。為平息四方的壓力，索羅門宣稱要籌集鐵路建設資金，首期發行一萬二千股的股票，其中的八千股屬於羅斯柴爾德家族擁有，其餘四千股依序募集。於是先前的反對者，尤其是地方的金融家紛紛提出申請，前往應募，結果收到了比原先募集數高出八倍的申請函。

其實這件事的背後，是依靠黃金來操縱的，索羅門事先就僱用了大批的應募者促使行情急速上漲。後來索羅門又將建成的鐵路以「斐迪南皇帝北方鐵路」命名，皇帝為了滿足自己的虛榮心，自然欣然同意索羅門的一切請求，最後由索羅門奠基的羅斯柴爾德家族成為全奧地利最大的財閥。

羅斯柴爾德家族擅長運用《塔木德》商法來賺取利潤，以此商法成為世界經濟的金融舵手，縱使家族支脈繁多，卻仍保持旺盛的競爭力，這得歸功於他們精於心計。

無論如何，猶太人的賺錢能力都是最獨特的，如果生意確實有利可圖，他們會透過計算，再耐心等候時機。比如猶太商人羅恩斯坦看準了生產水鑽精品的施華洛世奇公司大有潛力，一直等待時機的來臨。直到二次大戰結束，便以各種手段巧妙奪得該公司的銷售代理權，成功藉此獲得暴利。這是那些非猶太商人很難做到的，一旦他們在精密計算後認為沒有把握，就會表現出很不耐煩的樣子，更遑論等待了，所以這種心態能使猶太商人避開生意上的重大挫敗。

施華洛世奇公司創辦人
丹尼爾·施華洛世奇

猶太人在商業投資實施後，通常會制定一個月、二個月、三個月的獲利情形和虧損計畫及對策。第一個月後，若發現營業狀況與事前預測的出入太大時，他們不會改變自己的決定，反而會繼續追加資本。投資二個月時，如果情況不理想，他們會研究分析一番，仍進一步加大資本投入。但在第三個月後，若仍未見獲利的跡象，又無法把握今年的發展情況，他們便會斷然放棄至今所投入的資金和人力，即使認賠也無所怨言。這種適可而止的商業操作為他們免去日後許多麻煩，可是其他未應用《塔木德》商道的商人們，在這種狀況下往往會執著地追求利潤，使自己的企業陷入危機。相較之下，猶太商人的精明之處就在於他們的應變哲學。

又如一位美國律師致電日本猶太商人藤田想商談合作案，那時藤田田正忙

金錢能夠儲蓄，而時間不能儲蓄。

著處理公司事務，便直接拒絕了。可是這位美國律師再三懇請，「無論如何請抽出一點時間給我。」藤田田依然沒有理會，後來對方說：「如果支付你每小時二百美元如何？」「那就給你三十分鐘的時間」。

這位美國律師在一家大型猶太人公司工作，而猶太人公司與日本一家商社近來達成某項協議，現在急需一名監督員，月薪一千美元，想請藤田田推薦一位合適人選。藤田田讀完律師帶來猶太人公司老闆的致函後，律師說：「因為你是猶太人朋友，我相信你推薦的人選最可靠。」隨後，律師又拿出一份猶太人公司與日本商社的合作協議書。藤田田對此產生了興趣，他看出這份合約有很多漏洞，旨在暗算這家猶太人公司，但在美國人眼裡，這份協議是完美的，沒有漏洞可鑽。藤田田向美國律師指出合約的巨大問題，也為猶太朋友找到了合適的監督員，猶太人公司就這樣避免了日本商社的暗算。在商戰中，謹慎小心行事，就是猶太商人另類的精明處。不僅如此，猶太商人在每一次交易中，都會將問題弄得非常清楚，如果不熟悉商業行情，不瞭解商業環境，沒有必勝的把握，就不可貿然去做，這便是他們在商業競爭中立於不敗之地的關鍵。

此外，猶太商人也善於利用時間。在猶太商人看來，不會合理安排時間的人，賺不了大錢，缺乏效率是賺錢最大的阻礙，要賺錢首先要懂得合理運用時間。猶太人視時間為金錢，拼命利用時間賺錢，只有自己賺夠了錢，生活才真正有保障。

總之，猶太人在經歷二千多年的流散後，總結出自己特有的生意經，成為一個注重數字的民族。無論是在商場上，還是生活上，他們多抱持六十分標準，表現出絕對的寬宏大度，因為依據 78：22 法則，「78」占多數，只要把握了多數，就是正確的，那麼「六十」分原則也就是占有了多數原則。所以，他們的成功就在於精明的計算，只要認為對方能夠為自己帶來錢財，那他們就會耐心等待時機來臨，他們是最會運用數字的商人，在做生意時，懂得把利潤和虧損與數字聯繫起來，用具體的數字來衡量實際可能得到的好處。

猶太商人感興趣的始終是「錢」，他們總是在思考如何賺到更多的錢，他

們對錢情有獨鍾，其他事物皆在金錢之下。按照猶太人經商法則，如果能賺大錢，即使是自己創辦的公司，也能當成商品出售。我們從猶太商人的精妙計算中發現，唯有在獲得高利潤時，才是出售公司的最好時機，他們能創辦賺錢的好公司，又依賴高價拍賣公司賺錢取樂，然後再創辦另一個賺錢的公司，絕對不死守著不賺錢的公司，因為公司只是他們賺錢的工具。

《精準讀心：一眼識破の行為暗示心理學》王晴天／著

　　但偏愛金錢的猶太人在對價錢的討價還價卻又十分的認真，後續該採取哪一步，都會認真思考後才下決定，對於利潤的一分一毫和契約書形式都會仔細研究，從不含糊，甚至會為了捍衛利益與他人爭論不休。因此，他們在商談中總是以利益為重，不會輕易讓步。如果是其他商人，他們在爭論後可能會不歡而散；可是猶太商人在第二天就會轉變態度，換個方式繼續和你談判。

　　猶太人精明的經商法則，他們的《塔木德》生意經，他們的點子，對當今的商業金融界有很大的助益，大家都知道白手起家不容易，但命運絕對會眷顧有智慧頭腦的商人。

　　一個人的才智和力量總是有限的。

二、善用法律「違法」而不犯法

在商業化的社會中，機會對每一個人都是平等的。如果你在通往財富的路上希望實現財富自由的理想，但你卻發現，總是遇不到絕佳的機會、總是處於沒有機會的狀態，那不妨試試在法律的空間裡合理地「違法」吧！

在現代商業社會裡，法治意識和契約文化已成為一個社會文明程度的指標。然而，它的形成、運用與對促進資本化市場的產生，已經歷了二百多年的推演，你知道這個過程中有力推動者是誰嗎？正是猶太商人加深了法治意識的形成和契約精神，使它根植於經濟文化社會中，才推動了資本化市場的產生和形成。他們不僅具有良好的法律意識，嚴格守法，更善於變通，猶太人在守約的背後，個個都是鑽法律漏洞的絕妙高手。

商人，最重要的行事原則就是逐利，對視金錢為上帝的猶太商人而言，他們以其智慧來累積無數利用法律和合約達到自己利益的經驗。也就是說，在他們善於守約的同時，亦積極地為自己謀取最大的好處，不論實現目標是不合法還是違反合約規定，他們同樣能做到假法律或合約之形式，來行非法或違約之實務。我們可以在一則猶太寓言中看出猶太商人形式上守法守約的智慧。

《別讓國稅局偷走你的所得》
吳欣龍／著

遠古時代，一位富有且賢明的猶太商人，為了讓兒子擁有智慧和知識，決定將他送往遙遠的耶路撒冷求學。不久之後，這位猶太商人在家染上了重病，他知道自己不久將離開人世，來不及見上兒子最後一面，又擔心財產被別人侵吞，於是早早就留下遺囑：「我把家中所

有財產都留給一名奴隸，但如果財產中有一件是兒子想要的東西，可以讓給兒子。唯一的條件是，他只能拿一件。」

猶太商人病死後，獲得遺產的奴隸非常高興，便連夜趕往耶路撒冷，向猶太商人的兒子報喪，並將帶在身上的遺囑拿給他看。兒子辦完喪事，心中不解父親為什麼不把遺產分給他，於是去拜見拉比，希望能弄清楚原因。拉比只告訴他，從這遺囑中可以看出他的父親十分精明，而且非常愛他，為他留下一筆可觀的財產。兒子仍然不明白，希望拉比能告訴他這是為什麼？無奈之下，拉比只好解釋：「依據猶太律法，奴隸的財產全部屬於他的主人。你父親在遺囑中說，為你留下了一件財產，現在你只需要選擇那個奴隸就行了。」年輕人這才明白父親的用心良苦。

這位猶太商人在遺囑中給了奴隸全部的財產，讓奴隸放心地通告兒子，卻又讓財產在「但是」的轉折下落空了，這是一種絕妙的算計，巧妙地利用法律的漏洞。猶太人以其智慧希望能在不借助外力的前提下嚴格履約，又規避掉合約中損及本人利益的條款。

在現實交易中，無論何種合約，立約雙方總會謀求

YOUTUBE 搜尋新絲路視頻，免費學習更多知識

自身最大的利益，設法加上對自己有利的規定，從形式上來看是公正的，然而從內容上來看，其實並非是公正的。雙方在履約時，一要保證形式的公正性，二要設法抵消內容上的傾向性，而猶太商人常常過於拘泥形式，在立約上也經常如此，經由形式去約束其他的對手，至於對手能不能看破這其中的奧妙，就端看是否具備更高深的智慧。一方面不能讓對手識破合約中的算計所在，另一

僅僅知道不停地幹活顯然是不夠的。

方面又要在合約上強化對彼此的信任度，如此一來，利益必定控制在自己的手裡。

　　猶太人合約形式的公正性正符合現代法律形式的要求，即由合法權利之主體立約各方，他們訂立的合約在內容上即使不公正，但從形式上看，法律是承認的，所以擅長立約守約的猶太人，靠其智慧在當今商業社會上受益良多。在《聖經》裡，也曾記載上帝鑽漏洞的典故，猶太商人將上帝的智慧用於他們的商業競爭之中，從而獲得非凡的利益。

　　從邏輯上來說，一部法律應當是周嚴的，尊重法律就應該依法行事。然而事實上，一部法律從內容到實施的過程中總會出現漏洞。也就是說，對一般人而言，它是完善的，沒什麼漏洞可鑽；但對心智機敏的人來說，總是會找出漏洞所在，也許制定法律的人智慧還在他們之下呢！然而，即使他們鑽了法律的漏洞，但仍然尊重法律，所以也稱不上犯法。

　　因此，我們可以在《塔木德》商法中看出猶太人既是最守法的商人典型，又是投機取巧的傑出代表。他們創造了「合約」的制度，又利用實際操作時的許多機會，也許是因為合約表達不清，或雙方意思表述的不同，或對方也有意鑽漏洞，猶太人總能憑著智慧找到突破的出口。歷史上，猶太人一直將律法的研究作為人生的事業，所以世界任何一部法律對他們來說都是有缺失的。尤其是一些不完整的條例，猶太人在發現這些問題後，選擇與其破網而出，不如鑽其漏洞以避免別人的指責，也等於是為自己預留後路。

　　二次大戰期間，波蘭即將被德國納粹併吞，鄰近小國立陶宛也處於危難之中，許多猶太人紛紛從立陶宛逃往日本，再轉往它國。一次，日本政府函電審查官，要求他前往日本猶太人委員會調查一名猶太人拉比卡利希發往立陶宛的函電，電文中有這樣一句：「SHISHO MISKADSHIM BTALIS EHAD。」委員會主席解釋說這份電報是由卡利希拉比發給立陶宛的一個同事，

立陶宛國徽

談論的是猶太教宗教禮儀上的問題，那句話的意思是：「六個人可以披一塊頭巾進行祈禱。」審查官聽後覺得沒什麼異議，便讓他把電文發送出去了。後來，有人找到那位拉比，向他詢問這件事情，他回答說：「你沒聽說過《塔木德》中的格言嗎？六個人可以用一份證件上路。」

拉比卡利希從歐洲前往日本途中，關注著立陶宛的猶太人安危，他深知日本的簽證是以家庭為單位，便發出了這份電文建議當地的猶太人以名義上的六個人為一戶去申請簽證，讓更多人能迅速離開。當一個個「六口之家」踏上日本列島時，人們還驚訝於猶太人家庭組織的高度一致性。猶太人就這樣成功地鑽了日本的法律漏洞，而日本人根本沒有想到，這是由他們的入境管理條例所決定的「六口之家」。

多少世紀以來，猶太人一直信守律法，又以其靈活多變的智慧從法律的漏洞中找尋自己的利益，並創造出一個又一個的經濟奇蹟。猶太商人羅恩斯坦在經營跨國公司時，面對列支敦斯登的法律規定：「本國籍的人只需繳交小額所得稅，而外籍人士卻要繳納高額所得稅。」作為猶太商人，他最先想到的不是逃漏稅，而是一個為自己「減稅」的辦法，那就是加入該國的國籍，這樣便可以省下一筆稅款。

在法律上尋找自己利益立足點的最佳代表，莫過於石油家族的洛克菲勒財團。在激烈的石油貿易競爭中，洛克菲勒若要壟斷美國石油市場，就得擊敗泰特華德油管公司，搶占輸油管路。泰特華德油管公司早已先建好了一條輸油管，直達安大略湖濱的威湯油庫，並經過巴容縣境內。洛克菲勒也想鋪一條並行的油管，若要設立並行的油管路線就必須穿過巴容縣，但這裡是泰特華德油管公司的勢力範圍，而且縣議會還通過議案，聲明除了已經鋪設好的油管外，不許其他油管經此縣境內。

一天，洛克菲勒突生妙計，在一個漆黑的夜晚，召集壯士潛入巴容縣東北角，手拿鐵鍬、鐵鎬掘溝，並在溝內鋪上油管，一條輸油管線在一夜之間完成了。第二天，當人們發現美孚石油公司在巴容縣境內鋪設好了油管後，縣當局

　不要自貶身價，以免別人看輕。

打算控告洛克菲勒。這時洛克菲勒立即召開記者會，他宣稱：「縣議會的議案規定，除了已經鋪設好的油管之外，不准其他油管過境，現在請記者們到現場驗證，我的石油公司是否已經鋪好油管。」縣議會由於議案不夠周嚴，才會被洛克菲勒鑽了漏洞，無奈之餘也只好認栽。

美孚石油公司成功擺脫國會起訴案，也是一例典範。根據美國反托拉斯法規定，美孚石油公司應當受到法律追究，國會提起訴訟案，對該公司進行起訴。為了逃避法律責任，美孚石油公司的一名年輕律師提出一個解決當前困境的好方法，宣布各州美孚石油公司為獨立公司，包括紐約美孚石油公司、紐澤西美孚石油公司、加利福尼亞美孚石油公司、印地安納美孚石油公司等。公司在律師的指導下，宣布虛設的獨立老闆人選，假造帳目供參院審查，另外採取賄賂政策，這樣參院就無法對其提起訴訟。在這則案例中，可以看出猶太律師的傑出智慧，在當今的美國，著名律師有 30% 是猶太人出身，他們才是最擅於守法，又最會鑽法律漏洞的人。

Mobil

美孚石油公司商標

猶太商人不僅擅於鑽法律的漏洞，也擅於彌補合約中的漏洞，在一則猶太人的典故中說明了這樣的道理。從前有位猶太國王，他的獨生女長得非常漂亮，卻不幸得了重病，御醫說除非有神藥，否則無藥可治。國王遂昭告天下，只要能治癒公主的病，就將公主嫁給他，並可以繼承王位。在遙遠邊境有三兄弟，老大有一件寶物千里眼鏡，可從千里外看見國王的告示，他發現後便和兩位弟弟商議，前往醫治公主。正好老二也有一件寶物魔毯，可以一天飛行千里。而老三的寶物則是可醫治百病的蘋果。三兄弟一起趕來，公主吃下蘋果後，病果真痊癒了。

老大說他應該娶到公主，因為是他發現國王的告示才趕來的。

老二說他應該娶到公主，因為是他幫助兄弟們從千里之外趕來的。

老三也說他最應該娶到公主，因為是他讓公主吃下蘋果病情才好轉的。

然而依照猶太律法，「一女不能事三夫」。這下國王陷入為難，他不知道

該將公主嫁給誰？公主既不能同時嫁三人，也不能獨厚其中一人，然而違約也是猶太法律所不能容許的。

經過思考之後，國王意識到應該修正這個告示，他認為千里眼鏡和魔毯都不能救人，唯一可救公主的是蘋果，當蘋果被公主吃下後，老三的寶物也消失了。而根據《塔木德》律法，「當一個人為他人服務時，最可貴的是把一切都奉獻出來的人」，國王這樣的說詞最終得以服眾。

如果說善用法律、巧於守法、修補漏洞是猶太商人的專長，那麼「倒用」法律獲取暴利，便是猶太商人守法智慧的最高境界。他們總能在不改變法律形式的前提下，隨心所欲，或者以法律為「盾牌」來保護自己。

一九六八年，日本推行經濟改革政策，導致貿易順差增大，外匯存底快速增長，日圓升值、美元日漸疲軟，七〇年代初，日本的外匯存底只有三十五億美元，這是戰後二十五年來日本的「勞動成果」。但自一九七〇年十月開始，日本外匯存底直線上升，一九七一年八月達到一百二十五億美元，尤其是八月份一個月的外匯成長就超過了戰後二十五年所累積的金額，達到四十五億美元。這一年的總存底額達到一百五十億美元。

新絲路視頻6
真永是真6-3
紅皇后效應
王晴天 博士 主講

YOUTUBE 搜尋新絲路視頻，免費學習更多知識

猶太商人看到日本驚人的經濟成長速度，暗自慶幸，因為他們發現了獲取暴利的絕佳機會，開始調集一切的資金，向日本大量拋售美元，他們早已預測到當日本外匯存底超過一百億美元時，日圓升值的日子就要來臨。當日圓和美元匯率大幅變化時，將是他們賺取鉅額財富的最好時機。因此猶太大亨們不惜

僅僅知道等待和忍耐，不是真正的聰明。

向銀行借貸，再向日本拋售美元。

　　然而日本的外匯管理制度相當嚴謹，依靠外匯市場買空賣空的投機經營已不太可能。但精明的猶太商人卻發現了一個重大的缺失，那就是在《外匯預付制度》上，該條例規定，對已簽訂出口合約的廠商，政府將提前給付外匯，而其中的缺陷在於允許退貨。猶太商人看準了日本的「提前給付外匯」與「退貨」這兩大漏洞，立即與日本出口商簽訂合約，將美元賣給日本，等日圓升值後，再以退貨的方式將美元買回。一賣一買，利用日圓升值帶來的豐厚差價，賺取了鉅額利潤。

　　不久日本政府的外匯存底達到一百二十九億美元，這時制定了停止執行「外匯預付」的政策，但允許每天成交一萬美元。當外匯存底繼續升到一百五十億美元時，日本政府不得不宣布日圓升值，由三百六十日圓兌換一美元調整到三百零八日圓兌換一美元。就這樣，猶太投機商們在很短的幾個月內，以一美元賺取五十二日圓，日本政府也因此損失了八億美元，相當於每個日本人損失了五千日圓。這些錢全都被猶太商人賺走了，他們透過預付款和可以退貨的巨大漏洞，一買一賣賺到了巨大利潤。

　　另一則故事也證明了猶太商人在利用法律時表現出來的智慧。一位猶太商人去紐約一家銀行要求貸款。

　　「我想借些錢。」

　　「需要多少？」

　　「一美元。」

　　「只要借一美元？」

　　「是的。」

　　「如果你有擔保品，多借一些也是無妨的。」

　　「總計有五十萬美元，足夠擔保嗎？」猶太商人從皮包裡取出了股票和國債票券。

　　「這些夠了，但你真的只要借一美元？」

「是的，一美元。」猶太商人接過一美元，「年息為 6%，一年後歸還，只要能歸還這 6% 的利息，我們就會將這些股票和國債票券還你。」猶太商人離開了銀行，在一旁不解的銀行行員，追了上去問個明白：「我不明白，你擁有五十萬美元，為什麼只借一美元？」對方答：「我曾經去了好幾家金庫詢問過，他們保險櫃的租金實在太貴。所以我想可以在貴銀行寄存這些股票和國債票券，因為租金很便宜，只需一年六美分的利息。」

《642：神奇的創富複製系統》
王晴天／著

猶太商人在賺錢的路上，總能找到另類途徑。為了抵押物品而借款，借款利息就是他支付的保管費，由於銀行沒有借款額下限的規定，猶太商人的借款額自然會選擇一美元，利息也是最低的了。這六美分，對於銀行實在無利可圖，卻成為服務猶太商人的工具。

不僅如此，猶太商人也憑著他們天才的智慧，在合法的範圍內，將顧客引入某種迷思，然後在顧客尚未考慮清楚時便達成交易。這也是猶太商人善於守法背後的另一種經商手段，他們還懂得討價還價，將此視為賺錢的樂趣。

猶太人艾布拉去了一家商店，店內所有商品均標明價碼，對於一件標價二十美元的商品，他喊價到了十美元時，繼續殺到九點九七美元，但他不願停止，仍要求商家繼續降價。

「這已是最低價了，是底限。」

「九點九六美元我就買。」

「九點九七美元我才賣。」店員堅持說。

艾布拉說：「先生，為什麼要在這一分錢上爭論，我知道你一向是允許賒帳的，我殺價少一分錢是因為，如果哪天我賴帳的話，你們店家不就少了一分

對於猶太人，學習是一生的課題。

錢的損失嗎！」

　　猶太商人作為賣方時，他們漫天要價，不知道底限的人如果出了高價，猶太人就賺了；反之如果對方知道底限，那猶太商人就會選擇不賣。針對買方，猶太商人會極力說服他們，直到把他們弄糊塗了或者說得對方服服貼貼的，那高價格的交易也能成功。然而，猶太商人在做買方時，一出手就狠殺價格，四折三折地砍價，決不手軟。不過他們殺價時都能舉出使對方信服的理由，如果對方說商品品質好，猶太商人則說價格離譜；如果對方說價格合理，猶太商人則說色彩欠佳；如果對方說色彩適宜，猶太商人則論起款式過時，怎能因為便宜就買次級品？在一場激烈的討價還價過後，獲得好處的終究會是猶太商人。

　　總之，猶太人是最善於守法，也最擅長於發現法律漏洞的商人，《聖經》中有一則故事便描述出猶太人很喜歡玩合約的花樣。猶太人的祖先雅各曾為岳父拉班放過羊，在報酬方面，雅各主動提出不需要另外計算。如果日後生出來的小羊帶有斑點或黑色的就歸他，拉班很滿意雅各提出的條件。到了羊交配的時間，雅各就採了些綠樹枝，將樹枝的皮剝下，露出花花綠綠的枝幹。然後雅各就將這些樹枝插入羊喝水的水槽，羊喝水時對著樹枝交配，就會生下帶斑點和花紋的小羊。往後每當羊肥嫩體壯時，他就以同樣的方法玩弄花樣，當羊長得瘦弱時，他就讓牠們自然交配，幾年下來，雅各已擁有幾百隻羊。

　　這則故事說明雅各表面上是尋求公正，暗地裡卻鑽了漏洞。在現代商業實戰中，

以色列人的祖先雅各

這種鑽法律漏洞為自己謀取利益的例子不勝枚舉。

一八六八年，土耳其人準備建造一條從維也納經過保加利亞到君士坦丁堡的鐵路，總長二千五百公里。政府預測在平地的造價為四萬美元／公里，山區的造價為五萬美元／公里。猶太金融鉅子莫里茲・赫希（Moritz Hirsch）反覆研究各地段的造價，決定投標修建鐵路，遂同土耳其政府訂立合約。協議規定，此鐵路由赫希出資興建，所以赫希可開採鐵路沿線的礦產及森林資源；此鐵路建成後，由土耳其政府租用，租期為九十九年，一年租金二千八百美元／公里；鐵路勞動者另繳納年營運費一千六百美元／公里，總計每年收回投資11%；鐵路營運後，每公里鐵路收入超過四千四百美元，租金則分攤為三部分，政府占30%，赫希占20%，經營者占50%。鐵路建成後，赫希極力說服土耳其政府發行債券，並交由他經營。赫希以二十六美元的價格買進一批面值八十美元的債券，然後以三十六美元的價格拋售給投資者，從中賺取了一大筆。在修建鐵路的前兩年，共完成五百公里的幹線，其中四百公里已開放營運，其餘部分持續興建中。

鐵路路線將經過俄國的勢力範圍內，遭到俄國當局的強烈反對。土耳其政府不得不取消整個修建路線中耗資最大、風險最高，約一千二百公里長的路段。赫希與土耳其政府簽訂了協議，取消路段中最難建造的部分，而協議中給赫希的條件相當優惠，赫希從中獲得了暴利。而俄國之所以反對，是因為赫希背後給俄國很多好處；土耳其政府逼從，也是因為赫希向土國鐵路大臣饋贈二百萬美元進行疏通的結果。到了一八八八年，全部鐵路修建完工，同年，土耳其政府向赫希買下這條鐵路，赫希從中至少賺得三千二百萬美元，其中一半都用於賄賂政府官員。

在這個世界上，無論多麼完善的律法也是有破綻的。猶太商人判斷事物的標準是六十分，他們認為這樣就可以過關了，天下沒有完美的事物。對於法律，全世界沒有一部法律是能夠得滿分的，即使是法制健全的英美等國家，也是漏洞百出。達到滿分的法律沒有，能取得及格六十分的法律卻不少。猶太商人精

教育和宗教一樣神聖。

於對律法的研究，無論是商業法規，還是國家根本的法律，他們經常在律法中發現漏洞，而這些漏洞正好為其商業活動開啟了賺錢的大門。

在猶太商法中，其中一條就是跳脫法律過多的約束，走一條另類的道路。在猶太商人看來，盡可能擺脫這些約束才能賺大錢，於是他們設法鑽法律的漏洞。由於他們的智慧與知識，在研究別國或本國的律法中，找出不少的漏洞，這對一個商人來說，有絕對的好處。他們既可藉法律缺失為自己謀取利益，又可藉法律形式的公正性，確保自己的利益不會受到損害。所以即使猶太商人「違法」，政府也奈何不了他們，反而必須保護他們的正當權益。

在猶太商人中，真正成為大亨的重量級人物，個個都是精通法律的高手，也就是說，一個不懂法、不讀法，也不研究律法的商人絕對賺不了大錢。真正能賺錢的人，他們守法，但不會被法律所約束，因為他們走在與法律制定者並行的另一條路上。在生意經中，不知變通是無法成為傑出商人的，因為在激烈的商業競爭裡，互相侵害利益是常有的事，首先必須用律法來捍衛自己的獲利，如果這點都不能做到，在商戰中初次交戰，便注定失敗，更不用說鑽法律漏洞來賺大錢了。

一九二八年，新沙遜洋行（ED. Sassoon&Co.）成立，以自身為金融主體，包括旗下的遠東營業公司、上海地產公司、漢歡爾登信託公司，以及新沙遜銀行在內的沙遜金融集團，除繼續從事房地產投資、抵押放款、轉手借款、投資產

沙遜集團創辦人大衛·沙遜及孟買辦公大樓

業等項目外，並以小量資本併吞大企業，還有操縱股市、證券賺取鉅額利潤。

一九三〇年，沙遜集團合資設立中國國際投資信託公司和揚子銀公司。以沙遜集團為核心，一九三六年最高投資額達到一百六十六萬美元，占兩家公司總投資額的 9.75%，而一九四〇年投資額最低僅有三萬美元，占總體投資額的 0.02%，然而它卻透過這兩家公司，以極小的資本併吞近五十家企業的資產，從而獲得鉅額利潤。

不僅如此，一九三〇至一九三四年期間，沙遜集團開始發行大量債券，總計十次，金額達到三千六百二十八萬美元，從中賺取利益。一九三三年，沙遜集團成立的中和產業公司資本只有十萬美元，一九三四年就增至一百八十萬美元。當時美商中國經營公司轉押一千八百萬美元現款到中和產業公司戶頭上，這是另一位猶太商人哈同遺孀羅迦陵為償還匯豐銀行借款、向英國政府繳納遺產稅，遂將當時居於市中心價值二千九百四十五萬美元的十六處房產作為抵押，向美商中國營業公司籌借現款一千八百萬美元，但之後因為該公司資金不足，損及沙遜集團，便轉押給中和產業公司。

中和產業公司手頭資本就很少，要承受如此巨大的押款額，只好透過向各銀行借款取得資金，同時發行一千八百萬美元年息 5.5% 的債券。而羅迦陵支付給中和產業公司的年息卻是 6.5%，其間的利息差額為 1%，沙遜集團因此從中賺取了優厚的股息。此外它還在股市上大撈一把，加上拋售股票時所賺得的利潤，使中和產業公司以經理人和信託人身分控制住了十六塊產業。

一九三六年，沙遜金融集團設立上海企業公司，註冊資本五百萬美元，核發一百萬股，每股五美元，經營抵押放款業務，但實有資本卻僅有三十二萬股，一百六十萬美元，原是由沙遜集團中國國際信託公司和揚子銀公司將一部分抵押財產轉移過來的，而上海企業公司是虛設的，它所發行的股票實際上是兩個投資公司的資本。如此一來，公司在形式上是獨立的，與投資公司不會有任何法律關係，也不承擔任何法律責任，還可自由行動，但實際上為沙遜集團擁有。一九四〇年，這家子公司以二十萬股出售給利安洋行，利安洋行又以五點五四

你只要活著，智慧就永遠跟著你。

美元價格上市，不久股價上漲至六點七五美元，一九四一年股票價格繼續升至八美元，最終利用法律的缺漏，大量地賺取鉅額暴利。

為此，其他國家的商人們，無不稱讚猶太人的智慧與賺錢的天賦，無論他們在哪裡，當地的法律都能被他們所利用！

史蒂芬·艾倫·史匹柏

美國著名電影導演、編劇、電影製作人，主要導演作品包括《侏羅紀公園》系列、《法櫃奇兵》、《辛德勒的名單》和《搶救雷恩大兵》等多部影史經典。除了電影，史蒂芬也執導拍攝電視劇，二〇〇二年的戰爭迷你劇《諾曼第大空降》大獲好評，橫掃當年艾美獎十九項提名，並奪得黃金時段艾美獎最佳迷你影集，又在金球獎拿下最佳迷你劇／電視電影。

他有三部電影，包括《大白鯊》、《E.T. 外星人》與《侏羅紀公園》，曾打破票房紀錄，成為當時最賣座的電影。至今，史匹柏執導的電影收入在全球粗估逾八十五億美元，根據《富比士》雜誌報導，史匹柏坐擁淨值三十一億美元的財產，為目前世界上最富有的電影製作人之一。

史蒂芬被認為是二十世紀美國新浪潮運動的重要人物之一。二〇〇六年，《首映雜誌》將史匹柏列為電影業中最有權威與影響力的人物；《時代》雜誌將他列入世紀百大最重要的人物的一員。二十世紀末，《生活》雜誌將史匹柏命名為他同代中最有影響力的人物。

三、神奇高明的猶太談判術

在早期的商業時代，強者不需要談判，只要訴諸強權就可解決問題；但在任何一個時代，弱者都要仰賴優秀的談判藝術來保護自己；在現代，房屋貸款、違規違法、商業糾紛、家庭紛爭，以及任何涉及財富、權勢、聲譽、情愛等廣泛的議題，都必須透過談判來解決。

 ## 談判九大方針

猶太人的談判歷史源遠流長，自他們的祖先亞伯拉罕與上帝談判以來，就一脈相承至今。上帝因為索多瑪與俄摩拉兩座城內充斥著罪人，決定要毀滅兩城，亞伯拉罕問上帝，如果這兩座城裡有五十人是正直的，難道祢要因為其他人行惡而毀滅他們嗎？上帝答應他不予毀滅；亞伯拉罕繼續問上帝，如果這兩座城裡只有四十五人是正直的，祢還要毀滅他們嗎？上帝答應他不予毀滅；如果只有四十人、三十人、二十人、十人……亞伯拉罕和上帝進行了一番討價還價的談判，最後上帝承諾，如果在這兩座城市裡，能找到十個人是正直的，就不毀滅這兩座城市。但在死海東南方的索多瑪城和俄摩拉城實在找不出正直的十個人，最後被上帝用大火和硫磺毀滅了。這便是《聖經》中有關亞伯拉罕與上帝進行數次談判的記載。

由於地球的資源有限，而人類的欲望無窮，猶太人自流散後，長期受到歧視和壓迫，失去了自己的土地，也失去了權利。他們依靠金錢、智慧與《塔木德》中卓越的談判術才逃過一劫又一劫，頑強地生存下來。在一浪高過一浪的反猶太浪潮中，這種天才般的談判藝術制服了一個又一個對手，在創建以色列和復興猶太民族的艱難歷程中，尤其需要這種高超的談判術，使其能巧妙地周旋於國際鬥爭之間。

　　現代的商業世界裡，合約的訂立需要經過各方激烈討價還價的艱辛談判來達成，這是人與人智慧的較量。而猶太談判術更富於彈性，常以理服人，以智取勝，融入人性的特點，隨機應變，表現出卓越的談判智慧與高超的談判技巧。它不同於美國式談判那般強硬與直接，它崇尚機智、果斷與巧妙，一生豪賭，險象環生，而又平心靜氣；更有別於日本式談判的輕諾寡信，假作斯文。猶太談判術強調原則性，客觀理性、構思嚴謹，這些都是猶太談判術的高明之處。在傑出的猶太商人看來，談判並不是一件簡單的事情，需要進行精心的策劃與充分的準備。這是一門藝術，一門較量智慧、勇氣、膽識、妥協與機變的藝術。

　　什麼才是猶太商人談判的精髓呢？首先，情報是錢滾錢的源頭，為了獲得準確而及時的情報，投入大量金錢和精力是必要的，用錢買情報，再憑著有用的情報賺大錢。一般來說，情報的價值越高，投入的精力與金錢就越多。其次，想要賺大錢就應該站在全局考量，唯有在理清了內在的關係後，才能根據行情大量投資，從有把握的風險中賺取鉅額的利潤。第三，當風險來臨時，一定要忍耐，溫和平靜地面對，才不會輸得一敗塗地。第四，在商業競爭中不可勉強，

只有在一切手段都嘗試後，才能使用強硬的手段作為最後的殺手鐧，但更應該把握時機賺進大筆的金錢，如果賠了，就及時進行調整。

在談判中情緒化只會讓自己失去機會，甚至遭致對方反感或抵制，而猶太商人總能在談判時算計好自己的得失，冷靜地去面對。想要反過來取得主導地位也是需要智慧的，可以在該激怒對方時，迅速採取行動；不過討價還價還是談判桌上少不了的談判技巧。關於猶太商人成功的談判術，應包括以下幾個方面：

一、利用獲得的情報，做好談判前的準備工作，確立談判的最終目標。猶太商人在談判前都會研究對方的背景、發展歷程、主要特點、實力等廣泛的情況，然後確立談判要達成的基本目標，並規劃達成此一目標的方式和手段。在談判前明白自己的目標是制勝的關鍵，它能左右你的談判過程，使你在談判時靈活自如，更具彈性，進而帶動談判的情緒，控制談判的氣氛，這是成功的談判不可或缺的。

二、重信守諾，營造良好的談判氣氛。無論自己實力強弱，都要勇敢面對談判，營造一個和諧的談判氣氛。雙方有了信任感，才可能達成協議，並向對方展現自己的重信守約，對猶太商人來說，一旦做出承諾，無論如何也要履行諾言。但是不要輕易讓步，更不能輕易許諾，如果沒有意願，可以坦然相告，在商業談判中言行不一，很難取信於人，會使談判難以進行。

比如有些商人在談判時特別喜歡空口承諾，卻不兌現。九〇年代，紐約大學準備成立一個日本經濟研究中心，大約需要三百萬美元的基金，希望能從日本募集一半的資金。於是校方派出一位著名學者前往會見日本首相及金融業鉅子，日本認為研究中心的成立具有重大的政治和經濟意義，表示將大力支持。可是在籌措資金時，日本一毛錢也沒有資助，美國學者十分憤怒，向日本駐美大使館提出強烈抗議。猶太商人在談判中從不違約，這與前述日本商人

紐約大學校徽

辦法總比困難多，凡事都有解決的竅門。

置合約如廢紙的形象，顯然高明得多。

三、下定決心，從大方向著手。在激烈的談判中，弱勢的一方往往表現出沒有戰勝強者的信心，如果對某些難以控制的部分不能果斷做出決策，結果往往錯失良機。而猶太商人最擅長和強大的對手談判，因為無論強勢或弱勢，彼此都各有所求，才來參加談判。如果強勢的一方採取壓制辦法，你可以退出談判，那麼對方也必定有所損失，所以，雙方都可以盡力地討價還價，這是一切談判的原則。在歐美的空難事件或公司裁員問題上，權利各方會聘請律師出面談判，以極為理智的方式提出索賠，希望透過爭取更多的賠償金，尋求公正的結果。

尤其是精明的猶太人，他們會從大局著手，為自己爭取最大的利益，冷靜客觀地面對。他們會一分一毫地和對手討價還價，即使是合約中極小的部分，都要和對手理論，甚至爭吵。不過第二天他們很快就會恢復平靜，繼續和對手談判，從對方變化的情緒中捕捉資訊，有力出擊。猶太商人認為下不了決心會對自己的談判不利，必須看到大的利益所在，進而引導你的談判。

四、戒急用忍，控制情緒。談判需要一定的技巧，如果你處於弱勢，更需要循序漸進地達成目標，即使對方有意激怒你，也要用心觀察和保持冷靜。平靜的心態可確保談判不易破裂，而你也不容易受騙，堅持達成利益才是談判需要努力的目標。猶太商人在談判中表現出風趣，與美國人在談判時所特有的蠻橫、威脅、警告，以及高壓等態度形成鮮明的對比。如美國總統福特訪問日本時，由兩方電視公司因為電視轉播問題而進行談判。在福特總統預定訪問日本

美國總統傑拉德‧福特

的前兩週，美國CBS電視公司從紐約派出談判小組與日本NHK電視公司談判，小組負責人向日本電視公司提出許多不合理的要求，最終談判破裂。然而福特總統訪問日期臨近，美方只好再次派出最高主管與之談判，這次美方首先向日本公司道歉，並誠懇地提出了轉播要求，雙方才達成談判協議。

這種方式，在對方迫於壓力時有可能接受，但會導致對方心理上的不服氣。猶太談判高手認為，無論在談判過程中心中產生何種情緒，都絕對不能因此失控，因為它會造成談判的失敗或引起對方的不快。依照猶太談判經，一旦發生突發狀況，就應立即組織談判尋求索賠，時間久了，投入的精力越大，對自己越不利。如果陷入馬拉松式談判，可能導致證據散失，公眾關注減弱，負責人變動，這些都不利於談判。

五、蒐集和整理情報。最高價值的情報運用，能夠帶來鉅額的財富。在談判桌上，必須深入瞭解對方的情況，比如動機、價格底限、終極目標等，這樣才能避免陷入對方的圈套，主動出擊，向目標逼近。在談判時，更能運用自如，確定自己的談判策略，這樣也提高談判的效率，使雙方的利益盡可能達成。在商業談判中，獲得準確及時的情報，可以提升談判中的主導權，利用情報發大財的猶太商人喬費爾就是典型代表。

喬費爾是一名荷蘭電器商，計畫從日本三洋公司進口鐘錶，在談判前他聘請了一位精通日本法律的律師作為談判顧問，並委託律師專門蒐集有關三洋公司的情報。律師在蒐集情報的過程中，發現三洋公司近年的財務狀況不佳，正在力圖扭轉這種局面。這次他們要進口的這批貨，是由三洋公司承包給台灣公司和其他日本廠家生產的。另外，三洋公司是家族企業，目前由第二代經營。這些情報的獲取，對於即將進行的談判意義重大。尤其獲悉產品是委由台灣廠商製造，如要進貨也可考慮直接與台灣廠商談判，這一點就可作為談判時討價還價的籌碼。

喬費爾在與日本商家談判前，還希望瞭解日本業界的情況，就合約中的幾個細節，以法律角度進行研究，也表現出對日本文化十分有興趣。後來，喬費

開鎖不能總用鑰匙，解決問題不能總靠常規的方法。

爾與律師商定，對於商品的進價、付款方式與交易細節都在臨時談判中決定，隨後，日本律師又與喬費爾從荷蘭請來的律師共同研究了兩國的法律差異。

喬費爾與三洋公司在會面談判前，三洋公司草擬了一份合約，喬費爾和他的律師研究後，決定從這份合約切入，來展開談判。在合約中，三洋公司提出未來雙方發生糾紛，必須在大阪進行仲裁並解決問題，這些問題主要包括因產品品質不佳而拒付貨款等。採取仲裁的好處是不論結果為何，在任何一個國家都有效，不像判決會因各國法律不同，使判決結果只適合於所在國法律。

三洋公司商標

現在喬費爾較擔心收到的貨物與商品的品質要求不符。草案中雙方還協議先出貨後付款，如果貨物出現品質上的問題，喬費爾可以完全拒付貸款，這時三洋公司就會以貨物符合品質標準而提出訴訟。如果在日本進行仲裁，喬費爾就會處於不利地位；如若將仲裁地改在荷蘭，三洋公司自然會提出反對。因此喬費爾提出由日本法院做出判決，這樣一旦出現糾紛，日本法院的判決在荷蘭形同廢紙，喬費爾甚至可以拒絕出庭，省下訴訟費用，三洋公司就會落入喬費爾的圈套。喬費爾事前經過認真思考設下這一陷阱後，便與三洋公司展開了談判。

他出手的第一招便是控制談判的形式。「貴公司產品品質可靠，很有發展潛力，如果能打開歐洲市場，對雙方都十分有利，我希望雙方能達成這樣的合作。」喬費爾率先說道。後來在具體的談判中，討論了鐘錶的種類、代理地區、合約期限等事宜，喬費爾都從容易解決的問題入手，先挑一些小問題加以討論，由此循序漸進，使得大部分內容能達成共識，直到討論焦點核心問題時，雙方也會儘量努力協商，避免讓談判破局。

雙方在談判中出現的第一次爭執是，三洋公司提出他們的鐘錶在歐洲銷售時，如果遇到侵犯第三者的造型設計、商標或專利糾紛等，公司將不承擔責任。喬費爾表示不能接受，然而三洋公司卻堅持這項原則。其實喬費爾之所以反對，是為了在後面討論價格時能設下陷阱。三洋公司保證自家產品品質不會有問題，

但無法保證其產品與別家的產品沒有相似點。

雙方因而爭執不下，為此喬費爾又提出：「如果真的發生侵權行為，我方敗訴造成的損失有兩部分，分別是訴訟費和賠償費。我方可接受支付訴訟費，貴方能否吸收賠償費？」三洋公司不接受。喬費爾又提出：「若雙方各承擔全部損失的一半如何？」三洋公司也拒絕接受。「如果這樣，由貴公司承擔的部分以五千萬日圓為限，其餘的由我方承擔。」三洋公司又否決了。一味地拒絕使得談判氣氛變得緊張起來，喬費爾顯得有些失望，然後補充說道：「我方可保證每年最低一億日圓的銷售量，貴方承擔的限額降為最多四千萬日圓。」日方經過反覆考量後，仍然不同意。

儘管日方一再拒絕，喬費爾仍不斷做出讓步，其實他早料到對方不會接受條件，所以故意為談判設下障礙，讓對方在許多小問題上無法妥協，產生一定的心理壓力，為獲取重要利益鋪路。他繼續說道：「這次我碰上強大的對手了。」突然語氣變得強硬起來，「我一向不喜歡透過仲裁方式解決糾紛，但根據我對日本法律的瞭解，日本法院在解決糾紛問題上一向非常公正，所以我建議今後雙方發生糾紛就交由日本法院來判決。」最後日本方接受了他的提議。

其實日本人也沒有認真研究過自己的法律，因為日方認為在自己的國家打官司一定會贏；且他們在前面的談判中拒絕太多次提議，自然就答應了。這正好落入喬費爾設下的陷阱。喬費爾見自己的目的已經達到，便繼續解釋，如果將來發生糾紛，三洋公司必須承擔部分責任，至於費用就到時再討論。喬費爾在談判中充分展現自己的誠意，又透過一連串的算計，讓對方欣然接受。

最後進入關鍵的談判議題──價格戰，日方最初提出的報價是二千日圓，喬費爾的出價是一千六百日圓，日方第二次報價是一千九百日圓，喬費爾答應出一千六百五十日圓，這時談判再次陷入僵局。為了化解這個局面，喬費爾提出幾個方案供日方選擇，如原本寫明貨到四個月付款改為預付一部分訂金，或將每年的最低購買量增至一億五千萬日圓，抑或拿出總銷售額的 2% 作為廣告費等，但三洋公司拒絕考慮一千九百日圓以下的價格。

世間的事非常奇怪，越是人們認為不可能的，做起來越順當。

這時喬費爾才亮出自己的王牌，「我們這份經過雙方半年努力達成包括二十四項條款的合約書，又歷經艱難地談判著，最後在討價還價後，達成了許多共識，如今卻要在最後的價格環節上，因幾百日圓的差額導致談判破裂，實在可惜。如果我們雙方都明白價格高會影響銷售量，價格低則銷售量自然增大，為了彼此共同的利益，為什麼不能找到一個雙方都能接受的價格呢？」

三洋公司聽了有些動搖，喬費爾繼續說：「由於貴公司的產品在歐洲市場有待開發，這對我方而言存在著巨大的風險，我方難有戰勝對手的絕對把握。其實我方在談判中一直展現善意與誠意，如果以我們目前開出的價格，也能從台灣或香港進口同等品質的產品。但我方相當有誠意與貴公司達成協議，所以貴公司的價格是不是也該低於其他公司的價格呢？」喬費爾一半勸說，一半威脅，日本人開始重視這個問題，喬費爾觀察時機已到，繼續說到：「我們還可以在價格方面往上提一點，以一千七百二十日圓成交，現在我們要準備回國了，請貴公司認真考慮，兩小時後再做回覆。」這是喬費爾下的最後通牒，給了三洋公司巨大的壓力，如果不同意，意味著談判破裂，逼迫對方不得不做出讓步。「這個價格是可以考慮的，但是否還能再往上調一些？」喬費爾拿出計算機算了一算，「那就增加到一千七百四十日圓。」雙方終於達成協議，在合約生效後的三年內，雙方的交易往來均十分順利。

這時突然發生了美國 S 公司針對三洋公司產品與該公司相似而提出的訴訟案。喬費爾派出律師調查，三洋公司曾為 S 公司生產過類似的時鐘，喬費爾的產品正好是原 S 公司產品的改良產品，S 公司要求喬費爾立即停止銷售此類鐘錶，並要求十萬美元的賠償。喬費爾公司不予理睬，直到喬費爾的鐘錶停止了銷售，也拒付拖欠三洋公司二億日圓的貨款，最後三洋公司向大阪法院提起訴訟。

喬費爾的律師做出了回應：「這種訴訟毫無意義，在日本法院向荷蘭公司提起訴訟，須經由外交部轉呈，中間傳遞訴訟書的時間至少半年以上，打完這場官司的時間至少要好幾年。同時，日本法院做出的判決在荷蘭形同廢紙。」三洋公司不明白其中的道理，便委託律師到荷蘭打官司，然而合約明文規定只

以大阪法院為裁決所，所以三洋公司無法在荷蘭進行起訴。這時三洋公司的總經理才發覺當初落入喬費爾的圈套。喬費爾的律師還告訴三洋公司的總經理，喬費爾公司是荷蘭一家空殼公司，他的錢不知存放在哪裡，即使採取法律手段也無法從喬費爾那拿到一分錢，精明的猶太商人就這樣擊敗了日本的三洋公司。

SANLUX
台灣三洋
台灣三洋商標

六、算好各方的帳，避免因小失大。《塔木德》中說：「人在自己故鄉所受的待遇由評價決定，在他鄉則由服飾決定。」猶太商人在談判時，非常注重細節，包括服飾和禮節。他們都會在一開始給對方一點好處，目的在於找出雙方的共同利益，如果無利可圖，對方自然就提不起興趣了。在談判桌上隨時會出現許多新的機會與意想不到的變化，在不損害自己根本利益的條件下，必須向對方示意做出某些讓步，調整談判策略和方案。

猶太商人在談判前常常會準備數套談判對策，視談判的進展來靈活運用，若談判失敗，則不必勉強，因為對方提出的條件不一定對自己有利。談判的最終目的是經濟利益，勉強談成的條件，在合作中容易出現不愉快，甚至出現虧損及其他不利的情況發生。這時最好脫身、退出談判，在撤退的這一刻，對手或許會降低自己的苛刻要求。如果無限期的談判仍達不成協議，就需要調整思路，採取新的策略，按照猶太商人談判的經驗，改變思路、適度的妥協才能得到最大的獲益。

七、互利互惠，為對方留餘地。天下沒有白吃的午餐，誰都不希望被對手白白占了便宜。然而談判的目的不是為了打敗對方，而是要說服對方，促成自己的利益。當你處於劣勢時，對方願意和你談，說明需要你的合作，談判的原則就是平等的互惠互利。只有達成對方的利益，也達成自己的利益，雙方的合作才能成功。談判時寸土不讓，可能使談判破裂，或許我們能從中賺取最大的好處，但絕對稱不上最大的贏家，對方利益少了，合作的可能性就會相對降低。所以不妨在談判中換個角度，比如出示書面資料，反駁對方所謂的權威論證，

知道什麼問題最好不回答，也是一種智慧。

這樣既能反駁對方，又不傷害彼此，避免緊張的氣氛。同時書面資料最具說服力的，還可作為法律上的憑證。

八、順應變化，選擇好的突破點。在任何一次談判中，雙方很難依照最初的計畫完成談判，所以沒有必要固守原有的想法。如果對方有更好的建議，最好在不損害自身利益的條件下，靈活地調整原有方案；如果做出妥協，你也應有所回應。只要任何一方提出新方案，就表示希望能繼續談下去，因此談判中應多觀察，適時調整、改變對策，才是制勝之道。

九、綜合運用各種談判技巧。恰當地使用談判語言，造成對方虧欠於你的心理負擔，這樣對方必要時則會做出大幅讓步，所以在面對強大壓力時，要能處變不驚。有人一開始談判就來個下馬威，挑幾個小毛病，或是指責對方、無理取鬧，在這種情況下，最好的應對策略就是表現出無動於衷的神情，然後使出最後通牒的威力，提出「我只出這個價。」、「我拒絕接受這個條件。」等暗示，有意退出談判的威脅，這樣的方式往往具有奇效。然而這只不過是一種策略、試探，旨在引你落入陷阱，因為最後通牒常常是新一輪談判的起點，以折扣誘惑，留住對方。

在談判時，對方說你們的建議很好，但是我不能接受，旨在要求對方在價格上讓步，此時精明的商人會不著痕跡地殺價，只要給對手折扣就能重新回到談判桌上。談判時，也會出現對方陣營中有人咄咄逼人，有人從中調解，輪番上陣的狀況。這正如小孩向父親請求某些事遭到拒絕，就去求母親幫忙，但父母其實早已達成共識一樣，這時別理會調解的那一方，專心對付主要談判人；只要把握在關鍵問題上撈取好處的原則即可，而這需要知識與智慧。

透過上述猶太商人喬費爾談判成功的案例，說明猶太談判術中特別重視情報研究的價值，並巧設談判陷阱，控制談判進行的程序，每一次算計都虛藏一把商業利刃，讓談判一波三折，再以「感情」與「利害關係」暗示對方，在關鍵時刻把握談判契機，發出最後通牒，以達到自己的談判目標，這樣對手自然會受你擺布，這也是《塔木德》猶太談判術的精華所在。

四、談判智慧的啟示

01 不同的理由

　　有一名聰明、見多識廣的富裕商人和他的兒子、兒媳住在一起。他的兒子有一副好心腸，投身於慈善事業，儘可能地幫助每個請求幫助的窮人。這時兒媳生了個兒子，為了紀念這光榮的日子，甚為開心的商人舉行了一場盛大的宴會。

　　不久，宴會開始了，這位商人的兒子問道：

　　「告訴我，父親，你怎麼安排客人的座位？如果按照傳統方式把富人安排在首桌，窮人坐在靠門的地方，我會感到十分難過，你知道我愛那些窮人，就讓我把榮譽給那些沒有榮譽的人吧！父親，答應我讓窮人坐在首桌，讓富人坐在靠門的地方吧！」

　　父親很認真地聽完兒子的話後說：

　　「我的兒子，要改變這個世界和它運行的方式是很難的；每一項習俗的背後都有很好的理由。窮人為什麼來參加宴會？因為餓，所以想來吃一頓好的。至於富人為什麼來參加宴會？那便是為了得到榮譽，而不是來享用餐點，因為他們家裡有足夠的糧食。試著想想，如果你讓窮人坐在首桌會發生什

《打造超級業務王：晉升業務神人的
10 大黃金關鍵課》王晴天／著

麼事？他們坐在那兒會很拘束，覺得每個人都盯著他們看，當然就不好意思開懷暢飲，無法好好享用大餐。再想一想，如果我照你說的，讓那些富人坐在靠門的地方，他們難道不會覺得受辱？他們來參加宴會不是為了吃，只是為了榮

　　儘量不要說謊；在特殊的情況下，也可以不說實話。

譽，你怎麼能給他們不想得到、不缺的東西呢？」

תלמוד 啟示

　　這個故事告訴我們，在商場上面對不同的需要，必須給予不同的產品與服務，才能讓自己得到利益，這是每個經商投資者必須謹記的成功要訣！

02 說服的藝術

　　讓別人為自己做事，而且要他心甘情願，該怎麼說、說什麼，都是一門藝術，用權威壓人或用某些理由說服，很難達到良好的效果。

　　有一天，拉比向一群信徒講授猶太法典的教義，他給信徒們出了一道題目：「現在由你們來領導這裡所有的人，讓大家全部都自動走到屋外。切記：要讓大家心甘情願地離開！」

　　第一個信徒不知道怎麼辦才好，無奈地回到座位。

　　第二個信徒對所有的人說：「拉比要我叫大家都到外面去，快出去吧？」結果沒有一個人走到外面。

　　第三個信徒想了想後說：「大家聽著，現在這個屋子要打掃，請各位離開。」但仍然有一部分人留在室內，想幫忙打掃。

　　面對拉比的題目，第四個信徒想了想後，笑著對大家說：「各位，今天時間到了，現在大家回家去吧！」

　　不出幾秒，整間屋子的人都走光了。

תלמוד 啟示

　　想讓人心甘情願地聽你的話，就必須把話說到對方心坎裡，讓對方打從心裡認同，就能成功說服他人。讓自己的目的和對方的意願或切身利益結合，然後用它來說服別人，結果就會是雙贏。

03 上帝是「小偷」

《聖經·舊約》上記載著：上帝耶和華趁亞當熟睡時，取走亞當一根肋骨創造了女人。

有一天，羅馬皇帝拜訪一位大拉比家，閒談中說到上帝是賊，趁亞當睡著之際，未經允許就偷走了他的肋骨，羅馬皇帝認為上帝的做法，根本就是小偷的行為。

拉比的女兒聽了皇帝的說法頗不以為然，於是插嘴道：

「陛下，請您派一位部下幫助我調查一件事情好嗎？」

皇帝說：「當然可以，是什麼事？」

拉比的女兒說：「昨天晚上有賊進入我們家，偷走了一個錢櫃，卻留下了一個金器，實在令人費解，所以我想調查一下。」

皇帝說：「這真是太好了，如果是我，我倒願意這樣的賊時常光臨。」

亞當

拉比的女兒說：「陛下，這和發生在亞當身上的事情不是大同小異嗎？上帝偷走他的一根肋骨，卻給了他一個女人，這世界不是更豐富了嗎？」皇帝頓時啞口無言，心想拉比的女兒就是拉比的女兒，說話總能引經據典，並從中找到支持自己立論的依據，真是令人佩服啊！

不要害怕保持與其他人不同的立場。

直接反駁別人、強硬地要求別人與你看法一致，通常會導致反效果。要避免和人爭辯，因為每個人都認為自己是對的，所以你必須小心翼翼，學著以間接方式證明想法的正確性，有時候利用一個支持自己觀點的小故事讓對方認同，反而能獲得極好的說服效果。

04 所羅門王斷案

某次安息日，有三位猶太人結伴到耶路撒冷去。由於當時還沒有可以提領、存取的銀行，於是三個人想出一個辦法，把每個人身上所帶的錢埋在同一個地方。但其中一人起了歹念，在夜裡悄悄把錢挖出來據為己有。

第二天，大家發現錢被盜了，三個人互相猜疑起來，為了弄清究竟是誰偷了錢，三個人便一同來到所羅門王面前。

所羅門王的智慧是遠近馳名的，在聽完他們敘述後說：「你們三個都是極其聰明的人，希望你們能幫助我裁決一個難題來作為交換條件，我才願意幫助你們裁決。」

所羅門王開始敘述事情的原委：

有位女子答應嫁給一個男子，但不久之後，女子卻愛上了別人。於是她去見未婚夫，要求解除婚約，未婚夫同意，而且不要一分一文的賠償費。

女子是有錢人家的女兒，有一天被強盜擄走，她對強盜說：「當我向未婚夫提出解除婚約時，他沒有向我討要分文就讓我自由了，你也應該和他一樣。」

強盜同意了，沒要一分錢就放了她。

所羅門王問：「這個故事裡，誰的行為最值得稱讚？」

第一個男子回答：「最值得稱讚的是第一個男人，他跟女子訂了婚，卻無條件地解除婚約，而且不要賠償。他尊重女子的意志，沒有強迫成婚，也不要金錢，這難道不值得稱讚嗎？」

第二個男子回答：「最值得稱讚的是那位女子，因為她有勇氣請求未婚夫讓她嫁給她真正愛的人。」

第三個男子說：「這個故事簡直莫名其妙，那強盜怎麼可能不要分文就放了她？這個故事不合理。」

所羅門王大喝一聲說：「就是你偷了錢！他們兩人所想到的都是愛情的意義或者女子與未婚夫之間的人情關係，但你只想到錢而不曾想到別的東西，那筆錢一定是你偷的！」

眼見自己不經意地洩漏了心底的秘密，第三個男子只得點頭承認自己犯的錯誤。

תלמוד 啟示

猶太人對人的心理非常瞭解。很多時候，要想他人承認自己的錯誤是很難的，與其強硬地指責對方的錯誤，不如用引導的方式，讓對方暴露自己的錯誤，反而更省力氣。

05 用處

一天，口渴的黃蜂和鷓鴣飛到一位農夫家，請求農夫給牠們一點水喝。

黃蜂說：「如果你答應我們的請求，我們將會重重地報答你。」

鷓鴣則說：「我們願意幫你掘葡萄園的土壤，使這些樹長出更好的葡萄。」

黃蜂接著說：「我們也願意幫你看守葡萄園，用我們的刺去驅趕竊賊。」

農夫打岔說：「我已經有了兩頭牛和一隻狗，牠們對我沒有什麼請求，就已做著這些工作。我拿水給牠們，要比拿給你們有用多了！」

תלמוד 啟示

　　唯有發揮能力，才有與對方談判的籌碼。只要交易的商品能夠引起顧客的興趣，這樁買賣也就成功了一半，所以面對不同顧客要因其需要給予不同的產品，才能從對方身上賺取利益。

《催眠式銷售》王晴天／著

06 見面一次

　　某次國王到外地旅行，路上碰到一個正在耕種的猶太農夫。國王發現這位農夫的頭髮是白的，鬍子卻是黑的。

　　於是國王好奇地問農夫：「為什麼你的頭髮是白的，而鬍子卻是黑的？」

　　「我每天都把昨天的鬍子刮掉，新長的鬍子當然都是年輕的鬍子，」猶太人回答，「我的頭髮每半年才剪一次，這些頭髮自然比我的鬍子年長得多，所以就先變白了。」

　　「這回答真妙！」國王拍手叫道，「不過，在你沒有見到我一百次以前，絕不許第二個人知道答案、不許洩露秘密。」

　　然後國王繼續他的旅行。

　　國王旅行結束，回到皇宮後，召集了所有大臣對他們說：「我有一個困擾許久的問題，看你們誰能解答。」

　　「請說吧，國王陛下！」

　　「為什麼一個人的頭髮比鬍子早白了許多年？」

　　大臣們沉默了，大家都不知道答案。

　　「給你們一個月的時間思考，」國王命令，「一個月後帶著你們的答案回來見我。」

大臣們各自絞盡腦汁地想著國王的問題。

一個月很快就要到了，但大家都還沒有答案。其中一個大臣回想起國王問他們這個問題時剛從外地旅行回來，於是他決定順著這條線索追尋下去。

大臣沿著國王旅行的路尋找問題的解答，他一路詢問碰到的人們，終於，他也遇上了那位白頭髮、黑鬍子的猶太農夫。

「你知道這問題的答案是什麼嗎？」他問猶太人。

「哎呀，我不能告訴你答案！」農夫回答。

大臣說：「如果你告訴我答案，我會給你報酬的。」

貧窮的猶太人動搖了，他說：「我是個窮人，我需要錢。如果你給我一百個銀幣我就告訴你答案。」

猶太農夫得到了一百個銀幣，就把答案告訴了大臣。

大臣返回城堡，把答案告訴國王，但國王立刻知道這是怎麼一回事，於是叫來了那個猶太農夫。

「你知道不遵守諾言的懲罰嗎？」國王生氣道，「難道我沒告訴過你要保守秘密嗎？」

「確實是如此！」猶太人回道，「但你也答應我可以在見到你一百次後說出來。」

「狡辯的傢伙！」國王叫道，「你怎麼敢這麼無恥地撒謊，你很清楚我只見過你一面！」

「我說的是事實！」猶太人堅持說，然後他拿出了那個裝有一百個銀幣的袋子。「你自己看，」他說，「在每一個銀幣上都刻著你的肖像。每一次加起來，我已經見到你一百次了。」

「真是一個聰明的人！」國王高興地說，「你得到的應該是獎賞，而不是懲罰！留在我的宮殿裡吧，這樣我就能常聽到你的建議了。」

就這樣，這位貧窮的猶太農夫留在國王的宮殿裡，擔任國王的顧問，成為國王的得力助手，不論國王去哪裡，他都隨侍在側。

羅馬不是一天建成的。

תלמוד 啟示

智慧不但能讓人得到尊敬，也可以讓人獲得財富與地位。猶太人不只在金錢上精明，他們更是極為聰明的族群，面對問題，他們不會激烈地與人硬碰硬，而是用聰明的想法讓他人認同自己，並從中取得利益。

《史上最強 100% 成交學：與成交零距離的超業養成術》王晴天／著

07 拉比和檢察官

某天，有位基督教男孩死了，一名猶太人被誤會而遭到拘捕，他的敵人想用他的血作為逾越節（猶太教節日，紀念耶和華降臨十災的最後一個災禍）上的祭祀，拉比也被帶到檢察官的面前，以猶太社區首領的身分參加審判。

檢察官很痛恨拉比，儘管他費盡心機證明這個猶太人有罪，但拉比還是成功地推翻了判決。

看到拉比在辯論中的精彩表現，檢察官虔誠地仰視天空說：

「我們讓上帝來做決斷吧，交由抽籤來決定。我在盒子裡放兩張紙條，一張上面寫著『有罪』，另一張什麼都沒有寫，如果這名猶太人抽到了第一張，就證明上帝決定他有罪，我們就把他放到架上燒死。但如果他抽到了第二張什麼都沒寫的紙條，那便代表上帝認為他是無罪的，我們就放他走。」

檢察官是狡猾的人，他想燒死那個猶太人，便在兩張紙上都寫著「有罪」。

拉比早猜到檢察官會這麼做，因此當他從盒子裡抽出一張紙條後，便快速地把它塞進受審的猶太人嘴裡，叫他把紙吞到肚子裡。

「你這是什麼意思？」檢察官發怒了，「這樣我們怎麼判斷那張被吞下去的紙條上寫的是什麼？」

「很簡單，」拉比說，「只要檢查一下盒子裡那張紙條就行了。」

於是，人們打開盒子裡的那張紙條。

「看！」拉比興奮地叫了起來，「這張紙條上寫的是『有罪』，那麼剛才被吞下去的那張肯定是空白的。現在，請你們放了他吧！」

檢察官見計謀失敗，只能放猶太人離開。

תלמוד 啟示

面對與自己對立的敵手，必須小心行事，不要落入對方設下的圈套，免得無法翻身。

08 不自量力

猶太族群中流傳著這樣一個故事：

一隻老鷹凌空而下，抓走一隻羊後，高飛而去。

這時，一隻穴鳥看見那隻老鷹的英姿，不禁心生嫉妒，於是暗下決定要贏過牠。

穴鳥用力拍著翅膀，在空中飛繞了幾圈後俯衝而下，牠也想學老鷹抓起一隻羊；不幸的是，牠不但無法抓起這隻羊，爪子反而被纏在羊毛裡，儘管穴鳥用盡力氣拍著翅膀，仍無法讓自己脫身。

這個時候，牧羊人看到被羊毛纏住的穴鳥，就跑過去把牠捉住，帶回家送給孩子們。

牧羊人的孩子看到父親帶了隻鳥回來，十分高興地問：「爸爸，這是什麼鳥？」

他回答說：「依我的常識判斷，牠應該是一隻穴鳥；但是牠似乎自以為自己是隻老鷹。」

תלמוד 啟示

在進行各種商業交易時，必須瞭解自己的情況，看清自己的能力極限。

「有多少分量就做多大事業」，誤判自己的能力，只會招致失敗的結果。

《克服與重生：自我啟發之父阿德勒的不完美人生指引》阿德勒／著

09 木匠與強盜

一位猶太木匠走在回家的路上，他的口袋裡裝著三個月來的工錢。當他走過一片森林時，突然發現有個強盜正舉槍對準了自己的腦袋。

「把錢放下，不然我就開槍了！」強盜惡狠狠地喊道。

木匠沒有辦法，只好乖乖地把錢放下。當強盜把錢收起來之後，木匠可憐地懇求道：

「馬上就要過逾越節了，我的那點錢是準備回家過節用的，要是我回家對妻子說，我的錢在森林裡被人搶走了，你認為她會相信嗎？」

「那是你的事。」強盜說。

「不管怎麼樣，你得幫我一下，好讓我妻子相信我。」

「你要我怎麼幫你？」

「往我的帽子上開一槍。」

強盜笑了笑，把木匠的帽子拋向空中，然後對它開了一槍。

「很好！」木匠高興地說，「再往我的衣角上開一槍。」

強盜又在他的衣角上打了一槍。

「再開一槍。」木匠懇求道，說著又舉起另一個衣角。

「沒子彈了。」強盜抱怨說。

「既然如此，我的朋友，那就對不起了！」

木匠隨即動手把強盜痛打了一頓，之後，他拿回自己的錢，高高興興地走回家去。

🔧 תלמוד 啟示

猶太人懂得在逆境中扭轉情勢，面對險惡的狀況，不要立刻就被嚇壞而把自己的一切雙手奉上。不要與強敵硬碰，但也不需立刻投降，先仔細觀察對方有多少能耐，找到對自己有利的部分，然後與對方進行交涉，再順勢扭轉情況，將可讓你減少損失。

⑩ 意外的人生

一天，一位拉比正在去學院的路上，忽然他看見一位帶了很多隨從的王子。

「在這麼美好的早晨，你要去哪裡，拉比？」王子嘲諷地問。

「我想我不知道，閣下。」拉比茫然地說。

「你不知道要到哪裡去？你怎麼敢這麼放肆地跟我說話，猶太人？我教你怎麼正確地對待一個基督教的王子！」隨後，他命令隨從把拉比關到地牢裡去。

「我是怎麼告訴你的，閣下？」拉比叫了起來，「你所做的，正說明我是對的，我不知道我要到哪裡去。」

「什麼意思？」王子好奇地問。

「你看，閣下，我早晨離開家想去學院，但最後我到了什麼地方？我在地牢裡！」

《與壞情緒和解：立即見效，一輩子都受用的10堂情緒管理課》楊婕／著

必須加倍努力以謀求生存。

王子見拉比說得有理，便放他走了。

 תלמוד 啟示

生活本來就充滿各種意外，誰都不知道自己下一分鐘會到什麼地方。猶太人經過幾千年的流亡生涯，早已練就一身適應各種環境的本領，面對敵人的刁難，他們也有其獨特的應對方法。不與人正面衝突，用智慧化解危機，是猶太人處世最高明的地方。

西格蒙德・佛洛伊德

奧地利心理學家、精神分析學家、哲學家，精神分析學的創始人，二十世紀最有影響力的思想家之一。生於奧地利弗萊堡（今屬捷克）的一個猶太家庭，從維也納大學畢業後一直在維也納工作，後因躲避納粹，遷居英國倫敦。著有《夢的解析》、《性學三論》、《圖騰與禁忌》等，提出「潛意識」、「自我」、「本我」、「超我」、「伊底帕斯情結」、「欲力」、「心理防衛機制」等概念，被世人譽為「精神分析之父」。

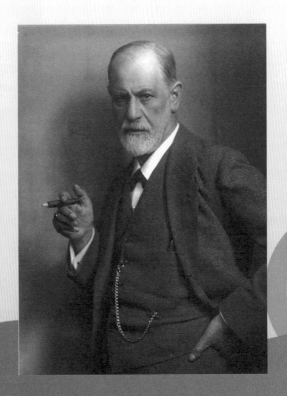

佛洛伊德認為人格或人的精神主要分成三個部分，即本我、自我與超我。「本我」（完全潛意識，不受主觀意識的控制）代表欲望，受意識遏抑；「自我」（大部分有意識）負責處理現實世界的事情；「超我」（部分有意識）是良知或內在的道德判斷。這一理論也叫做「冰山理論」。

佛洛伊德認為「夢是一種在現實中實

現不了和受壓抑之願望的滿足」。夢是一種潛意識的活動，由於人的心理防衛機制壓抑人的本我願望，被壓抑的願望在潛意識的活動中並不會直接表達於夢中，而是透過扭曲轉化為象徵的形式出現，所夢都是有所象徵的。

他認為夢是由「顯夢」（manifest dream-content）及「隱夢」（latent dream-thought）所組成的，前者乃夢的表面形式，像經過扭曲與偽裝的「密碼」，以表現隱夢。

佛洛伊德的理論核心之一為潛意識。十九世紀西方主流思潮為實證論，相信人可取得關於自身及其所處環境之真實認知，並以明智判斷予以掌握。佛洛伊德則認為自由意志本為幻念，人無法全然意識到自我。佛洛伊德提出了意識的層次之說，「在表層之下」另有思緒運作。佛洛伊德稱夢為「通往潛意識之王道」，提供參與潛意識生活的最佳路徑。

前排左一為佛洛伊德，右一為分析心理學創始者榮格

凡是自己能做的事情，都要自己動手去做，絕不可以求神幫忙。

Chapter 4

猶太人的生存智慧

一、找個好夥伴，拿錢生錢

如果你想擁有一個新企業，想做一名最佳的企業家，就必須有最新的策略，尋找最好的合作夥伴，因為巧借別人的錢生錢，是累積一切財富的開端。

七大制勝策略

猶太商人經商時最關心的除了自己的能力和收益外，也同樣關心對方的實力和信用。在生意場上，尋找一個優秀的合作夥伴不但可以幫你承擔風險，也可以為你帶來點子和資金。猶太商人注重合作，他希望一起合作的朋友是實力相當的夥伴，不僅知識淵博、誠信守約，更要是有「累積資本」效益的企業家。猶太商人正是以《塔木德》中不凡的智慧和機智，認真負責的耐性，完成了他們的「資本累積」，最終成為億萬富翁，甚至是世界商業巨頭。

著名的猶太船王洛維格，他擁有六艘當時世界噸位最大的油輪，並兼營遊輪生意。一開始，他將一艘打撈上岸的沉船承租給別人，賺到五十美元。他年輕時候因經商而負債累累。到了而立之年時，他先後前往紐約幾家銀行尋求貸款，想買下一艘舊貨輪，並將這艘油輪加以改裝，但他沒有可供擔保的東西，所以銀行拒絕了他的要求。後來他告訴銀行，他有一艘老油輪已承租給一家石油公司，每月的租金可由石油公司直接匯入銀行帳戶扣抵貸款本息，

希望完成自己所能的是人，希望完成自己所希望的是神。

＊＊＊＊＊

銀行同意了他的請求。洛維格便以「空手道」獲得了銀行的貸款，因為銀行相信石油公司不會付不出貸款，所以洛維格詭稱石油公司的租金正好可扣抵銀行貸款本息，這正是他的精明之處。

他利用貸款買下這艘油輪，並進行新的組裝，大大提高原先的航運能力，然後再將油輪包租出去，並以租金作抵押，將貸到的錢拿去買船出租。就如同神話一般，他的船越來越多，每還清一筆貸款，就有一艘油輪完全屬於他，貸款一筆一筆地還清，最後這些船都歸他所有了。這便是洛維格巧借夥伴的錢來生錢的猶太賺錢術，他的錢如滾雪球一般，越來越多，不少大銀行開始主動表示願意提供高額貸款給他。

洛維格憑著對輪船設計的愛好與精通，開始有目的、有計畫地設計各種船隻，設計完成後，他就洽談顧客簽訂合約，由對方承租。接著洛維格再拿著合約前往銀行貸款，憑著他的身價、信譽與承租協議，很容易就能向銀行貸到錢。其實這是「雙名合約」，所有款項受到兩位獨立法人的擔保，即使一方破產倒閉，另一方不可能同時出現問題，銀行對於這種借貸方式相對放心一些。他沒有出一分錢便將貸款還清，他不僅獲得了租金、也擁有了船。世界上其他的商人很少想過要利用借貸來發展生意，拿別人的錢致富，這真是只有《塔木德》中的經商思維才想得到的。

猶太商人具有準確的判斷力，他們能夠快速判斷出對方的能力、資歷、信譽、實力等，在充分瞭解這些後，便開始與合作者展開合作，並在合作中運用一系列的策略制勝。

一、循序策略：一家日本製藥公司就採取了這種策略。最初，日本商社從事國產藥局的開發與研製，然後將這些新藥授權給外國製藥公司製造，再用賺得的專利金投入研究發展。最後，日本商社便與世界主要國家的製藥公司進行聯合投資，以獲取市場經驗，之後再用購併的方式來控制國外市場與配銷通路，使自己成為世上最有利可圖的公司之一。

＊＊＊＊

二、累積策略：在中、小型轎車方面，日本汽車廠採取累積策略對歐洲市場進行滲透。六〇年代，日本三商首先滲透芬蘭、瑞士等不能生產轎車的國家，後來又向比利時、荷蘭、盧森堡、斯堪地那維亞和英國等地滲透，七〇年代，再向法、德等國滲透，至一九七三年，日本汽車在歐洲的市場占有率已經達3.7%，這種累積策略使日本汽車十年後在歐洲市場的占有率提高三倍達 9.6%。

三、間接策略：波音公司就是以這一策略採取的心理戰和經濟戰。六〇年代，波音七四七的開發成本為二十億美元，如果波音公司能夠成功開發其技術，對其他的製造廠來說是最大的打擊。此外，IBM 與全錄公司都曾成功利用間接策略，分別在大型電腦業與影印機市場取得主導地位。

波音公司商標

四、直接策略：屬於典型的企業策略。

五、聯合策略：富士通公司與歐洲西門子合作；與美國安達爾公司合作，供應富士通的電腦產品與科技技術，並與當地的績優公司進行聯合行銷，以對付 IBM 公司。

六、反擊策略：瑞士一家經營金屬切割器具的廠商——阿吉，對日本商社提起訴訟：對方利用相同的技術，透過降低 20% 至 30% 的價格，奪取了美國一半以上的市場占有率。一九八一年，阿吉公司對侵犯專利權者採取了法律行動，與 FANUC 公司達成庭外和解，一九八二年獲得五百萬美元賠償。另一經典案例則是 IBM 對全錄公司的反擊，當全錄公司的電腦事業部正面攻擊 IBM時，它也採取了反制措施，全錄公司將影印機銷售所得的利潤作為攻擊 IBM 大型電腦市場的財力後盾，但全錄公司最後還是失敗了。

七、反價值策略：布茲公司在美國以路芬牌攻擊歐普薑的治關節炎藥品，採取了滲透攻勢，直接向消費者從事廣告宣傳等策略，透過敏銳的價格政策，以及針對目標市場採取促銷的方法，使許多顧客轉而使用路芬牌。六〇年代，伊朗的百事可樂經銷商，成功重挫可口可樂的攻擊。百事可樂經銷商買下伊朗

唯一的製瓶廠，對進口瓶子徵收高額關稅外，同時加收運送百事可樂裝瓶廠的可口可樂瓶子運費。這些瓦解政策，有效摧毀可口可樂主要包裝材料的來源，百事可樂得以壟斷伊朗的飲料市場。另外企業在競爭中還採取包括價格、信用、產品品質、數量、配銷、廣告、促銷、銷售人員部署，以及售後服務等次要策略。

百事可樂 2003 至 2006 年的商標

借他人之「勢」、「智」謀得好處

　　猶太人不論在經商、從政或是科技方面，都善於借別人之「勢」，並巧借別人之「智」，來為自己獲得最大的好處。猶太籍的美國前國務卿季辛吉（Henry A. Kissinger）就是一位典型的高手，他一般不會馬上閱讀員工呈上的企劃，會先放個兩、三天，再問企劃案的規劃者：「這是你最好的企劃嗎？」如果對方回答需要進一步確認，他會讓對方重新擬妥再送來。當員工再次提交企劃時，季辛吉會繼續問：「這是你最好的方案嗎？」如果對方回答還要再修正，他又會叫對方拿回去修改，直到經過多次的深思熟慮，規劃出最佳企劃為止。

　　猶太商人米歇爾・福利布林經營的大陸穀物公司，從一間小食品店現發展成世界最大的穀物交易跨國企業，其成功的關鍵在於運用先進通訊科技和大批高級商業人才的智慧。他以高薪聘請出色的經營管理人才，這樣無論在獲取情報，或是商業技術的精通等方面，都能勝過別的公司。他投入極大代價、抱著高風險，最後藉由別人的力量與智慧賺取遠超過他所投入資本的高額利潤。

　　猶太商人在競爭中處於劣勢時，大多尋求合作夥伴，借勢借力，為自己爭取生存空間，甚至是形成壟斷地位。洛克菲勒白手起家時，礙於財力有限，使得他壟斷煉油和銷售的計畫很難實現。但他研究分析體認到：原油產地的石油公司要用鐵路時就用，不用時就置之不理，導致鐵路生意不好，鐵路運費也因

此起伏不定。洛克菲勒想著，如果能與鐵路公司達成協議，保證日運油量增多，他們一定會給予運費折扣。且如果雙方對折扣數目保密，那對其他石油公司來說將是嚴重的打擊，造成市場恐慌，這樣壟斷石油業的日子就不遠了。

洛克菲勒在兩大鐵路巨頭顧爾德和凡德畢爾特之間，選擇了十分重視利益的鐵路霸主凡德畢爾特作為合作夥伴，雙方經過激烈的談判，最終達成協議：洛克菲勒保證每天為鐵路公司提供六十車的石油運輸量，而鐵路運費折扣20%，這樣就能降低石油的銷售成本，洛克菲勒得以用最低廉的價格贏得廣大的市場，逐漸壟斷整個產業。

洛克菲勒在與同行競爭時，都儘量避免與對方正面對抗，採取借助他人之勢，強化自身資本，以低廉的價格擊敗同行，而實現壟斷的目的。

無論如何，猶太商人都有一套最棒的獨家本領，在商業競爭中，巧於「借力」，精於「借勢」，尋找一個好的合作夥伴，是他們成功的一大秘訣。猶太商人在交易之初，多以小買賣謀取利潤，以其靈活應變的能力壯大資本，然後增加商業活動。他們不僅尋求好的合作夥伴，也將金錢視為商品，也就是放高利貸。其實後來的銀行也是效法猶太商人的做法，即透過金錢的借貸關係來賺取利潤。猶太商人甚至認為，拿錢來做買賣的投資報酬率很高，只要把握時機，就能賺大錢。說白些，就是利用各種貨幣的差價來賺錢，因為猶太人善於獲取情報，所以對即時的資訊掌握得很準確。一九七三年，猶太商人就看準日圓升值的機會，大筆賣出美元，吸收日圓，準備大賺一筆。

發現某種商品就急忙去買的是外行人，內行人則是設法去「賣」，賣了之後才能賺大錢。在買賣中，賣比買更容易獲利。所以猶太人大量販賣美元，吸收

《How to 反內捲》
王晴天、吳宥忠／著

　在別人不敢去的地方，才能找到最美的鑽石。

日圓，一旦日圓升值，就等於原來持有的美元增值，猶太商人就是這樣經由賣「錢」而賺錢的。

J.P. 摩根是華爾街新紀元的創始人，也是摩根家族的基石，他留學北美和歐洲，自哥丁根大學畢業後，任職於鄧肯商行，工作表現十分出色，他具有過人的膽識與冒險精神，常讓銀行總裁感到有些害怕。

一次摩根在從巴黎開往紐約的船上，一個陌生人來到他的艙前：「聽說先生是專門從事商品批發業務的，我有件事想與你商量。有一艘載滿咖啡的船需要立即處理，但因為咖啡商破產無法支付運費給我，就將一整船咖啡抵押給我，如果你能買下，只要出一半的價錢就行。」摩根稍加思索地問：「你很急嗎？」「很急，不然以這樣的價格我是怎樣也不肯賣的！」陌生人拿出了樣品，摩根當下便答應了。鄧肯得知消息後，對摩根大加責備：「把這筆生意退了，不然損失自行負責！」摩根後來是在父親的支援下買了這些咖啡，並在那位陌生人的介紹下，陸續又買了許多。不久，巴西咖啡業遇到霜災，產量大減，咖啡價格連漲三倍，摩根從中賺到豐厚的利潤。

J.P. 摩根

摩根賺到錢後，便離開了鄧肯商行，在華爾街創辦了另一家商行，他最初是從投機經營中獲得暴利開始發跡。在華爾街昏暗的地下室裡，兩個年輕人正密謀賺錢的事業，「讓倫敦匹保提和你的商行以共同付款的方式，暗中買下價值五百萬美元的黃金，將其中一半匯往倫敦，另一半留下來，只要把匯款消息洩露一小部分，然後就將這一半的黃金拋出。」「現在軍隊就要進攻查理斯敦港（Charleston）了，如果黃金價格暴漲，必將危及軍事行動，這樣更能拉高黃金的漲幅。」這就是摩根與他的合作夥伴克林姆製造的一場破天荒危機，這兩個不謀而合的投機者藉此大賺了一筆。

贏得這次投機的勝利後，摩根便開始追求金錢的新遊戲。一八六二年美國

內戰，摩根發現了一個賺錢的大好機會。選擇再次與克林姆合作，設法從華盛頓陸軍部的槍械庫裡購買五千支即將報廢的老式步槍，然後以高價轉手賣給北方軍，摩根大賺一筆，但北方軍卻損失慘重。當內戰日益吃緊時，政府計畫發行四億美元的國債（通常只有倫敦金融市場可以消化這些國債），由於英國在南北戰爭中是支援南方的，龐大的國債不可能在倫敦市場完全消化，但在摩根的推動下，這四億美元的國債在美國本土完全售出，當國債銷售一空時，摩根又獲得一筆鉅額收入。

從投機發跡的摩根，已聚集了一大筆財富，於是他從商業投機轉到銀行投資的開發上。一八七一年，法國在普法戰爭中大敗，德國又向法國索賠五十億法郎，為振興國內經濟，法國政府發行了二億五千萬法郎的巨債。但法國經濟環境糟糕，就連法國的羅斯柴爾德、英國的哈利都不敢承擔發行的風險，只有摩根願意冒這個險。

他深知，當時行業的規則是，誰有機會，誰就獨占，自己吞不下，別人也不要想染指。其實當時各金融機構之間，根本沒有信任可言。但摩根卻希望將金融機構聯合起來，對內經營利益均享，對外形成強大的財力後盾，於是他又和克林姆商議將消息放出去。結果引起強烈爭議，摩根成為爭議中心，他再次利用輿論實現自己的目標，不僅辛迪加成立了，法國的債券也消化了。這時美國最有影響力的金融投資家傑伊・科克卻宣布破產，即便他掌握了當時最雄厚的資金和強大的媒體，仍無法撐住。

摩根從科克的倒閉中看到了投資的不利面：華爾街主要投資在產業方面，多是經由發行鉅額股票獲利。他認為誰占領了美國未來的支柱產業，誰就會成為金融霸主。而美國的支柱產業就是鐵路、鋼鐵、石油，於是他計畫利用銀行再組織一個鐵路、鋼鐵辛迪加（Syndicate，同一種類的少數大企業為了獲取高額利潤，透過簽訂共同銷售產品和採購原料的協定而建立的壟斷組織。壟斷形式還有托拉斯、卡特爾和康采恩），將兩個辛迪加再組成一個更強大的托拉斯。當華爾街投機最多的鐵路明顯發生狀況時，這時的美國鐵路已經覆蓋了重要的

要承受發生的事情，要忍耐貧窮帶來的變故。

＊＊＊＊＊

經濟地區，而且這些鐵路分別為不同鐵路公司所有。投資商的目的就在投機賺錢，但鐵路無法形成運輸網，將造成各公司相互降價，以求生存，導致鐵路運輸業不景氣。美國總統班傑明•哈里遜（Benjamin Harrison）上台後，推行「白銀購買法」，致使美國三十多家鐵路公司倒閉。這時摩根向鐵路業宣戰，他開始收購所有鐵路公司，高價買下所有鐵路。此時他的對手是洛克菲勒，他不希望洛克菲勒染指，便以洛克菲勒無法開出的高價迅速收購並壟斷鐵路，獲取暴利。摩根的收購並非投機，他認為產業的收益將是未來銀行財源的後盾，如果鐵路這一未來產業的經濟支柱被別人占有，他就會失去金融霸主的地位。

摩根一生都在追求金錢，他賺了超過百億美元，成為開創華爾街新紀元的金融鉅子。

在現代商業社會中，誰能掌握雙贏的真諦，誰就是成功的商人；誰能實現雙贏的局面，誰就是最大的贏家。在這點上，猶太商人都做到了，他們尋求最好的合作夥伴，借勢借錢，形成壟斷，獲取暴利，許多富豪都成功從這條路上走過。再加上猶太商人的以錢生錢之道，也讓他們獲得利潤，得以過著奢侈的生活。高利貸也是猶太商人經商中的絕招，他們在歷史上的屈辱便是透過賺錢來消除的。高利貸不僅為他們找到了職業，賺到金錢，還可以用來支

美國總統班傑明•哈里遜

配四周那些敵視他們卻必須向其借款的人們，不僅獲得了利潤，也為自己的不甘心理找到了平衡。

對於獲得億萬資財的猶太商人，他們可以憑藉手中所擁有的資本，在英、法、德甚至是全歐洲廣設銀行，實行高利貸政策。他們白手起家，透過合作夥伴共同努力，用錢滾錢，又以高利貸為起點，以金錢為資本，將自己的利益延伸到世界各地，在商業界出盡風頭。

西班牙著名藝術家、畫家、雕塑家、版畫家，和喬治・布拉克同為立體主義的創始者，是二十世紀現代藝術的主要代表人物之一，遺作逾兩萬件。畢卡索、馬塞爾・杜象和亨利・馬蒂斯是三位在二十世紀初期開始造型藝術革命性發展的藝術家，在繪畫、雕塑、版畫及陶瓷上都有顯著的進展。在西班牙與薩爾瓦多・達利和胡安・米羅被譽為西班牙後三大藝術家。

胡安・格里斯所繪畫的畢卡索

畢卡索的作品通常被分為四個時期。時期的名稱尚有爭議，大致為「藍色時期」、「粉紅色時期」、「黑人時期」和「晚期」。藍色時期的畫作常顯現出陰鬱的感覺，通常以藍與藍綠的色調為主，極少使用溫暖的顏色，是受到在西班牙孤單的旅行與朋友卡洛斯・卡薩吉馬斯的自殺影響。一九○四年，畢卡索在巴黎遇見一位為雕塑家及藝術家工作的模特兒費爾南德・奧利弗，與其墜入愛河，而開啟了粉紅色時期。此時期大量使用鮮明、樂觀的橘、粉紅色系，題材多描繪馬戲團的人們、雜技表演者與丑角，成了畢卡索的個人特色之一。畢卡索的立體派，基本上不是純美學的，是走向理性的、抽象的，將物體重構組合，帶給人更新、更深刻的感受。

二、精明是猶太商人之本

《塔木德》告誡人們：「用錢去敲門，沒有不開的。錢會給我們向神購買禮物的機會。」猶太商人之所以成為「世界第一商人」，是因為他們把賺錢視為一種生存競爭的手段，他們天生具有商人的基因，一種與異族商人在金錢上有著截然不同的特殊心態。

追求金錢的智慧

猶太人熱衷於賺錢，並把錢敬之如神，他們用金錢改變了自己的命運，不僅擁有了金錢的力量，也將金錢化成一種勢力。猶太商人追求的金錢精神，使基督教徒也開始有猶太信仰，這便是金錢的力量，也是猶太商人的精明之處。猶太人所追求的金錢與財富事業，不僅讓他們獲得生存與發展的機會，更讓他們真正實現了人生的價值。無論如何，在當代商業社會，猶太人追求金錢、聚集財富的特殊能力無疑是世界最優秀的！

猶太人在二千多年的流浪生涯中，巧妙地周旋於各個集團、各個行業、不同國家之間，他們唯一能夠主宰的便是利用商業活動賺取錢財。金錢創造了猶太世界的文明，也為猶太世代散播智慧。在現代，金錢成了人類萬能的上帝，帶給不同民族繁榮的機會，也帶給人們權利與地位，而在猶太商道中最核心的內容，就是賺錢。

我們來看一則猶太人的對話：范因斯坦（Feinstein）全家接受的是基督教的受洗，但薩洛蒙（Salomon）仍想與他結成親家，范因斯坦為此感到不快，便告訴薩洛蒙說：「老兄，我們兩家不能結親。首先，你是猶太教徒，而我們一家信奉基督教。但根本原因其實是，你們實在窮得連一點錢都拿不出來，對我們猶太人來說，金錢意味著萬能。」范因斯坦是在基督教的壓力下，改變原

來的猶太教信仰，轉而信奉基督教。但實際仍流著猶太血液，故無法改變猶太人對金錢的崇拜。猶太商人中，為了成功取得「錢」，而放棄猶太信仰的這類人，依舊會被視為猶太人。為了金錢、成功，犧牲其他方面的價值，是猶太人的文化精髓，而對待金錢的態度，則是界定猶太民族最直接的特徵。

《投資完賺金律：套利＆投資的關鍵》羅德／著

猶太民族與其他民族相異的一個重要標誌，就是猶太人與金錢建立了高度的連結，他們自流浪以來，便是經由與金錢打交道崛起，並踏上專門從事商業的民族之路。如果我們能從猶太人的活動方式與金錢的聯繫上來看，其實猶太史與金錢史就是兩條並行互相影響的道路，猶太人本身與金錢一樣曾被當作交換的商品而存在，猶太人和金錢又都成為強者掠奪的對象。猶太人與這個世界長期以來就是一種建立於金錢之上的關係，現代的猶太人又因為擁有金錢和鉅額財富，成為世界最優秀的民族，並將發達國家的財富也裝進自己的口袋。

在貨幣資本時代，猶太商人最能發揮他們的仲介影響力，只要有金錢交易的地方，猶太商人都扮演著不可取代的重要角色，因為他們的生存邏輯就是透過金錢交易使資本再生，一切歸於獲取高額的利潤。

猶太人對金錢的態度，導致他們被視為宗教異端，一度處於寄居地位，四散分布的猶太人不得不長期從事商業活動，錢因而成為猶太商人每次商業活動的最終目標。猶太人的金錢觀促使西方社會的繁榮與資本市場的發達，他們一切價值、觀念、規範、活動的實現，都離不開金錢，將世間萬物皆商品化，猶太商人因而在商業經營上百無禁忌，能夠衝破一切的束縛，這是其他民族少見的。

人們不得不承認，猶太商人在金錢觀的主導下所建立的經濟秩序、商業體系與市場、金融機制與規範、現代資本的繁榮，為世界做出偉大的貢獻。賺錢是猶太人生活中的大事，沒有認識和觀念上的偏見，他們對金錢的邏輯與機制的領悟，遠比其他民族領先一大步，他們在金錢觀念上的超前想法，都顯示出猶太商人的精明思想。

《塔木德》中說：「能人與聰明人的差異在於，能人能妥善擺脫聰明人絕對不會陷入的困境。」鑽石大王亨利・彼得森便是一個例子，當十六歲的他還是一家珠寶店的學徒時，他的猶太人老闆卡辛手藝超群，尤其是那些貴夫人、太太、大小姐對卡辛這個名字的熟悉度，宛如好萊塢的知名明星。只是他目中無人，言語刻薄，絕情如暴君。彼得森剛上班五個月後，就以其堅韌的毅力贏得老闆的讚賞，出色的工作成績使他的工資由每週三美元增加到七美元，後來更增至十四美元。可是，一個意外卻造成他們師徒絕交，彼得森便結束了他的學徒生涯。

那時正值美國經濟大蕭條，彼得森沒有本錢，又找不到工作，後來詹姆設法說服他的合夥人，讓彼得森在他們的小工作室裡放一張工作桌，每月付十美元的租金，可是彼得森仍無法如期交付租金。有一天他攬到一筆生意，一個貴婦手上的兩克拉鑽戒有鬆動的現象，需要鑲緊。彼得森那天去取戒指，當貴婦問他是向誰學的手藝時，他答：「卡辛。」就這樣，貴婦便放心地將戒指交給他。後來他開始借卡辛的名號招攬生意，從此生意興隆。

詹姆的合夥人見彼得森的生意日漸轉好，眼紅的他決定要趕走彼得森。彼得森只好另尋出租的辦公室，最後他找到一個跟先前工作室一樣大、租金每月四十美元的房子。幸運的是他當時正為一個廠商趕製一批飾品，而該廠商竟答應借他二十美元，他便拿著那筆錢去租房，才得以安頓下來。

一九三五年，彼得森成了猶太首飾商梅辛格的特約供應商，為他紐約的銷售網長期提供貨品，這主要是因為彼得森曾從師卡辛，每星期至少可賺五十美元，但也因為他的手藝精湛，因而能聲名大噪。正巧那時詹姆與合夥人拆夥，

彼得森便找詹姆一起合作，他們換了廠房，僱了兩位雕刻工匠，但此時他流失紐澤西州最大的客戶，事業再次陷入困境。

彼得森認真做了一番市場研究後，和詹姆商議決定專門生產訂婚和結婚戒指，成立了「特色戒指公司」，但這一行的競爭相當激烈，於是彼得森將腦筋動到訂婚戒指的圖案上，在圖案表現手法上下功夫，將寶石雕刻成兩顆心相擁狀，表現出一對戀人的相愛畫面，寶石用白金鑄成的兩朵花托起，象徵愛情的純潔與永恆。在兩個白金花蕊中各有一個小嬰兒，如天使般的男嬰和女嬰，手指繫著一根拴在寶石上的銀絲線，這根銀絲線是由多根銀線扭在一起的，旨在祝福新郎新娘，表達出恩愛纏綿的情感。他的創意還表現在銀絲線上，顧客可根據他們的生日、訂婚日期、婚齡長短、個人隱私來決定購買多少銀絲線的戒指，這在設計上可說是別出心裁。這一系列成功的設計，讓彼得森從加工業轉型為銷售業，打開財富和事業之門。

一九四八年，彼得森發明了鑲嵌戒指的「內鎖法」，用這種方法製作首飾，有將近 90% 的寶石顯露在外面，當時其他的製作方法需耗損原來寶石三分之一的面積，為珠寶業帶來一大突破。這項技術發明很快就獲得專利，珠寶商爭相搶購，讓他大發利市。

一九五五年，他再次發明出「聯鑽鑲嵌法」，採用這種方法將兩塊寶石合在一起精製時，可以讓一克拉的鑽石看起來有兩克拉大，是一項極具吸引力的發明。慢慢地，他的經營規模不斷擴大，資本也越來越雄厚，生產規模逐年增大，人員也不斷增加，彼得森的事業再次開啟了嶄新的一頁。

猶太商人各個精於算計，這是成就他們商業的起點，他們對金錢的執著被世人所公認，這種精明之處在於不必在宗教或道德上低頭，他們的商業行為是光明正大的。猶太商人哈同，一八七二年到上海謀生，他是個儀表堂堂的年輕人，卻願意屈就當個櫃台人員，因為他相信職業不分貴賤，這種方式賺得的錢也是報酬。然而他透過這份工作，找到了生活的立足點，也是資本累積的開始。

蟲子不會犯錯，因為它們做的事情就是挖洞和爬行。

＊＊＊＊

他的工作在當時算不上是個高尚的職業，哈同卻利用上班的空閒時間，閱讀各種經濟和財務書籍，獲取廣博的知識。後來受到老闆賞識，晉升他為業務部專員，之後又因為工作表現優異，被提拔為行務員、高階主管等職務，獲得更高的收入，這時他認為創業的時機來臨了。

《保證成交操控術》王晴天／著

一九○一年，哈同決定自己創辦公司，獨立經營。他觀察了上海市場後，創辦哈同洋行，經營洋貨買賣，由於利潤不菲，短短幾年就賺了不少錢。後來他開始經營土地買賣和放高利貸，他在買入土地時喜歡找一些急於用錢的賣主下手，價格因而可以壓得很低。隨後又把土地租出去，根據合約，期滿後收回。他還投資營造業，透過出租獲得鉅額利潤，甚至從事鴉片買賣，獲取暴利，經過幾十年來無數的買賣交易，最終成為猶太巨富。

精明的猶太商人，透過有成效的賺錢術成為大富豪的例子數不勝數，有一位以放高利貸發跡的猶太商人亞倫，更具有傳奇色彩。他移居英國，靠打工累積一筆小錢後便開始做生意，但周轉資金嚴重短缺，只好向錢莊、銀行借貸，但他賺到的錢只夠支付利息。這樣慘澹的經營，彷彿是在為錢莊或銀行老闆賺錢，還要負擔風險，於是他決定從事放高利貸業務。他一邊維持小生意的經營，確保生計，一邊拿出部分積蓄借給急需要用錢的人；甚至以個人名義向銀行貸款，然後以更高的利率轉貸給別人，從中賺取差額。這樣，每一百美元放貸一年，光利息收入就有二百四十美元，遠比做普通生意獲利更高、更快，亞倫在這條生錢之路上持續走下去，很快成為英國首富。

掌握契機，接受新的商業觀

　　猶太商人在賺錢方面，只要雙方願意，不論什麼樣的錢都可以賺。這也是他們賺錢的智慧秘訣之一。如果認真分析猶太商人賺錢的精明之處，那麼賺錢豈能有成見，那只會壞了生意。散居世界各國的猶太商人經常保持著密切的聯繫，一位居住在美國的猶太商人合利•威爾斯頓曾聯合全球的猶太鑽石商，形成龐大的壟斷集團，集中對付其他商人。又如居住在瑞士的猶太商人成功利用中立國的優勢，聯合那些分布在各國的猶太商人從事國際貿易。猶太商人賺錢不論地域、交易對象，更不分意識形態，什麼人的錢都可賺、什麼民族的錢都能賺。只要能夠達成交易，可從中賺取利潤，都是可以經營的事業。在進行貿易往來時，他們會跟美國人、俄國人、西方人、東方人，甚至是同民族的猶太人進行買賣交易，最關鍵的利誘是交易能否帶來巨大利潤。

《成交的秘密》王擎天／著

　　要賺錢，就別顧慮太多，要能接受新的商業觀，打破成見，因為金錢不分國籍，要賺錢就不能分親疏，猶太人可以賺外國的錢，也可以賺同民族人的錢，他們的思想是無國籍的，更不被宗教與意識形態所約束，賺錢的心態是相當坦然的。

　　商品是最能給猶太商人帶來利潤的好東西，猶太商人羅恩斯坦甚至把國籍視為一種商品，他花錢購買列支敦斯登國籍，因為這個小國與任何一個國家相比，稅金特別低，對當時各國商人產生極大的吸引力。為了吸引資金，該國公開出售國籍，定額七千萬美元，如果取得該國國籍，無論你的收入高低，每年只需繳交十萬美元的稅款，各國巨富爭相購買列支敦斯登的國籍。

　獨特的眼光比知識更重要。

羅恩斯坦思考後，決定將總公司設在列支敦斯登國，辦公室設在紐約，也就是在美國賺錢，卻不用向美國繳納高稅，每年只須向列支敦斯登繳交十萬美元的稅款就行了。於是他成了合法的逃稅者，獲得鉅額的經濟利潤，依靠經營「收據公司」，從事收據買賣，獲得 10% 的利潤，可以見得猶太商人做生意有多麼精明了。

丹尼爾·施華洛世奇是奧國名門，這個家族世代經營玻璃製水鑽，二次大戰期間德軍強迫他們生產望遠鏡，法國希望能藉機收購它。移居美國的羅恩斯坦，在獲悉消息後，也想收購這家公司，於是他主

SWAROVSKI

施華洛世奇商標

動找上施華洛世奇家族：「我可以和法國軍方談判，讓他們不接收你的公司，如果談判成功，請貴公司將代理銷售權轉讓給我。」施華洛世奇家族面對這位猶太商人的精明算計，為了自身利益，也只能答應他的要求，這樣才能確保公司的利益。

在施華洛世奇接受這一條件後，羅恩斯坦立即前往法軍司令部，鄭重聲明：「我是美國公民羅恩斯坦，現今施華洛世奇公司變更為我的個人財產，法軍不得予以接收。」由於公司負責人已變更為羅恩斯坦，因此所有的財產為美國人所有，法國人是不肯冒險去接收的。羅恩斯坦沒有出資一分一毫，就成立了施華洛世奇的「代理銷售公司」，開始賺進大筆的財富。這難道不是猶太商人賺錢的精明嗎？他靠美國國籍作為自己發跡的資本，又憑藉列支敦斯登國籍合法地逃稅，從而賺大錢。

猶太商人利用國籍來為自己謀取利益，賺取鈔票，是非常自然的事。歷史上，猶太人四處流散，有些地方居住的猶太人可以自由地發展自己的生活；有些地方則充滿了對猶太人的敵視，掠奪他們的財產；而有些地方是猶太人經商的理想環境。猶太人選擇不同的地方作為生存的立足地，設法施展自己的才能，在短短幾年就累積了豐富適應環境的經驗。作為嗅覺敏感的商人，天生的商業

基因，不凡的智慧，使他們能隨處發現賺錢的契機，因此，國籍也成了猶太商人可以利用的賺錢商品。

從十七世紀以來，猶太人大量移民美國。二次大戰後，三分之一的猶太人分布在美國十九個主要城市，除了紐約有二百萬猶太人外，其餘城市約有十萬猶太人。七〇年代，世界猶太人共計一千四百萬，移居北美的占有六百萬，居住在以色列的有二百五十萬，生活在南美和中美的約有七十五萬，居住在南非和澳大利亞的約占二十萬，此外還有生活在英、法、瑞等西歐的猶太人。其中，在美國的猶太人，有不少人賺取鉅額的財富，過著奢華的生活，贏得顯赫的地位與尊嚴。

猶太人一向推崇金錢與富人，發現有好的賺錢機會，就大膽地去進行，甚至專門選擇逆境作為發財的最好機會。他們能夠擺脫各種束縛，占得先機，形成壟斷，消除競爭對手，做著最能賺大錢的獨家生意。猶太商人認為，別人不能做的，我可以大膽地去做；別人不能成功的，我就想盡辦法成功。透過壟斷產業得到的報酬率是最高的，他們總能及時找到企業生存發展的新點子，找出自己的特色，從而賺大錢。

《有錢人都在學：超級有效的國際級課程 Business & You》
Aaron Huang、Jacky Wang／著

錢在不同人手裡，發揮的作用差異很大，而錢在猶太商人手裡，就能變成活錢，也就是說，他們能利用手中的錢賺取數倍或數十倍投資的利潤。而且，猶太商人的精明還在於，他們了解「錢在有錢人身上，賺錢就要賺有錢人的錢」。不僅如此，在做生意時，猶太人深知商品的多樣性，有些商品好銷，但利潤不高；有些商品銷路不廣，但利潤豐厚；有些商品的銷售情況，視環境和季節而定；

最昂貴的鑽石總是埋藏在不易被發現的地方的。

＊＊＊＊

但有些商品在任何時候、任何地區都可以賺錢。

猶太商人也十分看好「女人」和「嘴巴」這兩個目標，為猶太生意中最能賺錢的部分。因為精明的猶太商人很早就認識到，男人為女人賺錢，而女人用男人的錢享受生活，如果能掏盡女人皮包裡的錢，男人所賺的錢也自然流入商人的口袋了。在猶太商人看來，這世界上的金錢，幾乎都集中在女人手中，奪取女人手裡的錢是最大的一項投資工程，女人不僅成為賺錢的商品，也是賺錢的第一商品。猶太商人專門賺女人的錢，因為男人雖然能賺錢，可是他們不一定持有金錢；然而女人卻擁有男人的錢，消費金錢是女人的權利。做女人生意，必定財運亨通，如女人消費的鑽石、高級女用服飾、戒指、別針、項鏈、耳環、高級皮包等女用品，都曾為猶太商人帶來豐厚的利潤。

世界著名猶太人商人施特勞斯，他所經營的梅西百貨公司（Macy's），就主要關注於女性消費者，經過市場觀察和分析後，他認為顧客消費族群以女性為大宗，而且最後決定購買權的大多是女性。因此梅西百貨主要販售女性時裝、皮包、化妝品等，短短幾年公司規模便擴大，營業額急遽成長，且利潤豐厚。

在擁有雄厚的資本後，施特勞斯開始經營鑽石、金銀首飾等名貴產品。他在紐約的梅西百貨，總計有六層的展銷店面，其中有兩層主要用於展售女性時裝、一層用於展售鑽石、金銀首飾，一層用於展售化妝品，其餘兩層則展售綜合類商品。經過三十年的經營，施特勞斯將一間小商店發展成世界一流的大公司，這主要取決於他從女性市場賺得了高額的利潤。同時，鑽石也是深受女性喜歡的商品。

以色列是世界最大的鑽石加工地，它不出產鑽石，但從南非進口鑽石原料加工為成品。以色列的猶太商人深知加工後的鑽石能博得女人歡心，女人便成為他們最好的賺錢商品。無論如何，男人會將他們賺來的錢交給妻子管理，更會為了討女人歡心，而讓她們大把大把地花錢。目前，以色列的鑽石年營業額達到四十多億美元，是世界最大最著名的鑽石加工基地，加工的鑽石占世界總加工量的 60% 以上，由此可看出猶太商人在賺錢方面的確是獨具慧眼。

✻✻✻✻

此外，人們賺錢總是為了滿足生活需要，嘴巴是最有力的消費品，所以猶太商人千百年來都盯著嘴巴賺大錢。現今地球上有八十多億張嘴巴，這個巨大消費市場所帶來的利潤是可以想像的。猶太商人在瞄準嘴巴這個消費市場時，他們設法經營眾多的商品，如食品店、魚店、肉店、水果店、蔬菜店、餐廳、咖啡店、酒吧、俱樂部等，他們還經營過毒品、鴉片、白粉這些能賺取暴利的產品。從吃著手可以源源不斷地賺到錢，但仍不如經營女性用品的利潤高。

猶太生意經中，女性商品被稱為第一商品，食品則稱為第二商品。猶太商人大多經營第一商品，因為他們獲取的利潤比經營第二商品更高。根據《塔木德》經商法則，凡是能賺錢者為真智慧，在賺錢方式上他們是不擇手段的，因此猶太商人對賺女人的錢，甚至把女人當作商品感到坦然。

美國《花花公子》雜誌創辦人海夫納就是從賺女人手裡的錢開始發跡的。他大學畢業後，在芝加哥一家漫畫雜誌和暢銷雜誌社工作，由於薪水不高，他認為當一名小記者實在屈才，便向總編提出每月薪水增加四十美元的要求，結果被總編狠狠地斥責一番。於是他辭職了，透過父親、弟弟的支援，並向銀行貸款，以一萬美元的資本創辦了《花花公子》雜誌。

花花公子雜誌創辦人海夫納

在第一次發行中，他以犀利的眼光洞悉到女人商品的無限價值，便在第一期雜誌的封面刊登了好萊塢性感女星瑪麗蓮·夢露的寫真照片，並在正文中插入夢露的數頁半裸照片，掀起一陣搶購風潮，人們競相一睹夢露的芳容。僅僅一個月，海夫納就賺回全部投資成本，一夕走紅，第二期的銷量達到五萬多冊，比第一期的印量增加一倍；一九五四年，《花花公子》月銷量近十七萬五千冊。

立誓之事就是對自己有害也不能反悔。

✽✽✽✽✽

雜誌社在累積了雄厚的資金後，開始聘請專業模特兒拍照，以最新生活作為專欄內容，採用精美的彩色印刷，讀來非常新鮮。海夫納再次認真研究市場，努力創新，在芝加哥及美國各地開設《花花公子》俱樂部，選取美豔性感的女郎妝扮成兔女郎，在街上進行廣告宣傳，使雜誌銷量再翻漲數倍。不僅如此，《花花公子》開設的「小家碧玉」新專欄，專門刊登純情少女的玉照，也使雜誌銷量再次大增。時至今日，《花花公子》已成為風靡全球的著名雜誌，「花花公子」也是世界知名品牌之一，海夫納成了世界聞名的企業家。

　　世界各地的猶太人，他們都有其過人的精明之處以其卓越的智慧、敏捷的嗅覺，總能搶先一步發大財，而且都具有冒險和創新的精神，不僅讓自己發財，還成為當今世上數一數二的大富翁。

＊＊＊＊

三、生存智慧的啟示

01 提燈的瞎子

一個男人在黑夜裡趕路，在伸手不見五指的路上迎面走來一個手提燈籠的人，走近一看，提燈的人竟然是個瞎子。

這個人覺得納悶，便問那瞎子說：

「你提著燈幹嘛？你又看不見路，何必多此一舉呢？」

瞎子聽見有人喊他，笑著說：

「這你就不懂了，我提著燈籠走路，目的是讓你們明眼人能看見我，你們看到我的燈，就會讓路給我，這樣我不是走得更安全嗎？」

這個男人聽了瞎子的話後有些驚訝，對他如此有哲理的思想感到十分佩服。其實，世上絕大多數人生來就是瞎子，別人對他往往是視而不見。

תלמוד 啟示

如果想讓別人看見你，你就必須有盞燈，你的善行、你的才華、你的事業和成功就是你的燈。誰能明白這一層道理，誰就會為手中提一盞燈而努力終身，這盞燈不是為了讓你看見別人，而是為了讓別人看見你。

02 雅紀貝

無論遭到何等惡劣、嚴重的打擊，都不可失去希望，必須堅強，即使不好的事情，也可能會產生意想不到的好結果。

猶太人早期有一位精神領袖雅紀貝，小時候家裡很窮，替別人牧羊以維持生計，而他天資聰穎，智慧超群。

當他為一個大富翁工作時，愛上了主人的女兒，富翁的女兒也是一位慧眼

沒有能力買鞋子時，可以借別人的，這樣比赤腳走得快。

＊＊＊＊＊

識英雄的千金，不顧父母堅決的反對，毅然與雅紀貝結婚，為此，父母和她斷絕關係，女兒雖然心寒卻滿不在乎，她只希望丈夫成才，對丈夫唯一的希望就是要他讀書識字，潛心做學問。

雅紀貝為愛妻的真情所感動，便隨一批小學生一同學習，十二年後終於成為一名滿腹經綸的學者，贏得眾多猶太人的推崇和愛戴，大家力薦他出任猶太法典的初審工作。

有一次，雅紀貝外出旅行，他騎著一頭驢，提著一盞燈，帶著一條小狗。夜幕降臨時，雅紀貝來到一座倉庫前，決定在倉庫裡借宿。

他見時間尚早，就點燈看書，結果吹來一陣風，把燈吹滅了，他想這大概是神的旨意，於是放下書開始睡覺。

半夜裡，來了一隻狐狸，把小狗咬死了；又來了一頭獅子，將驢子吃掉了。

第二天一早，雅紀貝看到如此情景，只好提著燈步行上路。

他走到村莊，發現村裡連個人影也沒有。原來昨日夜晚，有強盜來襲，村民都被強盜殺了。

如果那天晚上，雅紀貝的燈沒有被風吹滅，強盜一定會發現他，他就在劫難逃了。如果小狗還活著，一定會狂叫不已，那等於是給強盜通風報信，他也必死無疑。驢子如果活著，也會嗥叫，引起強盜注意，他也就逃不掉了。

雅紀貝雖然失去了一條狗、一頭驢，卻保全了自身的性命。

תלמוד 啟示

人生有許多事情，事後明白，但事前卻是無法預料。這也就是我們常說的：「塞翁失馬，焉知非福。」

《職場生存解答書：走跳職場的31條自救心法》葉惠瑜／著

03 希望的力量

一位國王剛訂完婚就出門旅遊去了。

日子一天天過去，卻沒有任何國王的消息，未婚妻一直在家苦苦等候，始終不肯放棄希望，堅信國王總有一天會回來。

她的侍女們說：「唉，可憐的主人，原本還想著可以當上王后呢！妳的心上人再也不會回來了，他一定是徹底把妳忘了。」

侍女們刻薄的話語像針一樣扎著她的心，她陷入了無盡的憂傷中，常常背著人獨自流淚。

她拿出國王寄給她的最後一封信，在信中，國王發誓會對她永遠忠誠，永不變心。每次讀完信後，她又重新打起精神，耐心等待著國王的歸來。

很多年後，國王終於回來了，這對情人又再團聚了。

國王好奇地問未婚妻：「在這麼長的時間裡，妳怎麼能一直保持對我忠誠的心呢？」

「我的國王啊，」她溫柔地笑著說，「因為我有你的信，還有我對你的信任。」

תלמוד 啟示

信心是一種強大的力量，具有信心的人能從內心產生堅強意志，遇到任何障礙都能克服困難。生活中總有不盡如人意的地方，但只要有勇氣和信心，總能安然度過。

04 適度享樂

猶太人既會工作，又會玩樂，造就了他們樂觀、積極進取的天性。世界步入商品經濟時代，人們的人生觀已經開始向猶太人靠攏了，盡情享受生活，並

箭法再差，多射幾箭也可能碰在靶子上。

＊＊＊＊

不意味著貪圖安逸。

下面故事揭示的道理令人怵目驚心：

有一艘大船被暴風吹離了航線，最後漂流到一座無人島。暴風停歇後，大船停泊靠岸，島上綠油油一片，水草豐茂，鮮花盛開，連空氣中都散發出誘人的芳香。

面對這世外桃源般的仙島，船上的人紛紛開始行動。

有一些人說：「我們不下船，因為誰也不知道何時會起風，一旦起風，就可以起錨揚帆，如果船走了，我們留在島上，不就會餓死了嗎？為了安全起見，我們還是守在船上不下去的好。」

他們果然沒有下去，在船上乾等了好幾天，等待順風起航。

有些人顯得比較聰明，他們決定上岸去玩一陣子，然後再趕回來。他們說走就走，在島上他們吃了不少美味的果子，摘了許多美麗的鮮花，玩夠了才返身上船。

還有些人，被島上的美景迷住，差點忘了還得回去這件事。當有人發覺起風了，船正在起錨時，便匆匆忙忙跑回船上，上船之後才發現，他們原來坐的好位置被別人占了，只好找個小角落坐下。

更有一些人，在島上玩得不亦樂乎，連船起錨、出發的汽笛聲都沒有聽見，聽到的人，還不太相信，認為不會這麼快航行，但看到船真的開走時，他們才慌了，趕緊丟下手中的東西拚命地去追船，結果被樹枝劃破了衣服和皮膚，有的還跌得頭破血流，所幸總算追上船，狼狽地爬了上去。

《輕鬆成為新富族，迷你退休樂活手冊》黃千碩／著

＊＊＊＊

還有些人完全被島上的風光迷住，往小島的深處走得太遠。船走了，他們一點也沒有發覺，只好留在島上自謀生存，但最後不是被野獸咬死，就是病死，沒有人安全存活下來。

תלמוד 啟示

不知享樂是灰色的人生，過分貪圖享樂則會迷失方向，唯有拿捏好享樂和責任的尺度，人生才是完美的。人萬萬不可迷失在享樂之中，而忘了自己的未來。

05 特殊的教育方式

一名小男孩正在玩耍，這時他的父親走過來，抱起小男孩，把他放在一個窗台上說：「你往下跳，爸爸接著你。」

小男孩以為爸爸在跟自己玩，天真爛漫地往他父親的懷裡跳。當孩子跳下、快要落到父親的懷抱時，父親突然抽回雙臂，孩子重重地摔在地上，哇哇地哭了起來，「爸爸真壞，爸爸騙我！」

《當我們滑在一起：與手機世代孩子共處》南琦／著

這時，父親微笑地看著自己的兒子，語氣嚴肅地說：「兒子，這是我們猶太人特有的一種教育方式，當你跳下來的時候，我故意把手抽回。這類的事情再發生個幾次，你就會漸漸明白，父親也不可靠，不要一味地相信父親，你能相信的只有自己。我從現在起就開始對你進行這種教育方式。」

生而貧窮並無過錯，死而貧窮才是遺憾。

תלמוד 啟示

　　猶太民族是最守信用的民族，但在事業和生意上，也必須論親疏關係；即使是可信賴的猶太人，遇到金錢問題也得小心慎重；即便是自己的老婆，他們也不會輕易相信。

06 賺錢與享受

　　人們追求金錢，是為了使生活過得更舒適，但奇怪的是，人們一旦有了錢反而更忙碌，無法舒舒服服地過日子。

　　有些商人就是這樣，終日忙於賺錢，雖然腰纏萬貫，卻失去享受人生的機會。而猶太商人是世界最瀟灑的商人，他們既會賺錢，又會過日子。

　　基督教視金錢、女人、酗酒為罪惡。猶太教則認為，人若不去享受神所賦予的快樂，那才是一種罪惡。但過度享樂，同樣是一種罪惡，只有適當享樂，愛惜時間，並善待生命，那才是最美好的人生。

　　有一次，美國商人彼得利‧羅曼森乘專機到以色列參加一場商務談判。抵達的那天恰好是週六，羅曼森在美國備受塞車之苦，因而對這裡街上汽車稀少、交通順暢感到很是奇怪。

　　他問他的猶太商人朋友賽惕達：「你們首都的車這麼少嗎？」

　　「你有所不知。」賽惕達解釋，「我們猶太人從每週五晚上到週六傍晚，是禁菸、禁酒、禁欲的時間，一切雜念皆暫時拋到九霄雲外，一心一意地休息和向神祈禱，人們大都待在家裡，所以街上來往的汽車會比平日少一半。所以週六晚上才是我們真正的週末，是我們盡情享受的時候。」

　　「你們猶太人真懂得休息與享受。」羅曼森羨慕地說。

　　「因為我們知道只有健康的身體，才能享受快樂的人生。」賽惕達得意地說，「健康是猶太商人最大的本錢，要想有健康的身體就必須吃好、睡好、玩好才行。我們猶太人立國達二千年，長久浪跡天涯，遭人歧視和迫害，但並未

因此而滅絕，就是因為我們注重養身之道的緣故。」

YOUTUBE 搜尋新絲路視頻，免費學習更多知識

 תלמוד 啟示

猶太人不僅會賺錢，也懂得生活。幸福人生除了需要金錢支持，更要有健康的身體才能好好享受快樂，該工作的時候努力工作，該休息的時候完全放鬆休息，這才是過日子該有的態度。

07 朋友比金錢更珍貴

猶太法典《塔木德》中記載著一個關於朋友的故事：

有名富翁生了十個兒子，他計畫自己去世時給他們每人一百枚金幣。可是隨著時光流逝，他失去了一些錢，只剩下九百五十枚金幣。所以他給前九個兒子每人一百枚金幣，對最小的兒子說：「我只剩下五十枚金幣了，還得預留三十枚金幣當喪葬費，所以只能給你二十枚金幣。不過，我將介紹十個朋友給你，他們比一百枚金幣更好。」

他把最小的兒子介紹給朋友們，不久就死去了。

那九個兒子各自謀生，最小的兒子也慢慢地花著父親留給他的那點錢。當他只剩下最後一枚金幣時，決定用它請父親那十個朋友好好大吃一頓。

一塊沉入紅海的金子和一塊石頭沒有什麼區別。

他與這幾位叔伯們享用佳餚，父親的朋友們紛紛說：「在他這麼多孩子中，只有這個小的還記得我們。我們要對他仁慈一些，報答他對我們的好。」

於是，他們每個人送給他一隻懷了小牛的母牛和一些錢。

母牛產下小牛，小兒子賣了小牛，開始用換回來的錢做生意。後來，他比自己的父親還富有。

他說：「我父親說朋友比世上所有的錢都珍貴，一點都不假。」

還有一個關於朋友的故事，也在猶太世界廣為流傳：

有兩個親密的朋友，由於戰爭受阻，被分隔在兩個敵對的國家。

有一次，其中一個去看望另一個，結果因為他來自敵國，所以被當作間諜囚禁起來，判了死刑。再多的懇求也救不了他的命，最後他乞求國王大發慈悲。

「陛下，」他說，「你讓我回自己的國家用一個月時間料理好後事，這樣我死了以後，我的家庭還能得到照顧，月底我就回來接受死刑。」

「我怎麼能相信你還會回來？」國王說，「你給我什麼保證？」

「我的朋友可以保證，」這個人說，「如果我不回來，他可以替我死。」

國王把這個人的朋友找來，驚訝地發現他的朋友對這個條件表示同意。

一個月很快就要過去了，到了最後一天，太陽都已經下山了，那人還沒有回來，國王便下令把他的朋友處死。就在刀即將落下的時候，那個人回來了，並飛快地衝上前，把刀架在自己的脖子上，可是他的朋友阻止了他。

「讓我替你死吧！」他請求道。

國王被深深地感動了。他下令把刀拿開，兩個人都得到了寬恕。

＊＊＊＊

「既然你們有這麼深的愛和友誼，」他說，「我懇求你們讓我也加入吧！」從那一天起，他們都成了國王的朋友。

תלמוד 啟示

在需要幫助的時候，朋友是最好、最有力的支持。當別人需要幫助時不要吝於伸出援手，要與朋友經常聯絡維持友誼，將來當你需要別人幫助時，就會發現他們的重要了。

08 窮與富的轉換

從前，有一個富人，他沒有孩子。

「我有這麼多財富有什麼用？」他悲哀地說，「我辛苦賺錢是為了誰？」

有人建議他給窮人一些捐助，他拒絕了。他只想對喪失信心，和對生活感到絕望的人資助。

有一天，他看到一個衣衫襤褸的人躺在糞堆上。他心想：「這個人肯定對生活喪失了希望。」

他主動提出給這個人一百枚金幣，並向他解釋給他的理由。

這個人不僅拒絕拿他的一百枚金幣，而且還一肚子火：「只有死人才對這個世界一無所求呢！我有信仰，信仰上帝，祂遲早會幫助我改變目前的境況，不用你來可憐我。」

富人自討沒趣，他決定到墓地去，並把錢埋到墳墓中。

隨著時光的流逝，這個富人失去了所有的財產。當他需要用錢時，便跑到墓地去挖自己從前所埋的錢，警察以為他是來盜墓的，便將他逮捕起來，帶到市長那裡。

「你不認識我了嗎？」市長問他。

「我怎麼會認識像你這樣重要的人物呢？」囚犯答道。

*****

市長說：「我就是那個你認為對生活絕望的人。你看，上帝沒有忘記我，我的命運改變了。」

兩人擁抱在一起。市長下令他可以從墓地裡拿走他的錢，而且還讓他在接下來的餘生中，每天都得到一頓免費的餐食和禮物。

תלמוד 啟示

這個世界有兩個不停轉動的輪子，今天的富人明天可能不再富有；今天的窮人明天未必窮困。

這個故事告訴我們，在有能力之時，應多行善事，幫助他人。另外，在有錢時必須有某天自己也會變窮的準備，並做好打算，這樣才能保障自己一生無憂。

09 一個賣魚小販的遭遇

在布朗克斯有一個賣魚的猶太小販，一天他立了個牌子，上面寫著：「此處販售新鮮魚」。

一位顧客覺得莫名其妙便問：「為什麼還要在牌上強調新鮮呢？人們一看不就知道新不新鮮了嗎？」

小販聽了，覺得言之有理，就抹去了「新鮮」二字。

過了一會兒，又來了一位顧客，評論說：「在牌子上寫著『此處』，豈不是多此一舉，難道你是在別處賣魚嗎？」

小販覺得他說得很有道理，又抹去了「此處」二字。

過了一會兒，又來了一個顧客，見牌子上寫著「出售魚」三個字，不覺笑了出來：

「出售魚，真有意思。不是出售，難道是白送嗎？」

小販聽後，也覺得有點可笑，於是又抹去了「出售」二字。

最後，一個提著菜籃的老太太走過來，見牌子上有個「魚」字，便怪聲怪氣地說：「你還寫這麼大個『魚』字做宣傳啊，我從老遠就聞到魚的腥味了。」

小販深深嘆了一口氣，拿起刷子把「魚」字也抹掉，最後，只剩下一塊空牌子。

תלמוד 啟示

為什麼要隨別人所說的話起舞呢？你該有自己的想法，並對此堅持。別人說的不一定對，他人的意見只能當作參考，要記住，人生是自己的，靠自己才是唯一的保障。

《氣場：吸引力倍增的關鍵五力》
王晴天／著

⑩ 罪惡與罪人

猶太人歷來主張把罪惡本身與犯罪之人加以區分。猶太人對罪人、惡人的態度，是不將「做惡」看作罪人的劣根性。

從前，有幾個拉比碰上一夥十惡不赦的壞人，其中一名拉比在忍無可忍的情況下，詛咒他們都死了算了。

可是，另一名拉比卻說：

「不，身為猶太人不應該這麼想。雖然有人認為這些人還是死了比較好，但不能祈禱這樣的事發生；與其祈求壞人滅亡，不如祈求壞人改邪歸正。」

因此，猶太人對罪人沒有那種深惡痛絕、必置之死地而後快的情緒。相反地，他們認為猶太人犯了罪，仍然是猶太人；一旦悔改，就不許再把他們看作罪人。

第二次世界大戰期間，有二萬名左右的猶太人避難於上海。在此期間，不

一張弓如果一直繃著，即使是鋼做的，也會失去彈力。

＊＊＊＊＊

少人曾受到占領上海的日本當局虐待，有些人直到戰後，仍無法忘卻日本人當時的暴行，於是拉比跟他們講了一個《塔木德》中的故事：

有一隻獅子的喉嚨被骨頭噎住了。獅子向大家宣布，誰能把牠喉嚨裡的骨頭拿出來，就給牠優厚的獎品。

於是，來了一隻白鶴，牠請獅子張開嘴，然後把自己的頭伸進去，用長長的尖喙，把骨頭銜了出來。

白鶴將骨頭取出後，便向獅子說：「獅子先生，你要賞我什麼禮物呢？」

獅子一聽，惱怒地說：

「把頭伸到我的嘴裡而能夠活著出來，這還不算是獎品嗎？再沒有比這更好的獎賞了。」

תלמוד 啟示

猶太法典《塔木德》中說：「處罰壞人對誰都沒有益處，不能使他們悔改，那才是人類的一種損失。」就是這種反躬自省而非一味憎恨的心態，才讓猶太民族在幾經折磨、流浪後，依舊生存壯大。

拉比的告誡是：「既然現在還能訴苦，就證明自己還活著；既然還活著，就沒有必要訴苦。不要為曾經歷過的不幸而抱怨。當然，更沒有必要憎恨。」

11 平衡人生

有兩名男人被一名歹徒追殺，他們拚命地往山上跑，最後跑到懸崖前，前面無路，只有一條用藤枝編成的吊橋能通到對面的山頭。

兩個逃命的人雖已跑得精疲力盡，但為了活命還是得踩著這個吊橋走到對面的山頭。

前面的這個人，壯著膽子、搖搖擺擺地像表演雜技似地走過去了。後面的

這個人走到吊橋前，一看下面是深谷，心中害怕起來，便大聲地問走過去的那個人：

「你是怎麼走過去的，有什麼訣竅嗎？」

那個男人說：「我是生平第一次走這樣的吊橋，害怕極了。你問我是怎麼走過來的，我也說不太清楚，當我快要向一邊倒時，就向另一邊用力，就這樣來來回回，儘量保持平衡。」

תלמוד 啟示

人生歷程就如同走吊橋，也需要保持平衡。猶太人處事的精髓，就在於保持平衡、不過度，凡事適可而止，即所謂的「中庸之道」。

山峰永不相遇，而人卻時時相逢。

＊＊＊＊

(12) 葬狗

猶太人認為，誠實是支撐世界的三大支柱之一，另外兩個支柱是和平與公正。

猶太人主張尊重他人的一切，但是這個「他人」究竟意味著多大的涵蓋範圍？在猶太人看來，「他人」的範圍相當大，尊重他人，就必須尊重他人所擁有的一切。

有這樣一個故事：

一戶猶太人家，多年前養了一隻狗，大家都很喜歡牠，尤其是家中的一名男孩，特別寵愛牠。不但每天餵牠食物，還讓狗睡在自己的床鋪底下，和這隻狗可以說到了無法分開的地步。

有一天，狗突然得病死了。父親認為，狗總有一天會死的，這是沒有辦法的事。但兒子仍非常傷心，因為他失去了一個忠實的朋友。所以，他不想把狗埋葬在郊外，而是把牠埋在自家的後院。

父親一聽，堅決反對，父子倆鬧僵了。無奈之下，父親打電話詢問拉比，想瞭解在猶太傳統中有沒有關於葬狗儀式的先例。

拉比在電話中聽完他的敘述之後，一時也不知道該如何處理。他雖然經常接受各種諮詢，但從未涉及有關葬狗的事宜。不過，拉比首先想到的是在狗死後，那個孩子一定很悲傷。

於是，他向那位父親表示，等一下會到他家裡，見面再談。因為按照習慣，拉比不和人在電話中討論問題。

放下電話，拉比打開《塔木德》，查尋有關葬狗的先例，結果，他真的找到一個合適的故事。

於是拉比來到這對父子家後，便向他們講了這則故事。

古時候，有一戶人家曾發生過這樣一件事：一次，有一條蛇爬進裝牛奶的桶裡。這是一條毒蛇，於是牠的毒液溶在牛奶中，當時無人發現這件事，只有一隻狗看到。

所以，當家裡的人將牛奶倒入杯中，正要拿起來喝時，狗就狂吠起來，大家不知道狗為何突然發狂似地吼叫，就沒有理睬牠，直接拿起杯子喝牛奶。

這時，只見狗突然跳了上來，把杯子全打翻在地，自己喝起地上的牛奶，結果狗當場暴斃。

此時，家人才恍然大悟，原來牛奶有毒。全家人都對狗感激不盡。這隻狗為此還得到當時拉比的致敬，備受稱頌。

父親聽完之後，終於依照兒子的願望，把狗埋葬在自家的後院。

תלמוד 啟示

如何對待一隻狗，並不是件大事，但當牠被某人所寵愛時，對待狗的態度就必須顧及此人的心理感受。這個故事其實是在教誨人們多從他人的角度思考，多為他人著想。

13 賣早餐的學問

一條小街上，有兩家早餐店分立街頭兩旁，兩家早餐店的客人相差無幾，但奇怪的是，每到結算營業額時，東邊的這家總會比西邊的那家少賺許多。要是一、兩天如此，倒還罷了，怪就怪在天天皆是如此。一位學者路過此地，聽聞此事也感到納悶，就想探個究竟。

學者先走進東邊的這家店。老闆娘微笑著招呼他，盛好一碗當地人常喝的湯後問道：「要不要來顆雞蛋？」學者說不要，婦人就去忙了。學者發現老闆

與汙穢者為伍，自己也得汙穢；與潔淨者相伴，自己也得潔淨。

＊＊＊＊＊

娘對每個客人的問話都是如此：「您要不要來顆雞蛋？」當然，客人不同，回答也就各異，有說要的，有說不要的，大概各占一半。

接著，學者又走進西邊的早餐店。同樣也是老闆娘微笑著招呼他，盛好一碗湯後問道：「您要一顆雞蛋，還是兩顆雞蛋？」他下意識地說：「一顆。」學者特別留意了一下，她對每個客人的問話都是一樣：「您要一顆雞蛋，還是兩顆雞蛋？」學者發現，愛吃雞蛋的就要兩顆，不愛吃的就要一顆，也有不要的，但很少有人會拒絕，學者終於露出了會心的微笑。

תלמוד 啟示

高明的商家其實在做法上與一般的商家並無二致，但細微的區別在日積月累下，就會造成巨大的差異。身為經營者，探索經營模式固然重要，但細節的完美可以更見成效。

⑭ 敢想就敢做

猶太人認為，有三種東西不能使用過多，那就是：做麵包的酵母、鹽與猶豫。

因為酵母放多了麵包是酸的，鹽放多了味道是苦的，猶豫多了則會喪失稍縱即逝的機會。

猶豫是因為恐懼失敗，失敗使人變得謹小慎微，猶豫的表現是以各式各樣的藉口延緩行動，結果當然是坐失良機。

所謂「坐而言，不如起而行」，有行動，事情才有可能轉變。猶太人當年飽受欺凌，如果只是默默地苟延殘喘，採取不知變通的生存方式，恐怕早就滅絕了。猶太人正是因為勇於正視現實、險惡，心存目標，埋頭苦幹，並突破現狀，最終才能立足於國際商場。

《塔木德》說：「人生之門不是自動門，若我們不主動地推開或拉開，它

將永遠關閉。」為了開啟成功之門，我們必須採取推或拉的行動。

看見吊橋止步不前和高台跳水完全是兩種人，以銷售業務為例，年輕業務員往往沒有勇氣去敲開顧客的門，這種業務員缺乏應有的想像力，不知道叩開顧客之門即是叩開自己的人生之門，他們多半恐懼失敗、不敢冒險。

所以，如果年輕時不敢冒險，到老將一事無成，不採取行動，一切會越來越糟糕。

讓不成熟的行動走在萬全的思想前，才是上上之策。行動儘管不完全成熟，但可以獲得實效，唯有產生實效的行動才可能為思想提供依據，有依據的思想才會有巧妙之處。堅實的行動與非凡的思想相結合，事業才能獲致大成就。

《超給力人信銷售》吳宥忠／著

תלמוד 啟示

人生難有一帆風順的，如何面對困境，從容應付；如何面對危險，機智化解，這都是成功猶太人所擁有的素質。

(15) 風險和收穫成正比

《塔木德》說：「請主降下磨難，考驗我對主的信仰；請主降下苦痛，把我和普通人區分；請主給我逆境，讓我得以成功。」又說：「風險往往和收穫成正比。」

摩根家族祖先約在西元一六〇〇年左右從英國移民到美國，傳到約瑟‧摩根時，他賣掉了麻薩諸塞州的農場，到哈特福定居。

要用自己說話兩倍的時間去傾聽對方講話。

✳✳✳✳

摩根最初以經營小咖啡店維生，同時還賣旅行用的籃子。苦心經營了一些日子，逐漸賺了一些錢後，就蓋了一座很氣派的大旅館，還買了運河的股票，成為汽船業和地方鐵路的股東。

一八三五年，摩根投資了一家名叫「伊芳特納火災」的小型保險公司。所謂投資，也不要現金，出資者的信用就是一種資本，只要你在股東名冊上簽名即可。投資者在期票上署名後，就能收取投保者繳納的手續費，只要不發生火災，這無本生意就穩賺不賠。

然而不久，紐約發生了一場大火災，投資者聚集在摩根的旅館裡，一個個臉色蒼白，急得像熱鍋上的螞蟻。顯然很多投資者都從未經歷過這樣的事，他們驚慌失措，紛紛自動放棄自己的股份。

摩根把他們的股份統統買下，說道：「為了付清保險費用，我願意將旅館賣了，不過有個條件，以後各位若加保，會大幅提高手續費。」

摩根把寶押在未來，這真是一場豪賭，成敗與否，全在此一舉。

有位朋友也想和摩根一起冒這個險，於是兩人湊了十萬美元，派代理人去紐約處理賠償事宜。結果，從紐約回來的代理人，帶回了大筆的現金，這些現金是新投保保戶出的比原先高一倍的手續費。與此同時，「信用可靠的伊芳特納火災保險」在紐約聲名大噪，這次火災後，摩根淨賺了十五萬美元。

תלמוד 啟示

能夠把握住關鍵時刻，通常可以將危機化為賺大錢的機會。這當然要善於觀察分析市場行情，把握良機。機會如白駒過隙，如果不能克服猶豫不決的弱點，可能永遠也抓不住機會，只能在別人成功時慨嘆：「我本來也可以這樣的！」

16 只要值得，就要去冒險

猶太商人長期以來不是在做生意，而是在做「風險管理」，就連他們的生存本身也要有很強的「風險管理」意識。猶太商人不會坐等「驅逐令」之類的厄運到來，也不會毫無準備地措手不及。在每次「山雨欲來風滿樓」時，他們都會準確把握「山雨」到底會不會來，來了會有多大。這種事關生存的技巧一旦形成，用到商場上自然就游刃有餘了，很多時候猶太商人就以此發跡。

在英文中，「投機」和「考察」是同義詞。猶太人的「考察」，並不光看商品的流通情形，還要視該買賣的商品，在轉賣或交換之後的狀況，當事人對該項交易的最後滿意程度。猶太人最後決定的「投機」買賣，一定是經過周詳和縝密的思索後所做出的商業行為。

此外，經商時的積極樂觀態度也造就了猶太商人。猶太民族雖歷經劫難，但在看待事物的發展趨勢時，卻常抱持樂觀的態度，並採取相應的行動。而事實是，無論經商或是做別的事，樂觀者總是會有多點機會，命中目標的次數也更多。

猶太商人具有一種「只要值得，就要去冒險」的理念，這種在風險中淘金的做法，是猶太商人非常令人折服的一種投資方式。

《最強生存力》洪豪澤／著

תלמוד 啟示

冒險失敗勝於安逸平庸，與其平庸地過一輩子，不如做個失敗的英雄。高風險意味著高報酬，只有勇於冒險的人，才能贏得人生的輝煌。

＊＊＊＊

Chapter 5

猶太人的處世智慧

一、稱霸商場，傑出的管理策略

出色的管理能為企業注入新的活力，讓財富累積膨脹，但商場如戰場，商戰中時刻需要預防別人的算計。縱橫商場，不可能沒遇過壞商人，要如何戰勝對手，又成功經營事業，內外兼具的管理策略是制勝的不二法門。

以壞制壞，以眼還眼的猶太商法

在國際貿易中，商人們都在競相逐利，為此，他們不惜採取任何手段。猶太商人信守約法，依靠傑出的智慧與商人基因賺大錢，可是在競爭中，他們還是會碰到種種的算計。世界上狡猾的商人不少，不是巧設陷阱，就是合約出現漏洞，每一個計畫都是一個陰謀。不論是透過法律還是談判的方式來解決爭端，猶太商人在對付壞商人時，都習慣採取「以牙還牙」的策略，而這的確是猶太商法中制勝的一大祕訣。

猶太商人能賺大錢，也最會賺大錢，因此猶太壞商人以計謀聞名。非猶太壞商人也遍布全球，他們眼裡只有金錢，逐利是他們唯一的目的。然而大多數商人都暗藏著壞心眼，在貿易往來中，一位經驗豐富的猶太商人是如何打敗壞商人的呢？

一九六〇年十二月二十日，美國紐約的貝斯特奧布東公司總經理馬林洛寶，曾和日本的藤田田進行貿易往來，這次來日本準備採購三千台電晶體收音機和五百台電唱機。他提出了三項條件，第一是在電晶體電唱機上打上「NOAM」品牌，第二是裝船日

《圖解孫子兵法與三十六計》
王擎天／著

你不把一個傷害你的人當作仇人，他就可能變成你的朋友。

期要在隔年二月五日，第三是佣金為 3%。藤田田對這筆買賣興趣不大，因為距離裝船日期太短，佣金又低，當時佣金的行情為 5%。

但貝斯特奧布東公司是紐約一間很大的電晶體製品進出口公司，如果交易成功，將來有機會與它發展良好的貿易關係，即使這次賺不了大錢，也可能為以後的發展打下基礎。藤田田是位重信守約的商人，在接下訂單後，就向日本的山田公司訂了貨。

當時電晶體電唱機每台售價為三十五美元，而美國公司卻堅持把價格壓在每台二十美元。藤田田最後設法說服山田電氣產業公司董事長山田金五郎，將其出口價格定在每台三十美元。於是山田公司開始依照合約進行生產，並在預約時間完成裝船。

這家美國公司於當年十二月三十日開出信用狀，訂貨產品的品牌是「NOAM」，信用狀上的品牌卻變成了山田電氣公司「YAECON」，現在製造出來的商品全刻有「NOAM」，商品名稱若與信用狀不相符，在日本是不被允許出口的。藤田田在接到信用狀後，便立即打電話給該公司要求更改信用狀，但對方卻沒有回覆。山田公司只好按信用狀要求將「NOAM」換掉，結果等到發貨當天，收到紐約方面發來的退貨電報。

其實像貝斯特奧布東公司這樣的企業，就是希望用此手段搞垮山田電氣公司，讓其倒閉，然後再以低價接管這家公司，從中獲取鉅額的利潤。因為「YAECON」這個標誌的商品無法和美國其他公司進行交易，於是山田公司又提出要他們接受產品的要求，並加付換標記的費用，仍然沒有結果。藤田田在被壞商人算計後，決定直接向甘乃迪總統寄發控告信，並堅決不妥協。在美國，總統的信函通常是直接由秘書處理，如果要想

美國總統甘迺迪

191

讓秘書將此信轉到總統手中，這就需要高超的智慧和藝術了。聰明的藤田田在給甘迺迪總統的信中這麼寫道：

尊敬的甘迺迪總統閣下：

向世界自由民主貿易的擁護者、美國國民的代表呈遞這封信，我感到萬分榮幸。

閣下是當今世界最具影響力的偉大政治家，也是世界民主力量的代表，假如貴國國民對他國國民採取了極不道德的行為，讓對方蒙受巨大的損失，我相信閣下一定會伸出援手，伸張民主主義的正義。

總統閣下，我們已經陷入絕境，期待援助。即貴國紐約貝斯特奧布東公司，曾向我公司訂購電晶體收音機三千台、電唱機五百台，總計二萬六千六百美元，當收到信用狀後，我方遭受不正當理由的退貨，使公司蒙受巨大損失。我深信如果美國國民遭受日本商人無理地退貨，造成巨大損失，日本人必定會受到嚴屬的懲罰。我方公司曾向貝斯特奧布東公司提出支付換商標費二千零四十四點五美元的要求，但仍未收到任何的回覆。這起貿易糾紛屬於貝斯特奧布東公司片面不履行合約，在當今的民主社會裡，必須透過法律仲裁，但由於我方公司財力不足，確實是無可奈何。

總統閣下，我相信因為小事累積，會逐漸引起兩國間相互的憎恨，甚至可能引發國際間的戰爭，對於這次的貿易糾紛，希望您能多加注意，勸導貝斯特奧布東公司嚴格履約，及時解決糾紛。

總統閣下，在您十分繁忙地處理國際、國內事務之餘，懇請您能為我撥出一分鐘的時間，撥打電話 W49166 致「阿卡曼」先生（貝斯特奧布東公司董事長），告訴他日本人不是牛馬，是信守合約的商人。請他以最大的誠意解決這次的貿易糾紛。

總統閣下，您不需要花太多時間，也不需要花費金錢就可以使正義得到伸張，切盼閣下能予以協助。

請保持你的禮貌和熱情，不管對上帝，對你的朋友，還是對你的敵人。

總統閣下，曾有四千五百多名年輕的日本人，身背炸彈，與貴國軍艦同歸於盡，這就像一場惡夢，作為從這場惡夢中醒來的日本一員，我認為他們的死是一個慘痛的教訓，我們不應該讓歷史重演。因此，無論多麼細小的爭端，都不應該讓它釀成國際間的相互憎恨，我們應本著良知來解決這一切。

總統閣下，我深知您超乎尋常的繁忙，我不希望耽誤您太多的時間，只有勞您迅速轉告您管轄之下具有正義的政府部門。

總統閣下，您是第二次世界大戰的勇士，我特別懇請您能夠促成這件事的妥善處理。

第二次世界大戰，德國工廠正在大量生產轟炸機，準備投入戰場

藤田　敬上

藤田田寫完此信後，列印了兩份。一份給甘迺迪總統，一份自己留存。他對此充滿信心，因為信本身的分量不輕，必定會轉到總統手裡，讓總統親自批閱，至於結果，誰也無法預料。隨後他耐心地等待總統的回音，同時，他領取了山田電氣公司的產品，但並不轉售。這次的損失理應由貝斯特奧布東公司單方面來承擔，對於這樣的壞商人，絕不能便宜了他們。

不久以後，山田電氣公司因貝斯特奧布東公司的算計與違約，在負債九千四百萬日圓的情況下倒閉了。在致書甘迺迪總統後的一個月，藤田田也收到了美國大使館的通知，親自邀請他到大使館解決這一件事。甘迺迪總統已透過商務部長和美國駐日大使解決這件事，責令那家美國公司不准出口，等同失去了對外貿易的業務。「本事件應完全由美國商人負責，政府雖不能干預此事，但可以勸導。如果不聽從勸導，可採取禁止其旅行海外處理業務，日本方盡可提出處理意見，但請不要向總統告發。」

藤田田以其巧妙的策略，打敗了這位美國的壞商人，不僅如此，他向總統告發壞商人這一事件本身，贏得了猶太商人的充分信任。藤田田沒有花太多的時間，更不需要花費任何的金錢，就以牙還牙，打敗了壞商人，他依賴的正是一股正氣與靈活的智慧。遇到壞商人，如果採取妥協政策，就會一而再、再而三地被對方欺騙，最後輸得很慘！

在生意買賣中，為了避免落入壞商人的圈套，應切忌輕信。因為商人之間都以利益維繫彼此，如果沒有進行深入的調查與分析，會讓自己陷入困境。金錢的關係是首要的原則，在生意場上，輕信對方意味著容易掉入對方的陷阱之中。如果在商務洽談中，誤判了對方的資訊，或希望對方能夠守信，而採取實質的手段，最終就會上當受騙。猶太商人認為輕信對方將使自己一步步走向陷阱，非但賺不到錢，反倒還要賠償。短視近利的商人很容易輕信對方，因為他們希望儘快完成交易，賺取利潤，擔心時間長了可能會生變，對於對方的要求不認真進行調查，且由於心理準備不足，因而盡可能地滿足對方所提的條件，絲毫沒有察覺對方正在算計自己。

《銷傲江湖之最強銷售成交SOP》林裕峯／著

猶太商人在歷經失敗的考驗後，將經商視為自己的職業，他們經商的秘訣就是不輕易相信對方。

一位日本大阪的著名商人，由於懂得運用猶太經商法則，以及猶太商人經商時的智慧、沉穩與誠信，生意因而十分興旺，賺到鉅額的財富，人們稱他為「銀座的猶太人」。許多猶太商界人士，為他出謀出資，使他獲利非常豐厚。但有位猶太畫家不相信他具備猶太人經商的特質，希望能夠親自證實這一切。

於是日本商人請這位猶太畫家到銀座的皇冠酒店用餐，畫家看到酒店老闆

　人不因地位提升名譽，而是地位名譽因人提升。

娘長得十分迷人，便將隨身的畫簿展開，畫了一張老闆娘的素描，十分傳神。然後將畫遞給這位日本商人，他當下稱讚不已。猶太畫家又繼續持筆作畫，不時看看日本商人，還向他比劃著，這時日本商人以為對方在畫自己，所以他不斷地換著姿勢。過了一會兒，猶太畫家將畫像遞給日本人看，原來他畫的是自己的大拇指。日本商人有些不悅，便責備道：「你這傢伙，讓我空擺了好一會兒姿勢，為什麼不早告訴我呢？」猶太畫家笑了笑：「人們稱你為銀座的猶太人，我只想求證一個事實，看看你是否有資格擁有這個稱號。結果你是不合格的，因為你太容易輕信別人。」

　　這表明了猶太商人是不同於其他商人的，他們之所以能在商業往來中賺大錢，就是不輕易相信他人。在任何交易中都會小心應付。在猶太教中，除了猶太人自己外，都不會相信其他任何人。在遇到金錢問題時，尤其表現出過分的謹慎，因此，無論商人有多壞，猶太商人在交易中總會認真研究所在國的法律、市場、公司前景，甚至個人喜好等，在確認對方沒有漏洞可鑽時，才會和他們達成交易。這需要《塔木德》中高超的智慧與豐富的商業經驗才辦得到。

　　在碰上真正的壞商人時，猶太人並不覺得有什麼可怕，因為他們會花很多時間進行實地觀察。一個商人如果對對方公司的具體實力、信譽一無所知，那才是真正令人擔憂。猶太商人對這一點有很深的體會，他們親自實地考察，就是因為從不輕易相信別人所提供的資訊，每一次商業交易，就是一次智慧的較量，在談判中絕不放過任何的細節。猶太商人的膽識與冒險建立在可靠的資訊基礎上，這樣理智的決策才能避免較大的過失。尤其猶太商人只有在掌握了對手所

有資料，經過分析比對雙方實力，以及所有可能存在的漏洞後，交易才能完成。如果對方試圖設下圈套，猶太商人會步步逼近，消除一切隱憂，不讓對方有製造麻煩的機會。

　　猶太人的商業聯繫網十分寬廣，他們積極發展與外商的合作關係，建立聯合公司。儘管如此，猶太商人對於外國人履行協議的能力仍持懷疑態度，為了使對方遵守並履約，他們將直接派人採取其他方式實施監督。美國一家大公司的老闆是個猶太人，他從一開始就擔心和這家日本公司可能會有違反合約的事情發生，便委託他的律師去日本找藤田田，想請他推薦一位可靠的員工監督日本公司。律師將兩家公司所訂立的合約交給藤田田過目，他看完後，發現這份合約存在著許多漏洞，並轉告這位美國公司的律師，同時也為他找到稱職的監督員。這種在生意買賣中的謹慎行為，讓美國公司免去了不必要的損失。因此，為對方尋找最好的監督員是非常必要的，它可以避免壞商人的一切暗算。

　　在生意場上，金錢決定了一切，商人們只知道逐利，而根據不同的利益分配原則，商人會在合約上不擇手段地大作文章，讓一些新手受騙上當。但如果像猶太商人那樣，設立監督員制，便可防止許多外商的暗算事件。所以猶太商人是不會輕易被對方玩弄的，想要騙過精明的猶太商人並不容易。

　　此外，如果真正碰上互為對手的壞商人，不妨給對方布置個陷阱，而這離不開傑出間諜們的合作。以重金聘請那些無所不在的間諜，可以幫助你一次又一次地挫敗競爭對手，尤其是那些陰險的商人們。在掌握充分資訊後，就能輕易地制服他們。在猶太商界裡那些偉大的商業奇才，他們自己就是最傑出的間諜。他們長期處於不敗之地，沒有被那些壞商人所擺布，就是因為他們善於利用最新的資

《阿米巴稻盛經營學》邱東波／著

　　應該由心來操縱舌頭；而不應該由舌頭來操縱心。

訊，完成自己的計畫，訂立健全的合約，促成交易順利的進行。

成功的企業管理

在當今大企業時代，最有資本的公司才具備發展新產品和搶占市場的冒險能力。市場激烈競爭所引發的購併風潮使得大型企業更加龐大，於是現代大型企業的經營區域比許多國家還大，一些巨型企業的年生產總額甚至超過了世界主要銀行群的資產。大型企業的規模不僅越來越大，而且已經承攬了世界上大多數的生意，它們多以跨國市場作為經營範疇，如果消費市場面臨壟斷或被少數製造商所控制，市場制度將失去效力。猶太企業裡的管理者，最希望看到的是自己所經營的企業能形成獨家的壟斷，並由少數的巨型企業控制著全球的經濟事物。

猶太企業管理決策者認為，跨國企業應以全世界作為經營對象，在不同的地方製造與銷售產品，也在世界各地招募人才，獲取資金與資源。如瑞士最著名的雀巢食品公司，其產品 98% 以上的銷售是在瑞士境外完成的，包括巧克力、咖啡豆、葡萄酒、奶粉和果汁等產品，絕大部分是在全球不同的地區收購、製造，然後運往各個不同的地方銷售。為此公司購買了大約占世界 10% 的生咖啡豆，用來製造不同品牌的咖啡，如雀巢咖啡、金牌咖啡等。

雀巢在世界各地都擁有可觀的市場，光是美國的雀巢廠，一年的營業額就高達九十億美元，此外在全球的八十個國家中，共計有二百多家子公司，近四百六十八座工廠和約二十三萬名員工。面對如此巨大規模的企業，如何實施有效管理？雀巢以高比例的地方分權來有效處理整體的運作與協調，它所屬的二百個執行單位都擁有高度的自主權。他們以決策者所擬定的長期發展策略為經營方向，又以當地所能接受的實際情況運作企業。

雀巢公司商標

在管理上，猶太管理者都力求站在科技、富有前瞻性的決策上，引導企業

進入超級跨國企業行列，這便是購併後的新世界經濟潮流。

蓋氏兄弟是早年透過可麗柔的購併而進入必治妥公司的，後來理查·蓋爾成為公司的總裁。一九五九年，在理查的領導下，可麗柔賣給了規模龐大的必治妥公司。理查憑著他在市場銷售上的專業能力，進入公司的領導階層，在理查促成令各方均滿意的施貴寶購併案之前，必治妥的股東便對他的管理能力非常佩服。一九七七年，投資必治妥只需一千美元，即可獲得紅利，然後又轉投回公司，到了一九八八年，此一投資已值五千九百四十美元。後來，施貴寶的佛勞提出了企業聯盟計畫，讓一樁價值一百一十五億美元的購併案以傳統的股權交易方式完成。佛勞說：「不需要現金，也不需要貸款，沒有陰謀，也沒有垃圾合約，更沒有其他特別的交易。」

世界排名第十二和第十四的兩大製藥公司合併後，使必治妥和施貴寶藥廠（Bristol-Myers Squibb）排名升到第二名。這時理查的目標是讓必治妥和施貴寶藥廠在二〇〇一年成為世界企業排名第一。就在兩家公司購併的過程中，大約有二千人失業，並再計畫裁員二千人，為此，公司關閉了全球六十個製藥廠中的半數，十八個消費產品製造廠中的六個廠，而正在實施中的占地一百一十萬平方公尺、耗資二億四千萬美元的施貴寶新企業總部也無限期擱置。

必治妥曾研發出一種專治愛滋病的新藥——維弟克斯。必治妥同時也是嬰兒奶粉的主要生產商和銷售商，在美國市場一年就有高達十六億美元的營業額，必治妥透過製造嬰兒奶粉和其他七種產品，成為世界三大奶粉製造商之一。這三家公司控制了美國 97% 的奶粉市場，並在世界各地銷售，尤其有些健康中心的負責人以提供奶粉製造商獨家的奶粉供應權，作為取得教育及研究補助金的交換條件，然後再將奶粉放在嬰兒出院時的包包裡，讓家長帶回家。家長認為這是醫院所推薦的奶粉，即使這些奶粉樣品的價格很貴，但為了寶寶好，誰也不會輕易更換品牌，這便是最有效的推廣和銷售策略了。

不僅如此，理查·蓋爾和其他健康醫療界的高階主管所掌握的不只是美國，更是全世界億萬人所需醫療藥品的供應、品質和價格的生殺大權。這是一

嫉妒、貪欲和野心，驅人於死地。

個拿錢賺錢的行業，如特效藥廠商至少要花二億至二億三千一百萬美元才能

必治妥施貴寶公司商標

使一種新藥上市。這樣看起來成本的確很高，但利潤其實更高。在八〇年代，必治妥每年的利潤平均成長率為 13.5%，而股東紅利每年成長率為 19%，必治妥一九九〇年的淨利比為 17.4%，莫克則為 24%。理查會根據每年公司的年度報告來決定繼續發展哪一種藥品，有多少數量的專利藥、清潔用品和消費品需要決定售價，他尤其關心如何替股東賺取最多的紅利。

猶太商人在企業經營管理上不僅採取分權策略，運用卓越成效的推銷術和拿錢賺錢的方法，也積極建立人脈關係。在這一原則的推動下，世界二十五個超級跨國企業中，有十六個企業互派公司代表加入其他超級跨國企業董事會裡，如 IBM 和杜邦便是與其他超級跨國企業關係最密切的公司。且有些領導者和其他企業家會在定期的董事會中碰面，交流想法，互相影響。猶太管理者還發現，如果公司的高層主管在商業界、政治圈有較高的身分地位，或是在社交圈中較具名望，比較能幫助公司達成預期的購併計畫。

商業界的許多人，都與政府領導人有密切的關係，常以遊說來影響政府的決策，不僅在本國，也在經營投資國發揮著影響力。如洛克菲勒創辦的三邊委員會中，目的在於建立美洲、歐洲和日本企業更緊密的合作關係。於是，飛雅特的阿涅利家族便與三菱、住友、第一勸業、德意志銀行、AT、GE、埃克森美孚、GM，以及可口可樂這些組織都有合作關係。洛克菲勒表示，這絕不是一個計畫統治世界的陰謀團體，三邊委員會是一個關心世界未來的團體，旨在促進國際間更多的瞭解與合作。事實上，超級跨國企業的領導人就是掌握了國際權勢中唯一具有實質意義的物質──金錢。

現今，企業領導人不僅將企業成長視為投資人、員工和社會大眾對他們的期待，大量的

杜邦公司商標

199

權勢和榮耀轉化了公司的驕傲與員工的高度忠誠度，也呈現了企業領導的個人能力。更確切地說，企業規模就等於個人權勢，領導人希望他的屬下創造業績，甚至是不惜代價。為了應付不斷成長的全球性資本及消費市場的挑戰，尋求企業更永久、更寬廣的發展空間，數量與品質的發展，勢在必行。「你必須要有足夠的數量後才能得到品質。我們必須夠大，才能生存得像全球性的銀行。」在以全球資訊與管理為主的時代中，以顧客為主、瞭解市場、擁有強大科技實力，是企業成功的關鍵。

傑出的猶太管理大師對於企業的擴張，不僅在內透過科技研究與新產品開發，追求更大的市場占有率；向外利用共同投資計畫，並採取購併等手段擴大公司規模，追求取得更多的資產。開發新產品和新市場能創造新的利潤和發展機會。許多由猶太人經營的跨國企業，採取資本與研究、合併與購買、共同投資的管理藝術，來達成企業長期發展的目標。在選擇新投資時，企業常常尋找能提供最佳品質與最高報酬率的機會，實現整體性的營運目標。

尤其在經濟危機來臨時，市場處於低潮，擁有大量現金的公司會趁此時機去購買其他公司，而不願讓現金白白消耗掉；而幾近破產的賣家在時機不好時比較願意削價出售公司，或者他們考慮到選擇合作比選擇競爭更有利可圖。因而財務投資可能取代真正的投資，公司也最容易因此得到擴展，其中財力雄厚的企業將大步走向購併浪潮。如西門子在一九八九至一九九〇年的會計財報中顯示，該年度花費二十七億馬克購買新公司，一九八八至一九八九年在這方面則花費三十八億馬克。猶太商人在管理上主張合作優於競爭，而一個企業的領導者常以對自己的能力與重要性的認知多少，來安排自己成為領袖的次序。然而保持科技優勢是競爭不敗的基石，對資本雄厚的公司來說，購買專業才是尋求發展的快捷方式。超級跨國企業通常經由購併，在極具發展潛力的行業中取得競爭優勢，如生物科技、微電子、電子通訊、先進航太工業、機器人和機械工具、電子和軟體等，高科技容易被掌握在少數大集團中。

如 AT 是在相當棘手的情況下，支付了昂貴的代價（七十四億美元）買下

別想一下就造出大海，必須先由小河川開始。

NCR，由於大量的企業聯盟都參與了這次的競標，導致 AT 支付的價格比原來的要價高出 22%。以購併獲得成長是誘人的，投資人和分析家都在尋找更多的成長百分比，因而公司規模越大，就必須要有更高的銷售額來保持同樣的成長率。就好比相同 10% 的銷售成長，一間資本只有四千萬美元的公司遠比資本為四千億美元的公司要容易得多。

NCR 公司商標

猶太商人經歷幾千年的商業貿易後，累積了鉅額的財富，當今尋求發展的策略是跨國經營與相應的管理模式，共同投資成為現代的一股商業狂潮，許多企業不是找尋盟友，就是結合成同盟團體。如杜邦公司與另一家超級跨國企業莫克，共同投資連結了世界主要的化工製造商與世界最大的製藥廠。他們合作兩年後的銷售額達到七億美元，這是一般企業家須花數十年才能達到的銷售境界。

其實，大部分的超級跨國企業都在尋找策略性的盟友，這種共同的投資不同於購併，每一個共同投資只涉及超級跨國企業資源的小部分，目前更多的共同投資是在互相競爭的對手之間形成的。此外，在所有共同投資中，找到適合的合夥人是非常重要的，這是一種策略性的聯盟。這個網路跨越了國際邊界和企業疆界，溝通與合作的鎖鏈展現了猶太富商的精明與世故。

猶太商人在經商中發現，商界最大的客戶就是政府，在經營管理指導上，設法從所在地的政府手中取得相當比例的銷售額是非常重要的。同時，由於企業的國際化，商業活動早已超越國界，企業很難被控制。在沒有疆界的經濟領域，人們將依照本身的市場價格，也就是工作的技巧與智慧來決定成敗。猶太商人認為，政府最恰當的行為就是確保國民接受具有競爭力的教育，但商機瞬息萬變，唯有政府與商業界的權力也跟著不停轉移，巨型企業才有機會取得一定的特權，它們所擁有的新科技與經營技巧，也能讓公司在投資地主國獲得極有利的交易。

在管理經營投資上，猶太商人首先意識到第三世界的價格較為低廉。某些

第三世界國家非常歡迎商業投資，因為這樣不僅能增加地主國的工作機會、引進新科技，還能增加稅收。身為跨國企業，它們更是妥善利用當地的市場和廉價的勞動力，同時協助未開發地區建立經濟基礎。

《個人品牌獲利方程式》許國展／著

處於現代企業頂峰的猶太管理決策者，都接受過最好的教育，隨著財富的增加、公司的成長，他們越成功，態度就越強硬。透過購併、共同投資、多種商業行為，進而獨占企業所掌握的國內外網路。在世界經濟中，多數的行業正被特定的公司所支配，只有共同聯手，才能行使自己的經濟、金融權，貿易的結盟組織因而有效保護商業的競爭和企業的主導權地位。

猶太人在管理自己的企業時，總能站在最高的頂峰來看未來企業的發展。一九二七年，日本鋼鐵業受印度生鐵和歐洲鋼材競相降價的影響，一度陷入困境。「新舊鐵」董事長稻山嘉寬為此採取了自主管理法。他改變了過去先將產品庫存起來，然後以堆論價拍賣，任由批發商壓價的積壓物資銷售辦法；取而代之的是生產與銷售的共同責任制，即以期貨方式代替拍賣方式，確定銷售商和批發商，建立生產企業，與批發商協商制定銷售量和批發價格的銷售制度。他認為經商之道所需要的是正確判斷時機，每家公司或個人所處的條件不同，選擇的應變辦法一定相異，管理的最高形式就是自主經營。

稻山嘉寬在處理與客戶的關係時尤其獨特，安排會客時，會先見外地客人，後見本地客人。如果業務上不能滿足對方，或者生意做不成，就會儘快約見客戶；如果能滿足客戶需求，則延長一段時間回覆。如果與客戶發展的是長期買賣，自然要讓對方有利可圖，他主張在交易時應將競爭轉變為協調。

一九四六年他出任日本製鐵所營業部長，並擔任鋼材俱樂部董事長，他的

如果你的表現不盡人意，首先要採取的行動是以退為進，而不要鋌而走險。

自主經營管理模式取得很好的成效。一九六六年，他與其他幾位日本工業巨頭成立了產業研究會，一九七〇年，日本最大的兩家鋼鐵公司合併，組成了新日本鋼鐵公司，稻山嘉寬受聘為總經理。不久由於受到美國經濟危機和石油危機的影響，日本經濟低速成長，鋼鐵產量從一九七三年的一點二億噸降為一億噸。

新日本鋼鐵公司利用其鋼鐵生產技術、情報和人才，實行多種經營、開發技術合作、工程設計施工等領域，探索多種經營途徑。

新日本鋼鐵公司位於千葉的君津製鐵所

一九八五年，該公司全面推行多種經營業務的方案，在系統開發、情報處理、電腦外部設備生產的電子資訊通信領域，利用現有工廠閒置土地開發生活服務設施領域，矽板生產、金屬鈦、工程塑膠等新材料領域，都取得重要突破。這種自主經營方式不僅為公司帶來鉅額的利潤，也為公司帶來了榮譽。

此外，猶太商人在企業經營管理模式上，注重以人為本，在公司內人人平等。作為一名稱職的老闆，在對待員工的標準上，都應該同等對待。首先要尊重員工，每個人都有他獨特的價值，都希望得到別人的尊重，絕不希望受到輕視，如果老闆忽視員工的價值，就會引發員工的不滿。同時還要對每位員工有信心，不應有偏見，因為即使是小人物也有發揮長才的時候，我們應從員工身上取其長，補其短。

其實人們的優缺點並沒有嚴格的界限，如果認真觀察，在生活中有人固執、倔強，卻有主見；有人反應慢，但辦事有條理；有人我行我素，卻具有極高的

創造力，高明的企業管理者，就懂得利用長處，補其短處。

不僅如此，在行銷中摧毀對方的價格信心是最好的商業管理術，也就是先做事前行銷，摧毀對方的價格信心，在交易時又運用產品比較法來打擊對方。一個聰明而富遠見的行銷專員，通常會在市場漲價前告訴客戶價格將要上漲的訊息，讓消費者慢慢適應價格的變化，然後再告訴對方這價格比市價低很多，一定要趁現在購買。事實上，在優惠促銷活動後，顧客一樣可以享受這種優惠價，這只是一個行銷策略。

我們來分析一則資料的結論，心理學家對上司在處理營業員的態度上，所產生的銷售結果變化分析如下：在別人面前讚美下屬，銷售量增加 20% 至 50%，私下斥責下屬，銷售量增加 10% 至 30%；在別人面前斥責下屬，銷售量減少 20% 至增加 10%；私下責罰下屬，銷售量減少 30% 至增加 5%；在別人面前責罰下屬，銷售量減少 10% 至 60%。從這些資料可以看出，不尊重下屬，是會影響公司營業額的。因而處理的態度應該是具有建設性的，如果老闆讓員工難以下台，員工對老闆和公司的信任及忠誠度就會消失。

總之，猶太管理者經營企業時，注重管理的科學與效率，成功的管理，引導企業進入超級跨國行列；不高明的企業管理，只會讓企業被其他大企業購併。為求生存與發展，猶太商人都具備了很高的管理水準，這種融合智慧、科學與創新於一體的管理技術，正創造著世界經濟中一個又一個的奇蹟！

生物中只有人會笑，而越賢明的人越會笑。

二、偉大的企業更需要追求霸業精神

　　資本是現代社會的上帝，金錢是人類最強而有力的主宰，跨國企業則是經濟威力信仰的展現。其實，成就財富的事業才是商人最偉大的事業，全球的富商鉅子，無不為此求新求變、大膽冒險，因為建立霸業才是他們真正希望實現的終極目標。

　　對於賺錢的猶太商人來說，他們將全部的精力瞄準在獲取利潤的目標上，並思考著成功的架構、企業的鉅額獲利，以正面積極的態度，尋求和掌握每個可獲利的機會。傑出的猶太企業家們，一生都致力於取得更廣闊的銷售市場、降低成本、提高效率，加強服務品質，在競爭中與對手充分合作，又以購併企業手段實現集團最高壟斷利潤。尤其一個具有活力的企業，應培養組織內成員的創新精神，鼓勵他們找到企業發展的新點子，激發他們承受事業風險的能力。

　　賺錢的商機永遠存在，猶太商人也無止境地追求著。傑克是布萊頓公司的負責人，他不但要管理好超級市場，更以一個企業家具有的創業精神，鼓勵客戶

《當責力：提升你的職場能見度》
王晴天／著

去嘗試新的產品。他強烈追求財富霸業的欲望，不但督促他要會做，更要有卓越的想法、智慧與高超的策略藝術、冒險精神，這些都是實現霸業不可或缺的。如果確定了這一獲利的目標，他們就會堅定地消除所有的障礙，克服困難、避免陷阱、擊退對手。

　　成功的猶太富商在實現每一個目標時，不是只努力一次、二次，而是會努

力成千上萬次，盡力去達成這一誘人目標，這種強烈的欲望，總讓他們在賺錢方面獨得先機，獲得創造利潤的機會。即使是別人放棄的事業，在認真調查分析後，他們也不會輕言放棄，盲從別人的選擇。因而猶太老闆背後的最大支柱就是，他們想完成強大財富事業的信念和《塔木德》的智慧。

成為最傑出的，才能獲得真正的利潤。不論是金融投資家、實業老闆、區域銷售主管、財務總裁或策劃執行部門的經理，你都必須在所選擇的工作或領域中，成為最傑出的管理者或商業精英。成為最好的企業負責人，意味著從企業發展的長遠規劃、策略的制定、企業的運行，以及管理的各個環節的實現，你都必須有傑出的表現。對公司獲利最大貢獻的人，常常就是那些最有企業信念、希望成就財富事業，而又堅定不移付諸實踐的企業家，他們利用科學與智慧最終成為強者的企業代表，他們還為公司創造了最好的業績，也得到了最好的報酬。

猶太商人在經營事業上，首先都會確立最高的標準、最好的策略，真正實現最好的業績，這一切都與人際經營、管理制度、風險能力、經營策略有關。成為最傑出的，必須落實在行動上，讓企業成員都能清楚界定傑出的標準，因為利潤來自於企業的表現，猶太人相信，賺錢的老闆沒有其他的選擇，他們只能在可以選擇的領域內努力成為最好的。

有人說，猶太商人需要偉大的企業，沒錢，那些擁有世界大部分財富的少數猶太巨商，確實需要企業來為他們實現霸業之路。成功的猶太商人，會透過準確的情報資訊掌控企業發展的全局，又會利用各個部門、各個成員、甚至與外界的商務聯繫，達到控制企業、推動企業發展的目標。他們需要耐心地觀察企業是否走上了正常發展的軌道，然後透過明確、公平與前後一致的管理和企業體制，調整偏離目標的企業，最終目標仍是賺取高額的利潤。

因此，猶太商人提出許多管理方案。在時間管理上，企業的多種時間管理方案，是依據工作的優先順序來確定，然而第一要素還是「人」，唯有透過人才能為企業創造豐厚的利潤；從管理角度來看，必須花大量的時間在善用人才

痛苦之中蘊含著一種力，而且痛苦是一筆財富。

上。有效的時間管理，建立在清楚的認知與正確的思考上，猶太人在思考如何獲取利潤時，首先想到的就是如何知人善任，如果能幫助員工找到他們創造最大利潤的時間點，也就找到了企業自身的利潤。

不僅如此，獲得利潤的基礎還在於對市場和環境的研究分析與把握。傑出的猶太企業家會親自考察市場潛力，以及環境變化對企業發展的影響，但要做出正確的決策並不容易，強而有力地採取有效行動更是困難。任何商機都是在透過蒐集資訊、研究、對比、分析和思考中發現的，高明的決策離不開正確的調查研究，因此行動的完成也建立在正確的決策上。透過分析研究，可以讓風險降到最低，更可以幫助你把握每一個商機。經過研究的決策遠超過隨機決策的品質，在激烈競爭的商業時代中，隨機或不經意就獲得高額利潤的可能性相當低。猶太人的精明在於以研究的精神來研究風險。

在現代商業往來中，猶太人最注重細節，因為細微的差錯，會失去客戶對公司的信心與利潤的減少，然而客戶不會瞭解企業發展的全球戰

《斜槓創業》王晴天／著

略。作為公司老闆，沒有時間去留意這些細節，但完全可以針對具體實施的負責人提出嚴格要求，透過這些人，才能使產品的製造、運送與服務達到高水準。猶太老闆善於幫助客戶留意一切細節的重要性，始終用積極與建設性的方式，對員工實施管理，如果細節出現問題，猶太人會採取就事論事的處理方式，並對此細節掌握最高程度的控制，注重細節，能讓企業真正獲利，個人也會得到相應的回報。

同樣地，在產品品質上，企業會任用優秀的人才，來確保公司提供高品質的產品或高水準的服務，包括他們的商品、策略與執行。如果企業家讓一個企

業具有這種高品質的產品或服務，就產生了賺錢的積極心態。在企業有效的運轉中，高品質的人、高品質的訓練、高品質的產品、高品質的環境等，正是實現企業壟斷、確立市場霸主地位的關鍵。

　　猶太商人不僅擅於賺錢，更能建立偉大的企業，他們會設法幫助其供應商、合作夥伴、員工、同事等，共同投入公司的建設，從而產生潛在的效益與利潤，這樣的企業文化也是企業長久不衰的重要原因。幫助別人，並非只是提供金錢，更包括提供時間、點子、策略等廣泛在內的企業力量，為需要幫助者提供支援。幫助別人不僅是一種企業文化，更是一種積極的工作與人生態度，幫助別人其實就是幫助自己最有效的手段。如果企業無法獲利，猶太商人會很快地找出究竟是哪個環節出錯了，釐清是人事制度、管理體制、企業文化、產品品質、還是服務水準有不妥？然後努力消除負面影響，減少不必要的損失與資源的浪費。在一個企業的整體環節上，企業家本身對於公司的獲利是最關鍵的連接點。

　　任何一位傑出的企業家，都會花大量的時間、精力與資源，去開發高水準的管理技能，出色的管理能力將為企業發展帶來創新與刺激，同時，對管理藝術無止境地追求，還能為企業長遠的發展注入一股長久的活力，管理人員必須終身投入這門藝術。因此，培養一批高素質的管理幹部，是猶太企業家優先考慮的商業事務。

　　此外，企業家應認真傾聽員工的建議。如某一猶太企業旗下商場的工作人員，對於老闆三次取消視察他們的安排，提出了不滿，而身為猶太企業家，他會將此視為建設性的建議，並不會認為這種積極的行為是負面的指責。當他專心為客戶提供最完善的服務時，受到客戶的批評，自然也會積極採納他們的建議，從而推動企業產品或服務進入更高層次的發展。猶太商人在處理工作事務上的這種坦誠，幫助他們贏得了廣大客戶的信賴。

　　自十九世紀蒙哥馬利·沃德商品型錄創立後，以郵購為主的商業模式迅速發展起來，人們認為這樣的顧客主要來自農村。後來羅傑·霍喬進入了這個行業，他發現富人也喜歡這種足不出戶就能購物的消費方式。霍喬憑著自

已對精品的瞭解創辦了一家以精品郵購業為主的公司，以豐富的行銷經驗，在一九七一年便成為肯頓公司的總裁。這是一家銷售高級商品的郵購業務公司，在最初兩年裡，公司虧損超過一百萬美元，可是霍喬就是能看到公司業務發展的巨大潛力。在肯頓公司拍賣時，他出資一百萬美元收購了這家公司，將其更名為霍喬精品屋，並於一九七三年開始獲利。自此霍喬便確定了未來數年的業務規劃，其定位必在精品上，最終成為業界中最具競爭力的巨型企業。

蒙哥馬利‧沃德

作為世界第一商人的猶太人，善於從別人的失敗中吸取商業經驗，尤其是失敗帶給他們的經驗更豐富。因為商業競爭中的成敗只是對手間智慧較量與資源角逐的結果，只要有堅定的信念和可靠的策略，在第一次失敗後，贏來的就是今後長期的營利；如果在失敗後就放棄了追求財富的決心，絕對得不到任何成就。能將失敗轉為巨大的成功，這本身就是一種成功的積極心態，成功需要決心，更需要有堅強的意志並全心全意地投入。

嚴格說來，世界商人發揮他們最大的天賦，創立最偉大的公司，也創造出不平凡的業績，這是最大的獲利。因此成就財富的霸業，需要企業的競爭機制、人的積極心態，相反地，如果失去了這種競爭優勢、這種積極的人生心態，就等於失去了成就霸業的基礎。商業爭霸，應是商業發展的最高形式，雖然各國都有反壟斷的法律，可是哪一位猶太巨商不希望能獨占市場，獲取高額的壟斷利潤呢？

建立財富的霸業，不同於商戰中的創業與發展，在霸業時期，企業家握有雄厚的資金、豐富的經營經驗，企業的規模可能是超越國界的。傑出的猶太籍

企業家，最善於運用競爭霸業策略：明確企業發展的整體方向，將公司帶到一種前所未有的最高境界；運用策略，擴大企業規模，降低產品價格，形成壟斷利潤；專門針對弱勢企業或對手，實行購併，以擴大企業規模；利用最先進的資訊技術，獲取商機，並向對手施以沉重的打擊；加強內部管理階層的科學決策，建立一支高水準的企業團隊；將企業文化轉變成一股強大的力量，創造最大的獲利空間；企業有效分工合作，發揮最大人力優勢；在競爭中加強先進管理技術，運用合理的競爭機制，充分利用情報戰，讓企業獨占先機。

總之，塔木德商戰大師都具有最傑出的管理才能、冒險的膽識、成就霸業的企圖心。企業的輝煌，沒有巨大的冒險精神是不可能取得的。猶太商人為了獲得市場的鉅額利益，他們拿自己的公司去賭，有信心地去搏，最終成就了財富的偉業，也成就了金錢的事業。沒有第一流的決策與冒險精神和第一流的人才與商法，便沒有猶太企業未來的霸業。

商業競爭的目的在於獲勝，對世界所有商人而言，沒有人不希望在自己奮鬥的金錢事業中出類拔萃；同等地，作為世界巨富的猶太大亨，也沒有不希望成就財富頂級霸業的。如果我們在創業之初，可以借猶太商人的《塔木德》經商智慧，開啟一條商業大道；如果我們正在推動事業的發展，需要的是企業家的精明頭腦、堅強的決心、隨機應變的能力，可以從傑出的猶太商人那裡找到經營企業的理念，並運用一切手段去搶占市場，擴展企業經營範圍；如果我們已成為跨國企業家，我們可以從「世界第一商人」的猶太商業鉅子那裡，找到爭霸全球的策略。

《投資＆創業の白皮書》吳宥忠／著

　金錢可能是個慈悲的主人，同時也是能幹的奴僕。

三、處世智慧的啟示

01 公主與拉比

有一位相貌醜陋但頭腦聰明的拉比去見羅馬公主，公主當面奚落他說：「在如此醜陋之人的腦袋裡，怎麼可能有了不起的智慧？」

拉比受到如此羞辱，不但沒有惱怒，反而笑容滿面地問公主：「王宮裡有沒有酒？」公主點了點頭。

拉比又問：「裝在什麼容器裡？」公主說裝在罈子裡。

拉比驚訝地說：「貴為羅馬帝國的公主，為何不以富麗堂皇的金器、銀器盛酒，反而以醜陋的罈子裝酒呢？」

公主覺得拉比的話很有道理，便命宮中佣人拿金器來裝酒，原先那些罈子改去裝水，結果時隔不久，酒就變得淡而無味了。

皇帝知道酒變味後，勃然大怒，下令追查是誰幹的。公主連忙坦白說是自己叫佣人這麼做的，原以為這樣會更好，沒想到反而把事情弄糟了。

公主想到這是拉比唆使她去做的，就去找拉比算帳。

「拉比，你為什麼教我這樣做呢？」

拉比微微一笑，溫和地說：「我只是要讓妳明白，珍奇貴重的東西，有時必須裝在簡陋普通的容器中，才能保存其價值。」公主恍然大悟，從此以後再也不敢小看這位醜陋的拉比。

תלמוד 啟示

以貌取人，往往要鑄成大錯。

判斷一個人的價值，不能光看其外表是否漂亮，應該要看其頭腦是否聰慧，心地是否善良誠實，胸中是否裝滿學問。

02 一個長舌婦的教訓

猶太人向來認為舌頭是最容易惹禍的東西，因為說它好，沒有比它更好的；說它壞，沒有比它更壞的。因此一定要把持好自己的心態，認真管好自己的舌頭，否則言語不慎可能惹出大禍。《塔木德》中便有這樣一段記載：

有一個女人就是喜歡東家長、西家短地議論別人的是非，但是她說得越發過火了，連平常跟著她一起八卦的三姑六婆們也無法忍受，終於有一天，大家一起到拉比那裡去控訴她多嘴的毛病。

拉比仔細傾聽每個女人的控訴後，便要這些女人先回去，然後拉比叫人去把那個多嘴的女人找來。

「妳為什麼無中生有，對鄰居的太太們惡語中傷？」

長舌的女人笑著回答說：「我並沒有無中生有、造謠惹事，只是有時候在描述時誇張了一點，但我可能真的太多嘴了，連我的丈夫也這麼說。」

「妳既然已經承認自己話太多了，那就好，讓我們來想一想，看看有沒有什麼好的改善方法？」

拉比想了一會兒之後走出房間，然後拿出一個大袋子，對那女人說：「妳把這個袋子拿著，在回家的路上，妳打開袋子，把袋子裡的東西一個一個地擺在路邊。等到家之後，妳再掉頭往回走，邊走邊把東西收回來裝進袋子裡。」

《情緒化也沒關係》吳娟瑜／著

那女人接過袋子，覺得很輕，她很納悶，想知道裡面裝的是什麼東西。於是她馬上往回家的路上走，在路上她打開袋子，發現裡面裝的是一大堆羽毛。於是，她按照拉比的吩咐，一邊走一邊把

控制你的口，守住你的言語；人的口中有財富，要珍惜你的嘴唇。

羽毛擺在路邊，當走到家時，袋子剛好空了，然後她又提著袋子往回走，邊走邊撿回羽毛。

可是風把大部分的羽毛都吹走了，等那女人如約返回拉比那裡時，只收回了幾根羽毛。

「妳知道嗎，」拉比說，「所有道聽塗說的東西，都像袋子裡的羽毛一樣，一旦從妳的嘴裡溜出去，就很難有收回來的可能。」

長舌女人終於知道了拉比的用意，從此以後她真的改掉了多嘴多舌的毛病。

תלמוד 啟示

禍從口出，就是這個故事的寓意，話多常會洩漏自己的秘密，聰明的人應該要懂得言多必失這個道理。

03 真正的朋友

哲學家達米利多瓦垂死之前，把兒子叫到身邊，問他：「孩子，告訴我，你有多少朋友？」

「不下一百個。」他的兒子驕傲地答道。

「無論何時，」達米利多瓦告誡兒子說，「都不要輕易把別人當朋友，除非你能證明他的確是你的朋友。我的年紀比你大得多，可是回顧我這一生，卻只找到半個朋友。你說你有不下一百個朋友，是不是有點太輕率了，你應該去試驗一下，看看他們當中是否有一個是真正的朋友。」

「要怎樣才能試驗出來？」兒子問道。

達米利多瓦吩咐他的兒子：

「宰一頭小牛，剁成碎塊放進一個麻袋裡，再把麻袋在血裡浸一浸。然後提著它到你的朋友那裡，對他說：『朋友，求你幫幫我。我剛剛殺了一個人！請幫我埋在你家院子裡，沒人會知道的！這樣就能救我一條命。』」

兒子聽從了父親的建議，帶著麻袋去找一個朋友，請求他幫助。

他的朋友回答道：「不行，快埋到別的地方去，你自己做的好事別連累我們家。」

兒子又去見了第二個、第三個、直到最後一個，都沒有人肯幫他這個忙。然後，他回來稟告父親。

「這沒有什麼好奇怪的，」父親安慰他道，「一個人成功時，會有很多朋友，但當他陷入困境時，他們就會像霧一樣消失得無影無蹤。所以，我的兒子，你再去找我的那位半個朋友，聽聽他會怎麼回答你。」

兒子去找父親的那「半個朋友」，請求他幫助。那個朋友一聽他說完連忙說：「快進屋來，別讓別人看見你。」

他把妻兒們都打發出去。只剩下他們兩個人時，他開始在院子裡挖坑。這時哲學家的兒子才把實情說出來。

「我來只是為了證明你是我父親的朋友，現在我明白了，你是一個真正的朋友。」他大聲說道。

兒子回去見父親，並把這「半個朋友」的仁慈之舉告訴了他。

「但是請告訴我，父親，你認為這世界上有沒有幸運兒，能夠擁有『一個』朋友呢？」

「我這一生，還從未遇見過『一個』真正的朋友，不過，我倒是聽說過一個關於真正朋友的故事。」

「講給我聽吧！」兒子請求道。

於是，父親為他講了那個關於真正朋友的故事：

從前，有兩個年輕的商人，一個住在埃及，一個住在巴比倫。他們從沒有見過面，但卻從旅行者的口中聽說過彼此，也曾用信函交流和互贈禮品。

有一次，巴比倫的商人跟著一支商隊去了埃及。當埃及商人聽說他的朋友到來的消息，急急忙忙地出來迎接，他熱烈地擁抱著自己的朋友，並把他帶回家裡，他讓所有的佣人都列隊等候，還把自己所有的財寶都展示給他看。

上帝讓每個人長一個腦袋是用來思索的，不是用來戴帽子的。

住到第八天，巴比倫商人生病了，他的朋友非常焦急，請了埃及最著名的醫師來診治。結果沒有發現任何症狀，於是醫師猜測他大概是得了相思病。

「告訴我，你愛的人是誰？」他的朋友問道。

「把你家中所有的女人都叫過來，我會告訴你哪個是我所愛的。」

埃及商人把家中的所有女人都叫出來讓他看，但他卻說：「我愛的人不在裡面。」

然後，埃及商人帶來了一個年輕姑娘，她是埃及商人撫養長大的一個孤兒。

當病人見到她時，驚叫起來：「就是她，我的這條命就握在她的手中。」

埃及商人見狀，就對自己的朋友說：「把她帶走吧，也許她能成為你的好妻子。」他給了新娘一份豐厚的嫁妝和許多禮物。病人很快就康復了，他帶著新娘回到了巴比倫。

幾年之後，命運的齒輪逆轉，埃及商人失去了所有的財產，變得一貧如洗。絕望中他想起了自己的朋友，決定到巴比倫去找朋友，相信他能給予幫助。

經過漫長的跋涉，埃及商人終於來到了巴比倫。他衣衫襤褸，疲憊不堪，一想到他的朋友可能認不出他來，而傭人們也許會把他當成一個可憐的乞丐趕走，他越想越感到可怕。

在市郊一座破房子裡，他度過了第一個夜晚。他向街上望去，看見兩個人在爭吵，其中一個人拔出刀子，把另一個刺死後逃跑了。

附近很快聚集一大群人，開始追查凶手。當他們追到破房子時，發現了埃及商人。

「你知道是誰殺死了那個人嗎？」眾人問他。

《How to 找到好伴侶：改變人生的第6個方法》王鼎琪、王宣雯、賀世芳／著

由於他對生活感到絕望，已覺得生不如死，於是他心念一轉，大聲說：「我就是凶手！」

眾人將他帶走，囚禁在地牢裡。第二天早晨，法官判了他絞刑。

城裡的居民都來圍觀，就在人群中，他的那個巴比倫朋友認出了他。

「你們要吊死的人是無辜的！」他向法官喊道，「他不是凶手，我才是！」

於是，法官命令放下陌生的異鄉人，把巴比倫商人吊上了絞架。

在圍觀人群中，站著真正的凶手，這對朋友的真情深深打動了他，他想：「如果讓一個無辜的人為了我所犯的罪行而死，我一定會在地獄中受到可怕的懲罰。」

於是，他對法官喊道：「放了他，他和他的朋友都不是凶手，第一個人認罪是他對生活失去了希望，第二個則是出於對朋友的真正友誼，才把罪名攬到自己頭上。我才是真正的凶手，絞死我吧，只有這樣才能伸張正義。」

תלמוד 啟示

最危難的時候向你伸出援手的，才是真正的朋友。那些有飯局、有好事才出現的人，就不必與他們交心了。

04 拉比的美德

拉比美雅是眾所公認的天才演說家。每個星期五晚上，他都會在禮拜堂裡宣講教義，聽者數以百計。其中有位婦女對美雅的口才佩服得五體投地，為之著迷不已。星期五晚上，猶太婦女通常都要在廚房準備安息日的飯菜，但這位崇拜美雅的婦女，每次都因到教堂聽講而耽誤了家事。美雅的講道時間很長，但聽眾往往因沉醉其中而忽略了時間。有一天，這位婦女聽完講演回到家時，發現丈夫怒氣沖沖地在門口等她，一看到她就暴跳如雷地罵道：「明天就是安息日了，飯菜還沒有準備好，妳跑到哪裡去了？」

婦女答道：「我到教堂去聽拉比美雅講道。」

丈夫氣急敗壞地說：「除非妳往拉比的臉上吐一口痰，否則休想再進這個家。」這位婦女只能暫住在朋友家中。

消息傳到拉比美雅的耳朵裡，他深感不安，因為自己講道時間過長而破壞了一個家庭的和睦。自責的同時，他邀請這位婦女到自己家中，對她說：「我的眼睛很痛，用水洗一洗也許會好一些。請妳替我洗一洗。」這位婦女聽後非常生氣，以為美雅是在調戲她，就朝美雅的眼睛吐了一口痰。

這位婦女回家後，丈夫也無話可說。

《我的紅樓不是夢》吳錦珠／著

弟子們問美雅：「你是一位尊貴且受人尊敬的拉比，怎能甘心受侮而不吭聲呢？」

美雅說：「只要能挽回一個家庭的和睦，任何犧牲都是值得的。」

תלמוד 啟示

　　猶太人除了重視金錢，也重視家庭，他們認為家庭和睦，才能成就人生美滿。

05 仁愛之心

有一位拉比知道，第二天早上有六個人會聚集在一起，共同商討一個重要的問題。

結果第二天早上卻來了七個人，這其中肯定有一個不請自來的人，那麼他

是誰呢？

拉比並沒有請任何一人離開，而是說：「誰不該待在這裡，請儘速離開。」

聽到這話，大家面面相覷，其中地位最高者默默地起身離去。一開始，大家一致認為他肯定在邀請之列，但他卻走了，眾人心裡都有些訝異。

這個地位崇高的人為什麼會這樣做呢？因為如果有個人未被邀請而來到會場，或者是因為某種誤會而到場，那他聽到拉比的話肯定很尷尬，心中必然會認為這是一種恥辱，所以這位德高望重的人主動離去，以解除他人的窘境。

תלמוד 啟示

地位崇高的人有一種自信，知道他走了既不會影響自己的聲譽，也能保全了他人的面子。地位崇高的人心胸開闊，具有仁愛之心，懂得替他人著想，把恩惠施於他人。地位崇高的人不怕屈辱，萬一被懷疑，他也能夠忍受，因為他懂得以仁愛之心助人，這才是真正的高尚行為。

06 智慧是幸福的百寶箱

有一位來自耶路撒冷的旅行者，到了一座新城市，不幸染上疾病，躺在床上時他知道自己活不了多久，就把房東叫來，將身邊所有貴重的東西都交給他，說道：「如果我的兒子不夠聰明，不能表現出任何智慧，那就請你自己留下這些遺物吧！」過沒幾天這個旅行者就撒手人寰了。

幾天後，旅行者的兒子來到這個城市，四處打聽父親的下落，但始終沒人願意告訴他。在這個時候，一名扛木頭的人進了城，他靈機一動，把木頭買了下來，並吩咐那個人將木頭扛到他父親住過的地方去。就用這種方法，這個兒子找到了父親住的地方，他向房東自我介紹，房東便誠心誠意地請他進屋一同吃午飯。

這個家庭共有六個人：房東、妻子、兩個兒子，還有兩個女兒，而飯桌上

只放了五隻雞。房東很客氣地請客人將五隻雞分給大家吃。旅人的兒子客套了一番，便動手分雞。他先分給主人夫婦兩人一隻雞，又給兩個兒子一隻雞，再給兩個女兒一隻雞，然後把剩下的兩隻雞放在自己的盤子裡。分配完畢，大家開始進餐。儘管分配明顯地不公平，但沒有任何人提出異議。晚飯時，餐桌上只擺了一隻雞，主人又請客人分雞。這位兒子把雞頭分給主人，把內臟分給妻子，將雞腿分給兩個兒子，翅膀分給兩個女兒，把雞胸肉放進自己的盤子裡。

這時候，主人發言了：「我冒昧地問一句，耶路撒冷的人都是這種分法嗎？午餐時不好意思請教你，晚上我忍不住要問一聲了。」

這位兒子說：「本來我不想分，但你堅持讓我分，那我只好勉為其難的分配了。午餐時七個人分五隻雞，只有那樣分最公平。我的分法是有根據的：你、夫人和一隻雞加起來是三；兩位公子和一隻雞加起來也是三；兩個女兒也是一樣；而我和兩隻雞相加也是三。數字便是依據，你說我分得公平嗎？」房東無話可說。

這位兒子接著說：「晚餐只有一隻雞，我把雞頭分給你這位一家之主，這是理所當然的。把內臟分給夫人，因為夫人是豐饒的象徵。雞腿分給令郎，因為他們二人是這個家庭的支柱。翅膀分給兩位千金，因為不久的將來，她們將要飛出這個家庭。最後，我把雞胸肉分給自己，因為肉身像一條船，我坐船來，再坐船回去。」

《圖解孫子兵法》王擎天／著

「你真聰明，不愧是我朋友的兒子。」主人說完這句話，從箱子裡拿出一個包袱，說這是他父親留給他的遺物，希望他好好保存，並祝他前途無量。

猶太法典中一再強調，最重要、最寶貴的財富就是智慧。旅人的兒子便是靠自己的智慧贏得他人的尊重，也為自己爭取了應得的財富。

07 聖人和罪人

鎮上有一位荒淫無恥的富人死了。全鎮的人都為他哀悼，列隊送他的棺材到了墓地；當他的棺材被放進墳墓時，四周哭泣、哀嘆聲遍起。據鎮上最年長的居民回憶，就連教士和聖人死去時，大家都沒有如此哀傷。

正巧第二天鎮上的另一名富人也死了，他的性格和生活方式正好與前一位富人相反。他節儉禁欲，只吃乾麵包和蘿蔔。他一生對宗教都很虔誠，每天在研究室學習法典。可是他死後除了他的家人外，沒有人為他哀悼，他的葬禮冷冷清清，只有幾個人到場。

鎮上恰好來了個陌生人，他對此困惑不解，就問道：

「請向我解釋這個城鎮奇怪的行為吧，你們尊敬一個無恥的人，而忽略一個聖人！」

一個鎮上的居民回答說：

「昨天下葬的那個富人，雖然他是個色鬼和酒鬼，但卻是鎮上最大的施益者。他性格隨和、開朗，喜歡生活中一切美好的東西。且鎮上的每個人都從他那裡獲益，他向一個人買酒，向另一個人買雞，向第三個人買鵝，向第四個人買乳酪，他出手總十分大方，這就是為什麼我們每個人都想念他、哀悼他。

但另外那個富人做了什麼呢？他整天吃麵包和蘿蔔，沒人能從他身上賺到一毛錢。相信我吧，沒有人會想念他的！」

🔑 תלמוד 啟示

　　某些人認為是惡人的，在另一些人眼中可能是個好人。猶太人認為，世界沒有絕對的善或惡，也沒有絕對的好與壞，好壞的分別經常都是不同看法與觀點所造成的結果罷了。

08 手足情深

　　有兩個兄弟為了母親的遺囑而爭吵，雙方各執一詞，互不相讓。外人難判誰是誰非，常言道清官難斷家務事，兄弟倆最終反目成仇，互不來往，見面也形同陌生人。

　　這兄弟自幼形影不離，戰爭期間，相依為命，不料現在卻為母親的遺囑反目為仇。時間長了，二人都覺這樣不妥，分別到拉比那裡訴說情況，希望能言歸於好，恢復手足之情。拉比趁機講了一段猶太法典上的故事：

　　以色列某地有兩兄弟，哥哥已經結婚生子，弟弟還是單身漢。父親死後，他們倆平分了父親的遺產。

　　蘋果和玉米豐收之後，兄弟倆公平地將其分成兩份，儲存在各自的倉庫裡。

　　弟弟想，哥哥是有妻室的人，開支較大，生活肯定有難處，而自己單身，一人吃飽全家飽，不應該平分收成，便在夜裡把自己所分得的收成搬一些到哥哥的倉庫裡。

《從細流到長江：李嘉誠首富傳奇》
王擎天／著

　　哥哥也在想，自己已有妻兒，年老之後有人侍奉，弟弟仍舊孤身一人，應該為他儲備積蓄，以供結婚和養老

之用。哥哥在這麼想著的時候，也在夜裡把自己所分得的收成裝進麻袋，悄悄往弟弟的倉庫裡搬。

第二天，兩人去倉庫時，驚訝地發現倉庫裡的東西跟前一天相比，並沒有減少，雖然心中納悶，但臉上並沒有表現出來。

第二天晚上和第三天晚上，兄弟二人仍然重複著前一天晚上所做的事。

到了第四天晚上，兄弟倆在搬運途中不期而遇，當他們發現彼此竟是如此關心對方時，連忙放下手中的東西，感動得相擁而泣。

那兩名為了母親遺產而鬧糾紛的兄弟倆聽後大受感動，當著拉比的面握手言和，歡喜地離去了。

חלמוד 啟示

手足親情是最寶貴的資產之一，兄弟相互扶持合作，將可以成為彼此最有力的支柱。

09 拉比的算術

有三名猶太人合夥出錢，花了三千盧布買了十七匹馬。A 出了一半錢，B 出了三分之一，C 人出了九分之一。但是到了分馬的時候，他們不知道該怎麼分，於是來到拉比那裡。

「讓我先想一夜，」拉比告訴他們，「明天一早你們把馬牽來。」

到了第二天早晨，三個合夥人把他們的馬牽來了。拉比也從他的馬廄裡牽出一匹自己的馬來。

「現在這裡有十八匹馬，A 出了一半錢，可以拿九匹。B 出了三分之一的錢，可以牽六匹。C 只出了九分之一的錢，所以配得二匹。你們的馬加起來，正好是十七匹。」然後拉比把他的那匹馬牽回馬廄，研究他的法典去了。

只要你肯動腦，總能發現一些省錢的途徑。

這是在數學上非常經典的一個例子，也是一個很有意思的故事。有時候，拿出一點東西與人分享，這些東西並不一定就會減少，反而可能會增加。多釋出善意，給別人一些幫助和友情，你會發現自己得到的更多。

10 妻子的深情

有一對夫婦住在西頓，他們結婚十年仍沒有孩子。丈夫要求離婚，於是兩人去見拉比西蒙，堅決反對離婚的拉比試圖說服他們繼續一起生活，但丈夫還是不肯。

「既然你們決意離婚，」拉比對他們說，「你們應該舉行一場聚會，以紀念分手，就像你們舉行婚禮那樣。」

夫妻倆同意了。在聚會中，喝了很多酒的丈夫對妻子說：「親愛的，在我們分開以前，家裡有什麼是妳認為最寶貴的，在妳回到父親那裡住的時候可以帶走。」

丈夫喝醉睡著了，妻子就叫僕人把丈夫抬到她父親的家裡，半夜裡丈夫醒來後喊道：「我在哪裡？」

「在我父親家裡。」他的妻子回答說，「你說我可以帶走任何我認為最寶貴的東西，對我來說，在這個世界上沒有什麼比你更寶貴了。」

丈夫被妻子的愛深深打動，他決定不離婚了，從那以後他們便幸福地生活在一起，直到晚年。

《八分熟的你，剛剛好》呂佳綺／著

תלמוד 啟示

　　愛情能感動最頑固、堅硬的心靈。人與動物不同之處，就在於懂得「愛」的道理。猶太人不輕言離婚，他們認為婚姻是上帝賜予的福報，必須好好珍惜維繫。現代社會，離婚率越來越高，但兩人有緣在一起並不是容易的事，互相體諒扶持，才能讓婚姻圓滿，人生如意。

　請保持你的禮貌和熱情，不管對上帝，對你的朋友，還是對你的敵人。

附錄

塔木德經文節錄

סדר מועד

מסכת שבת פרק א

א,א יציאות השבת--שתיים שהן ארבע בפנים, ושתיים שהן ארבע בחוץ. כיצד: העני עומד בחוץ ובעל הבית בפנים--פשט העני את ידו לפנים ונתן לתוך ידו של בעל הבית, או שנטל מתוכה והוציא--העני חייב, ובעל הבית פטור; פשט בעל הבית את ידו לחוץ ונתן לתוך ידו של עני, או שנטל מתוכה והכניס-- בעל הבית חייב, והעני פטור. פשט העני את ידו לפנים ונטל בעל הבית מתוכה, או שנתן לתוכה והוציא--שניהם פטורין; פשט בעל הבית את ידו לחוץ ונטל העני מתוכה, או שנתן לתוכה והכניס--שניהם פטורין.

א,ב לא יישב אדם לפני הספר סמוך למנחה, עד שיתפלל; ולא ייכנס לא למרחץ, ולא לבורסקי, ולא לאכול, ולא לדון. ואם התחילו, אין מפסיקין; מפסיקין לקרית שמע, ואין מפסיקין לתפילה.

א,ג לא ייצא החייט במחטו סמוך לחשיכה, שמא ישכח וייצא; ולא הלבלר בקולמוסו. ולא יפלה את כליו ולא יקרא, לאור הנר. באמת, החזן רואה מהיכן התינוקות קורין; אבל הוא לא יקרא. כיוצא בו, לא יאכל הזב עם הזבה, מפני הרגל עבירה. [ד] אלו מהלכות שאמרו בעליית חנניה בן חזקיה בן גרון, כשעלו לבקרו. נמנו ורבו בית שמאי על בית הלל; שמונה עשר דבר גזרו, בו ביום.

א,ד [ה] בית שמאי אומרין, אין שורין דיו סמנין וכרשינין, אלא כדי שיישורו מבעוד יום; ובית הלל מתירין.

א,ה [ו] בית שמאי אומרין, אין נותנין אונין של פשתן בתוך התנור, אלא כדי שיהבילו, ולא את הצמר ליורה, אלא כדי שיקלוט את העין; ובית הלל מתירין.

א,ו בית שמאי אומרין, אין פורסין מצודות חיה ועופות ודגים, אלא כדי שיצודו מבעוד יום; ובית הלל מתירין.

א,ז בית שמאי אומרין, אין מוכרין לנוכרי ולא טוענין עימו ולא מגביהין עליו, אלא כדי שיגיע למקום קרוב; ובית הלל מתירין.

א,ח בית שמאי אומרין, אין נותנין עורות לעבדן ולא כלים לכובס נוכרי, אלא כדי שייעשו מבעוד יום; ובכולן בית הלל מתירין עם השמש.

א,ט אמר רבן שמעון בן גמליאל, נוהגין היו בית אבא שנותנין כלי לבן שלהם לכובס נוכרי, שלושת ימים קודם לשבת. ושווין אלו ואלו, שטוענין בקורת בית הבד, ובעיגולי הגת.

א,י אין צולין בשר ובצל וביצה, אלא כדי שייצולו. אין נותנין את הפת בתנור עם חשיכה, ולא חררה על גבי הגחלים, אלא כדי שיקרמו פניה; רבי אליעזר אומר, כדי שיקרום התחתון שלה.

א,יא משלשלין את הפסח לתנור עם חשיכה. ומחיזין את האור במדורת בית המוקד; ובגבולין, כדי שייצת האור ברובן. רבי יהודה אומר, אף בפחמין כל שהוא.

מסכת שבת פרק ב

ב,א במה מדליקין, ובמה אין מדליקין: אין מדליקין לא בלכש, ולא בחוסן, ולא בכלך, ולא בפתילת האידן, ולא בפתילת המדבר, ולא בירוקה שעל פני המים. לא בזפת, ולא בשעווה, ולא בשמן קיק, ולא בשמן שריפה, ולא באליה, ולא בחלב. נחום המדי אומר, מדליקין בחלב מבושל; וחכמים אומרים, אחד מבושל ואחד שאינו מבושל, אין מדליקין בו.

ב,ב אין מדליקין שמן שריפה ביום טוב. רבי ישמעאל אומר, אין מדליקין בעטרן, מפני כבוד השבת; וחכמים מתירין בכל השמנים--בשמן שומשמין, בשמן אגוזים, בשמן צנונות, בשמן דגים, בשמן פקועות, בעטרן, ובנפט. רבי טרפון אומר, אין מדליקין אלא בשמן זית בלבד.

ב,ג כל היוצא מן העץ--אין מדליקין בו, אלא פשתן; וכל היוצא מן העץ--אינו מיטמא טומאת אוהלים, אלא פשתן. פתילת הבגד שקיפלה ולא היבהבה--רבי אליעזר אומר, טמאה היא, ואין מדליקין בה; רבי עקיבה אומר, טהורה היא,

ומדליקין בה.

ב,ד   לא ייקוב אדם שפופרת של ביצה וימלאנה שמן, וייתננה על פי הנר,
בשביל שתהא מנטפת, ואפילו היא של חרס; ורבי יהודה מתיר.   אם חיברה
היוצר מתחילה--מותר, מפני שהוא כלי אחד.   לא ימלא אדם קערה שמן,
וייתננה בצד הנר, וייתן ראש הפתילה בתוכה, בשביל שתהא שואבת; ורבי
יהודה מתיר.

ב,ה   המכבה את הנר מפני שהוא מתיירא מפני גויים, מפני לסטים, או מפני
רוח רעה, ואם בשביל החולה שייישן--פטור; כחס על הנר, כחס על השמן, כחס
על הפתילה--חייב.   רבי יוסי פוטר בכולן, חוץ מן הפתילה, מפני שהוא עושה
פחם.

ב,ו   על שלוש עבירות נשים מתות בשעת לידתן--על שאינן זהירות בנידה,
ובחלה, ובהדלקת הנר.   [ז] שלושה דברים צריך אדם לומר בתוך ביתו ערב
שבת, עם חשיכה--עישרתן, עירבתן, הדליקו את הנר.   ספק חשיכה, ספק לא
חשיכה--אין מעשרין את הוודאי, ואין מטבילין את הכלים, ואין מדליקין את
הנרות; אבל מעשרין את הדמאי, ומערבין, וטומנין את החמין.

מסכת שבת פרק ג

ג,א   כירה שהסיקוה בקש או בגבבה, נותנין עליה תבשיל.   בגפת ובעצים--לא
ייתן עד שיגרוף, או עד שייתן את האפר.   בית שמאי אומרין, חמין אבל לא
תבשיל; בית הלל אומרין, חמין ותבשיל.   בית שמאי אומרין, נוטלין ולא
מחזירין; בית הלל אומרין, אף מחזירין.   [ב] תנור שהסיקוהו בקש או בגבבה,
לא ייתן בין בתוכו בין מעל גביו.   וכופח שהסיקוהו בקש או בגבבה, הרי הוא
ככיריים; בגפת או בעצים, הרי הוא כתנור.

ג,ב   [ג] אין נותנין ביצה בצד המיחם, בשביל שתתגלגל; ולא יפקיענה
בסודרין.   רבי יוסי מתיר.   לא יטמננה בחול ובאבק דרכים, בשביל שתיצלה.

ג,ג   [ד] מעשה שעשו אנשי טבריה, הביאו סילון של צונן לתוך אמה של חמין.
אמרו להם חכמים, אם בשבת--כחמין שהוחמו בשבת, אסורין ברחיצה
ובשתייה; ואם ביום טוב--כחמין שהוחמו ביום טוב, אסורין ברחיצה ומותרין

בשתייה. מולייר הגרוף, שותין ממנו בשבת; אנטיכי--אף על פי שהיא גרופה, אין שותין ממנה.

ג,ד [ה] מיחם שפינהו--לא ייתן לתוכו צונן, בשביל שייחמו; אבל נותן הוא לתוכו או לתוך הכוס, כדי להפשירן. הלפס והקדירה שהעבירן מרותחין, לא ייתן לתוכן תבלין; אבל נותן הוא לתוך הקערה, או לתוך התמחוי. רבי יהודה אומר, לכול הוא נותן, חוץ מדבר שיש בו חומץ וציר.

ג,ה [ו] אין נותנין כלי תחת הנר לקבל את השמן; ואם נתנו מבעוד יום, מותר. אין ניאותין ממנו, לפי שאינו מן המוכן. מטלטלין נר חדש, אבל לא ישן; רבי שמעון אומר, כל הנרות מטלטלין, חוץ מן הנר הדולק בשבת. נותנין כלי תחת הנר לקבל ניצוצות; לא ייתן לתוכו מים, מפני שהוא מכבה.

מסכת שבת פרק ד

ד,א במה טומנין, ובמה אין טומנין: אין טומנין לא בגפת, ולא בזבל, ולא במלח, ולא בסיד, ולא בחול--בין לחים בין יבשים. לא בתבן, ולא בזוגין, ולא במוכין, ולא בעשבים--בזמן שהן לחים; אבל טומנין בהן יבשים. טומנין בכסות, ובפירות, ובכנפי יונה, ובנעורת של פשתן, ובנסורת של חרשים; רבי יהודה אוסר בדקה, ומתיר בגסה.

ד,ב טומנין בשלחין, ומטלטלין אותן; בגיזי צמר, ואין מטלטלין אותן. כיצד יעשה: נוטל את הכסות, והן נופלות. רבי אלעזר בן עזריה אומר, קופה מטה על צידה, ונוטל--שמא ייטול, ואינו יכול להחזיר; וחכמים אומרים, נוטל ומחזיר. אם לא כיסהו מבעוד יום, לא יכסנו משתחשך; כיסהו ונתגלה, מותר לכסותו. ממלא את הקיתון ונותן תחת הכר, או תחת הכסת.

מסכת שבת פרק ה

ה,א במה בהמה יוצאה, ובמה אינה יוצאה: יוצא הגמל באפסר, והנאקה בחטם, והלובדקיס בפרומביא, והסוס בשיר; וכל בעלי השיר יוצאין בשיר, ונמשכין בשיר, ומזין עליהן, וטובלין במקומן.

ה,ב חמור יוצא במרדעת, בזמן שהיא קשורה לו. הזכרים יוצאין לבובין; והרחלים יוצאות שחוזות, כבולות וכבונות. והעיזים צרורות. רבי יוסי אוסר בכולן, חוץ מן הרחלים הכבונות; רבי יהודה אומר, עיזים יוצאות צרורות לייבש, אבל לא ליחלב.

ה,ג ובמה אינה יוצאה: לא ייצא הגמל במטוטלת, לא עקוד ולא רגול; וכן שאר כל הבהמה. לא יקשור גמלים זה בזה, וימשוך; אבל מכניס הוא חבלים לתוך ידו, ובלבד שלא יכרוך.

ה,ד אין חמור יוצא במרדעת, בזמן שאינה קשורה לו; ולא בזוג, אף על פי שהוא פקוק; ולא בסולם שבצווארו, ולא ברצועה שברגלו. ואין התרנגולין יוצאין בחוטין, ולא ברצועות שברגליהן. אין הזכרים יוצאין בעגלה שתחת האליה שלהן, ואין הרחלים יוצאות חנונות. ואין העגל יוצא בגימון; ולא פרה בעור הקופד, ולא ברצועה שבין קרניה. פרתו של רבי אלעזר בן עזריה הייתה יוצאה ברצועה שבין קרניה, שלא כרצון חכמים.

מסכת שבת פרק ו

ו,א במה אישה יוצאה, ובמה אינה יוצאה: לא תצא אישה לא בחוטי צמר, ולא בחוטי פשתן, ולא ברצועות, שבראשה; ולא תטבול בהם, עד שתרפם. ולא בטוטפת, ולא בסנבוטין, בזמן שאינן תפורין, ולא בכבול ברשות הרבים; ולא בעיר של זהב, ולא בקטלה, ולא בנזמים, ולא בטבעת שאין עליה חותם, ולא במחט שאינה נקובה. ואם יצאת, אינה חייבת חטאת.

ו,ב לא ייצא האיש בסנדל המסומר, ולא ביחיד בזמן שאין ברגלו מכה, לא בתפילה, ולא בקמיע בזמן שאינו מן המומחה, ולא בשריין, ולא בקסדה, ולא במגפיים. ואם יצא, אינו חייב חטאת.

ו,ג לא תצא אישה במחט נקובה, ולא בטבעת שיש עליה חותם, לא בכולכליר, ולא בכוכלת, ולא בצלוחית של פלייטון. ואם יצאת, חייבת חטאת, דברי רבי מאיר; וחכמים פוטרין בכוכלת ובצלוחית של פלייטון.

ו,ד לא ייצא האיש לא בסיף, ולא בקשת, ולא בתריס, ולא באלה, ולא ברומח. ואם יצא, חייב חטאת. רבי אליעזר אומר, תכשיטין הן לו; וחכמים אומרים,

אינן לו אלא גנאי, שנאמר "וכיתתו חרבותם לאיתים, וחניתותיהם למזמרות"
(ישעיהו ב,ד). בירית--טהורה, ויוצאין בה בשבת; כבלים--טמאין, ואין יוצאין
בהן.

ו,ה יוצאה אישה בחוטי שיער, בין משלה ובין משל חברתה ובין משל בהמה,
בטוטפת ובסנבוטין בזמן שהן תפורין; ובכבול ובפיאה נוכרית בחצר; ובמוך
שבאוזנה, במוך שבסנדלה, במוך שהתקינה לנידתה; בפלפל ובגרגר מלח, ובכל
דבר שתיתן לתוך פיה, ובלבד שלא תיתן כתחילה בשבת. ואם נפל, לא תחזיר.
שן תותבת ושן של זהב--רבי מתיר, וחכמים אוסרין.

ו,ו יוצאין בסלע שעל הצינית. הבנות יוצאות בחוטין, אפילו בקיסמין
שבאוזניהם. ערביות רעולות, ומדייות פרופות. וכל אדם, אלא שדיברו
חכמים בהווה.

ו,ז פורפת על האבן ועל האגוז ועל המטבע, ובלבד שלא תפרוף כתחילה בשבת.

ו,ח הקיטע יוצא בקב שלו, דברי רבי מאיר; רבי יוסי אוסר. אם יש לו בית
קיבול כתיתין, טמא. סמוכות שלו, טמאין מדרס; ויוצאין בהן בשבת, ונכנסין
בהן לעזרה. הכיסא וסמוכות שלו, טמאין מדרס; ואין יוצאין בהן בשבת, ואין
נכנסין בהן לעזרה. אנקטמין טהורין, ואין יוצאין בהן.

ו,ט הבנים יוצאין בקשרים, ובני מלכים בזוגין. וכל אדם, אלא שדיברו
חכמים בהווה.

ו,י יוצאין בביצת החרגול, ובשן של שועל, ובמסמר הצלוב, משום רפואה,
דברי רבי יוסי; רבי מאיר אוסר, אף בחול, משום דרכי האמורי.

מסכת שבת פרק ז

ז,א כלל גדול אמרו בשבת: כל השוכח עיקר שבת, ועשה מלאכות הרבה
בשבתות הרבה--אינו חייב אלא חטאת אחת; והיודע עיקר שבת, ועשה
מלאכות הרבה בשבתות הרבה--חייב על כל שבת ושבת. והיודע שהיא שבת,
ועשה מלאכות הרבה בשבתות הרבה--חייב על כל מלאכה ומלאכה; והעושה
מלאכות הרבה, מעין מלאכה אחת--אינו חייב אלא חטאת אחת.

ז,ב אבות מלאכות ארבעים חסר אחת : החורש, והזורע, והקוצר, והמעמר, והדש, והזורה, והבורר, והטוחן, והמרקד, והלש, והאופה, הגוזז את הצמר, והמלבנו, והמנפצו, והצובעו, והטווהו, והמסך, והעושה שני בתי נירין, והאורג שני חוטין, והפוצע שני חוטין, הקושר, והמתיר, והתופר שתי תפירות, והקורע על מנת לתפור שתי תפירות, הצד צבי, והשוחטו, והמפשיטו, והמולחו, והמעבדו, והמוחקו, והמחתכו, הכותב שתי אותות, והמוחק על מנת לכתוב שתי אותות, הבונה, והסותר, המכבה, והמבעיר, והמכה בפטיש, והמוציא מרשות לרשות--הרי אלו אבות מלאכות ארבעים חסר אחת.

ז,ג ועוד כלל אחר אמרו : כל הכשר להצניע ומצניעין כמוהו--הוציאו בשבת, חייב עליו חטאת ; וכל שאינו כשר להצניע, ואין מצניעין כמוהו--הוציאו בשבת, אינו חייב אלא למצניעו.

ז,ד המוציא תבן, כמלוא פי פרה. עצה, כמלוא פי גמל. עמיר, כמלוא פי טלה. עשבים, כמלוא פי גדי. עלי שום ועלי בצלים--לחים, כגרוגרת ; ויבשים, כמלוא פי גדי. ואין מצטרפין זה עם זה, מפני שלא שוו בשיעוריהן. המוציא אוכלים, כגרוגרת. מצטרפין זה עם זה, מפני ששוו בשיעוריהן--חוץ מקליפיהן, וגרעיניהן, ועוקציהן, וסובן, ומורסנן ; רבי יהודה אומר, חוץ מקליפי עדשים המתבשלות עימהן.

מסכת שבת פרק ח

ח,א המוציא יין, כדי מזיגת הכוס. חלב, כדי גמיאה. דבש, כדי ליתן על הכתית. שמן, כדי לסוך אבר קטן. מים, כדי לשוף את הקילורית. ושאר כל המשקין, ברביעית ; וכל השופכין, ברביעית. רבי שמעון אומר, כולן ברביעית ; לא נאמרו כל השיעורין האלו אלא למצניען.

ח,ב המוציא חבל, כדי לעשות אוזן לקופה. גמי, כדי לעשות תלוי לנפה וכברה ; רבי יהודה אומר, כדי ליטול ממנו מידת מנעל לקטן. נייר, כדי לכתוב עליו קשר מוכסין ; המוציא קשר מוכסין, חייב. נייר פסול, כדי לכרוך על פי צלוחית קטנה של פלייטון.

ח,ג עור, כדי לעשות קמיע. קלף, כדי לכתוב עליו פרשה קטנה שבתפילין,

שהיא "שמע ישראל" (דברים ו,ד).   דיו, כדי לכתוב שתי אותות.   כוחל, כדי
לכחול עין אחת.   זפת וגופרית, כדי לעשות נקב.   שעווה, כדי ליתן על פי נקב
קטן.

ח,ד   דבק, כדי ליתן בראש השבשבת.   חרסית, כדי לעשות פי כור של צורפי
זהב; רבי יהודה אומר, כדי לעשות פטפוט.   סובין, כדי ליתן על פי כור של
צורפי זהב.   סיד, כדי לסוד קטנה שבבנות; רבי יהודה אומר, כדי לעשות
כנכול; רבי נחמיה אומר, כדי לעשות אנטיפי.

ח,ה   אדמה, כחותם המרצופין, דברי רבי עקיבה; וחכמים אומרים, כחותם
האיגרות.   זבל וחול דק, כדי לזבל קלח של אכרוב, דברי רבי עקיבה; וחכמים
אומרים, כדי לזבל כרישה.   חול גס, כדי ליתן על מלוא כף סיד.   קנה, כדי
לעשות קולמוס; אם היה עבה או מרוצץ--כדי לבשל ביצה קלה שבביצים,
טרופה ונתונה באלפס.

ח,ו   עצם, כדי לעשות תורבד; רבי יהודה אומר, כדי לעשות חף.   זכוכית, כדי
לגרוד בה ראש הכדכד.   צרור אבן, כדי לזרוק בעוף; רבי אליעזר בן יעקוב
אומר, כדי לזרוק בבהמה.

ח,ז   חרס, כדי ליתן בין פצים לחברו, דברי רבי יהודה; רבי מאיר אומר, כדי
לחתות בו את האור; רבי יוסי אומר, כדי לקבל בו רביעית.   אמר רבי מאיר,
אף על פי שאין ראיה לדבר, זכר לדבר, "ולא יימצא במכיתתו, חרש, לחתות
אש מיקוד" (ישעיהו ל,יד); אמר לו רבי יוסי, משם ראיה, "ולחשוף מים
מגבא" (שם).

מסכת שבת פרק ט

ט,א   אמר רבי עקיבה, מניין לעבודה זרה, שהיא מטמאה במשא כנידה:
שנאמר "תזרם כמו דווה, צא תאמר לו" (ישעיהו ל,כב)--מה הנידה מטמא
במשא, אף עבודה זרה מטמא במשא.

ט,ב   מניין לספינה, שהיא טהורה--שנאמר "דרך אונייה, בלב ים" (משלי
ל,יט).   מניין לערוגה שהיא שישה על שישה טפחים, שזורעין בתוכה חמישה
זירעונים--ארבעה בארבע רוחות הערוגה, ואחת באמצעה: שנאמר "כי כארץ

תוציא צמחה, וכגנה" (ישעיהו סא,יא)--זרעה תצמיח לא נאמר, אלא "זירועיה תצמיח" (שם).

ט,ג מניין לפולטת שכבת זרע ביום השלישי, שהיא טמאה: שנאמר "היו נכונים, לשלושת ימים: אל תיגשו, אל אישה" (שמות יט,טו). מניין שמרחיצין את הקטן, ביום השלישי שחל להיות בשבת--שנאמר "ויהי ביום השלישי בהיותם כואבים" (בראשית לד,כה). מניין שקושרין לשון של זהורית, בראש שעיר המשתלח--שנאמר "אם יהיו חטאיכם כשנים כשלג ילבינו, אם יאדימו כתולע כצמר יהיו" (ישעיהו א,יח).

ט,ד מניין לסיכה, שהיא כשתייה ביום הכיפורים: אף על פי שאין ראיה לדבר, זכר לדבר--שנאמר "ותבוא כמים, בקרבו; וכשמן, בעצמותיו" (תהילים קט,יח).

ט,ה המוציא עצים, כדי לבשל ביצה קלה. תבלין, כדי לתבל ביצה קלה; ומצטרפין זה עם זה. קליפי אגוזים, וקליפי רימונים, אסטיס, ופואה--כדי לצבוע בהן בגד קטן כסבכה. מי רגליים, נתר, ובורית, קימוניא, ואשלג--כדי לכבס בהן בגד קטן כסבכה; רבי יהודה אומר, כדי להעביר על הכתם.

ט,ו פלפלת, כל שהוא. ועטרן, כל שהוא. מיני בשמים ומיני מתכותיהן, כל שהן. מעפר המזבח, מאבני המזבח, ממקק ספרים, ממקק מטפחותיהם--כל שהן, מפני שמצניעין אותן לגונזן. רבי יהודה אומר, אף המוציא ממשמשי עבודה זרה--כל שהוא, שנאמר "ולא ידבק בידך מאומה, מן החרם" (דברים יג,יח).

ט,ז המוציא קופת הרוכלים--אף על פי שיש בה מיניין הרבה, אינו חייב אלא חטאת אחת. זירעוני גינה, פחות מכגרוגרת; רבי יהודה בן בתירה אומר, חמישה. זרע קישואין, שניים. זרע דלועין, שניים. זרע פול המצרי, שניים. חגב חי, כל שהוא; מת, כגרוגרת. ציפורת כרמים--בין חיה בין מתה--כל שהיא, שמצניעין אותה לרפואה. רבי יהודה אומר, אף המוציא חגב חי טמא-- כל שהוא, שמצניעין אותו לקטן לשחק בו.

מסכת שבת פרק י

י,א המצניע לזרע, לדוגמה, ולרפואה--הוציאו בשבת, חייב עליו כל שהוא ; וכל אדם, אין חייבין עליו אלא כשיעורו. חזר והכניסו, אינו חייב אלא כשיעורו.

י,ב המוציא אוכלים, ונתן על האסקופה--בין שחזר והוציאן בין שהוציאן אחר--פטור, שלא עשה מלאכתו בבת אחת. קופה שהיא מלאה פירות, ונתונה על האסקופה החיצונה--אף על פי שרוב הפירות מבחוץ--פטור, עד שיוציא את כל הקופה.

י,ג המוציא בין בימינו, בין בשמאלו, בתוך חיקו, או על כתפו--חייב, שכן משא בני קהת. לאחר ידו, ברגלו, בפיו, ובמרפקו, באוזנו, ובשיערו, ובאפונדתו ופיה למטן, בין אפונדתו לחלוקו, ובחופת חלוקו, במנעלו, ובסנדלו--פטור, שלא הוציא כדרך המוציאין.

י,ד המתכוון להוציא לפניו, ובא לו לאחריו--פטור ; לאחריו, ובא לו לפניו-- חייב. באמת, האישה החוגרת בסינר, בין מלפניה ובין מלאחריה--חייבת, שכן ראוי להיות חוזר. רבי יהודה אומר, אף במקבלי פטקין.

י,ה המוציא כיכר לרשות הרבים, חייב ; הוציאוהו שניים, פטורין. אם לא יכול אחד להוציאו, והוציאוהו שניים--חייבין ; רבי שמעון פוטר.

י,ו המוציא אוכלים פחות מכשיעור בכלי--פטור אף על הכלי, שהכלי טפילה לו. את החי במיטה--פטור אף על המיטה, שהמיטה טפילה לו ; את המת במיטה, חייב. וכן כזית מן המת, וכזית מן הנבילה, וכעדשה מן השרץ-- חייבין ; ורבי שמעון פוטר.

י,ז [ו] הנוטל ציפורניו זו בזו או בשיניו, וכן שיערו, וכן שפמו, וכן זקנו, וכן הגודלת, וכן הכוחלת, וכן הפוקסת--רבי אליעזר מחייב חטאת, וחכמים אומרים משום שבות. התולש מעציץ נקוב, חייב ; ושאינו נקוב, פטור. רבי שמעון פוטר בזה ובזה.

מסכת שבת פרק יא

יא,א הזורק מרשות היחיד לרשות הרבים, או מרשות הרבים לרשות היחיד-- חייב ; מרשות היחיד לרשות היחיד, ורשות הרבים באמצע--רבי עקיבה מחייב,

וחכמים פוטרין.

יא,ב כיצד : שתי כצוצריות זו כנגד זו ברשות הרבים, המושיט והזורק מזו לזו--פטור. היו שתיהן בדייטי אחת--המושיט חייב, והזורק פטור : שכן הייתה עבודת הלויים ; שתי עגלות זו אחר זו ברשות הרבים--מושיטין את הקרשים מזו לזו, אבל לא זורקין. חולית הבור והסלע, שהן גבוהין עשרה ורוחבן ארבעה--הנוטל מהן והנותן על גבן, חייב ; פחות מכן, פטור.

יא,ג הזורק ארבע אמות בכותל--למעלה מעשרה טפחים, כזורק באוויר ; למטה מעשרה טפחים, כזורק בארץ. הזורק בארץ ארבע אמות, חייב. זרק לתוך ארבע אמות, ונתגלגל חוץ לארבע אמות--פטור ; חוץ לארבע אמות, ונתגלגל לתוך ארבע אמות--חייב.

יא,ד הזורק בים ארבע אמות, פטור. אם היה רקק מים, ורשות הרבים מהלכת בו--הזורק בתוכו ארבע אמות, חייב. כמה הוא רקק מים, פחות מעשרה טפחים. רקק מים, ורשות הרבים מהלכת בו--הזורק בתוכו ארבע אמות, חייב.

יא,ה הזורק מן הים ליבשה, ומן היבשה לים, ומן הים לספינה, ומן הספינה לים, ומספינה לחברתה--פטור. ספינות קשורות זו בזו, מטלטלין מזו לזו ; אם אינן קשורות--אף על פי שהן מוקפות, אין מטלטלין מזו לזו.

יא,ו הזורק ונזכר לאחר שיצאת מידו--קלטה אחר, קלטה כלב, או שנשרפה--פטור. זרק כדי לעשות חבורה, בין באדם בין בבהמה, ונזכר עד שלא נעשת חבורה--פטור. זה הכלל--כל חייבי חטאות אינן חייבין, עד שתהא תחילתן וסופן שגגה. תחילתן שגגה וסופן זדון, תחילתן זדון וסופן שגגה--פטורין : עד שתהא תחילתן וסופן שגגה.

מסכת שבת פרק יב

יב,א הבונה, כמה יבנה ויהא חייב--הבונה כל שהוא. המסתת והמכה בפטיש ובמעצד והקודח כל שהוא, חייב. זה הכלל : כל העושה מלאכה, ומלאכתו מתקיימת בשבת--חייב. רבן שמעון בן גמליאל אומר, אף המכה בקורנס על הסדן בשעת מלאכה--חייב, מפני שהוא כמתקן מלאכה.

יב,ב החורש כל שהוא, המנכש והמקרסם והמזרד כל שהוא--חייב. המלקט עצים--לתקן, כל שהוא; ואם להסיק, כדי לבשל ביצה קלה. המלקט עשבים--לתקן, כל שהוא; ואם לבהמה, כמלוא פי גדי.

יב,ג הכותב--בין בימינו בין בשמאלו, בין משם אחד בין משני שמות, בין משני סמיוניות, בכל לשון--חייב. אמר רבי יוסי, לא נתחייבו שתי אותות אלא משום רושם, שכך היו רושמין על קרשי המשכן, לידע איזה הוא בן זוגו. אמר רבי יהודה, מצינו שם קטן משם גדול--שם משמעון ומשמואל, נוח מנחור, ודן מדנייאל, וגד מגדייאל.

יב,ד הכותב שתי אותות בעלם אחד, חייב. כתב בדיו, בסם, ובסקרה, בקומוס ובקלקנתוס, ובכל דבר שהוא רושם, על שני כותלי זוויית, על שני לוחי פנקס, והן נהגין זה עם זה--חייב. הכותב על בשרו, חייב; והמסרט על בשרו--רבי אליעזר מחייב חטאת, ורבי יהושוע פוטר.

יב,ה כתב במשקין, ובמי פירות, ובאבק דרכים, ובאבק סופרים, ובכל דבר שאינו מתקיים--פטור. לאחר ידו, ברגלו, בפיו, ובמרפקו, כתב אות אחת סמוך לכתב, כתב על גבי כתב, נתכוון לכתוב חית וכתב שני זיינין, אחת בארץ ואחת בקורה, על שני כותלי הבית, על שני דפי פנקס ואין נהגין זה עם זה--פטור. כתב אות אחת נוטריקון--רבי יהושוע בן בתירה מחייב, וחכמים פוטרין.

יב,ו הכותב שתי אותות בשתי העלמות, אחת בשחרית ואחת בין הערבים--רבן גמליאל מחייב, וחכמים פוטרין.

מסכת שבת פרק יג

יג,א רבי אליעזר אומר, האורג שלושה חוטין בתחילה, ואחד על האריג--חייב; וחכמים אומרים, בין בתחילה, בין בסוף--שיעורו שני חוטין.

יג,ב העושה שני בתי נירין בנירים, ובקירוס, בנפה, ובכברה, ובסל--חייב. התופר שתי תפירות, והקורע על מנת לתפור שתי תפירות.

יג,ג הקורע בחמתו או על מתו, וכל המקלקלין--פטורין; וכל המקלקל על מנת לתקן, שיעורו כמתקן.

יג,ד שיעור המלבן, והמנפץ, והצובע, והטווה--שיעורו מלוא רוחב הסיט כפול; והאורג שני חוטין, שיעורו כמלוא הסיט.

יג,ה רבי יהודה אומר, הצד ציפור למגדל, וצבי לבית--חייב; וחכמים אומרים, ציפור למגדל, וצבי לגינה ולחצר ולביברין. רבן שמעון בן גמליאל אומר, לא כל הביברין שווין: זה הכלל--כל שהוא מחוסר צידה, פטור; וכל שאינו מחוסר צידה, חייב.

יג,ו צבי שנכנס לבית, ונעל אחד בפניו--חייב; נעלוהו שניים, פטורין. אם לא יכול אחד לנעול, ונעלוהו שניים--חייבין; ורבי שמעון פוטר.

יג,ז ישב אחד על הפתח ולא מילאהו, וישב השני ומילאהו--השני חייב. ישב הראשון על הפתח ומילאהו, ובא השני וישב לו בצידו--אף על פי שעמד הראשון והלך לו--הראשון חייב, והשני פטור. למה זה דומה--לנועל ביתו לשומרו, ונמצא צבי שמור בתוכו.

מסכת שבת פרק יד

יד,א שמונה שרצים האמורין בתורה--הצדן והחובל בהן, חייב. ושאר שקצים ורמשים--החובל בהן, פטור. והצדן לצורך, חייב; ושלא לצורך, פטור. חיה ועוף שברשותו--הצדן, פטור; והחובל בהן, חייב.

יד,ב אין עושין הילמי בשבת. אבל עושה הוא מי מלח, וטובל בהן פיתו, ונותן לתוך התבשיל; אמר רבי יוסי, והלוא היא הילמי, בין מרובה בין מעוטה. אלו הן מי מלח המותרין--נותן שמן כתחילה לתוך המים, או לתוך המלח.

יד,ג אין אוכלין איזוביון בשבת, לפי שאינו מאכל בריאים; אבל אוכל הוא את יועזר, ושותה את אבוב רועה. כל האוכלים אוכל אדם לרפואה, וכל המשקין הוא שותה--חוץ ממי דקרים וכוס העיקרין, מפני שהן לירוקה; אבל שותה הוא מי דקרין לצמאו, וסך שמן העיקרין שלא לרפואה.

יד,ד החושש בשיניו, לא יגמא בהן את החומץ; אבל מטבל כדרכו, ואם נתרפא, נתרפא. החושש במותניו, לא יסוך יין וחומץ; אבל סך הוא את השמן, ולא שמן ורד. בני מלכים סכין על גבי מכותיהן שמן ורד, שכן דרכן לסוך בחול; רבי שמעון אומר, כל ישראל בני מלכים הן.

מסכת שבת פרק טו

טו,א אלו קשרים שחייבין עליהן--קשר הגמלים, וקשר הספנים; כשם שהוא חייב על קושרן, כך הוא חייב על היתרן. רבי מאיר אומר, כל קשר שהוא יכול להתירו באחת מידיו, אין חייבין עליו.

טו,ב יש לך קשרין שאין חייבין עליהן כקשר הגמלים וכקשר הספנים: קושרת אישה מפתחי החלוק, וחוטי סבכה, של פסיקיה, ורצועות מנעל וסנדל, ונאדות יין ושמן, וקדירה של בשר. רבי אליעזר בן יעקוב אומר, קושרין לפני בהמה, בשביל שלא תצא. קושרין דלי בפסיקיה, אבל לא בחבל; רבי יהודה מתיר. כלל אמר רבי יהודה, כל קשר שאינו של קיימה--אין חייבין עליו.

טו,ג מקפלין את הכלים ארבעה וחמישה פעמים, ומציעין את המיטות מלילי שבת לשבת; אבל לא משבת למוצאי שבת. רבי ישמעאל אומר, מציעין את המיטות מיום הכיפורים לשבת, וחלבי שבת קרבין ביום הכיפורים; רבי עקיבה אומר, לא של שבת קרבין ביום הכיפורים, ולא של יום הכיפורים קרבין בשבת.

מסכת שבת פרק טז

טז,א כל כתבי הקודש--מצילין אותן מפני הדליקה, בין שקורין בהן בין שאין קורין בהן. אף על פי שהן כתובין בכל לשון, טעונין גניזה. ומפני מה אין קורין בהן, מפני ביטול בית המדרש. מצילין תיק הספר עם הספר, ותיק תפילין עם התפילין, אף על פי שיש בתוכן מעות. לאיכן מצילין אותן, למבוי שאינו מפולש; בן בתירה אומר, אף למפולש.

טז,ב מצילין מזון שלוש סעודות--הראוי לאדם, לאדם, והראוי לבהמה

לבהמה.   כיצד: נפלה דליקה בלילי שבת, מצילין מזון שלוש סעודות; בשחרית, מצילין מזון שתי סעודות; במנחה, מצילין מזון סעודה אחת.   רבי יוסי אומר, לעולם מצילין מזון שלוש סעודות.

טז,ג   מצילין סל מלא כיכרות, אף על פי שיש בו מאה סעודה; ועיגול של דבילה, וחבית של יין.   ואומר לאחרים, בואו והצילו לכם; אם היו פיקחין, עושין עימו חשבון לאחר השבת.   להיכן מצילין אותן, לחצר המעורבת; בן בתירה אומר, אף לשאינה מעורבת.

טז,ד   ולשם הוא מוציא את כל כלי תשמישו, לובש כל שהוא יכול ללבוש, ועוטף כל שהוא יכול לעטוף.   רבי יוסי אומר, שמונה עשר כלי.   וחוזר ולובש ומוציא; ואומר לאחרים, בואו והצילו עימי.

טז,ה   רבי שמעון בן ננס אומר, פורסין עור של גדי על גבי שידה תיבה ומגדל שאחז בהן האור, מפני שהוא מחרך.   ועושין מחיצה בכל הכלים, בין מלאים בין ריקנים, בשביל שלא תעבור הדליקה.   רבי יוסי אוסר בכלי חרס חדשים מלאים מים, שאינן יכולין לקבל את האור, והן מתבקעין, ומכבין את הדליקה.

טז,ו   נוכרי שבא לכבות, אין אומרין לו כבה, ואל תכבה, מפני שאין שביתתו עליהן; אבל קטן שבא לכבות--אין שומעין לו, שכן שביתתו עליהן.

טז,ז   כופין קערה על גבי הנר, בשביל שלא תאחוז בקורה; ועל צואה של קטן, ועל עקרב שלא תישוך.   אמר רבי יהודה, מעשה בא לפני רבן יוחנן בן זכאי בערב; ואמר, חושש אני לו מחטאת.

טז,ח   נוכרי שהדליק את הנר, משתמש לאורו ישראל; ואם בשביל ישראל, אסור.   מילא מים להשקות בהמתו, משקה אחריו ישראל; ואם בשביל ישראל, אסור.   עשה כבש לירד בו, יירד אחריו ישראל; ואם בשביל ישראל, אסור. מעשה ברבן גמליאל והזקנים שהיו באין בספינה, ועשה גוי כבש לירד בו, וירדו בו זקנים.

מסכת שבת פרק יז

יז,א   כל הכלים ניטלין בשבת, ודלתותיהן עימהן, אף על פי שנתפרקו בשבת;

אינן דומין לדלתות הבית, לפי שאינן מן המוכן.

יז,ב נוטל אדם קורנס, לפצע בו אגוזים. קורדום, לחתוך בו את הדבלה. מגירה, לגור בה את הגבינה. מגרפה, לגרוף בה את הגרוגרות. את הרחת ואת המזלג, לתת עליו לקטן. את הכוש ואת הכדכד, לדחוף בו. מחט של יד, ליטול בה את הקוץ; ואת של סקאים, לפתוח בה את הדלת.

יז,ג קנה של זיתים--אם יש קשר בראשו, מקבל טומאה; ואם לאו, אינו מקבל טומאה. בין כך ובין כך, ניטל בשבת.

יז,ד רבי יוסי אומר, כל הכלים ניטלין בשבת, חוץ מן המסר הגדול ויתד של מחרשה. כל הכלים ניטלין לצורך, ושלא לצורך; רבי נחמיה אומר, אינן ניטלין אלא לצורך.

יז,ה כל הכלים הניטלין בשבת. שבריהן ניטלין, ובלבד שיהו עושין מעין מלאכה--שברי עריבה לכסות בהן את פי החבית, ושל זכוכית לכסות בהן את פי הפך; רבי יהודה אומר, ובלבד שיהו עושין מעין מלאכתן--שברי עריבה לצוק לתוכן מקפה, ושל זכוכית לצוק לתוכן שמן.

יז,ו האבן שבקירויה--אם ממלאין בה, ואינה נופלת--ממלאין בה; ואם לאו, אין ממלאין בה. זמורה שהיא קשורה בטפיח, ממלאין בה בשבת.

יז,ז רבי אליעזר אומר, פקק החלון--בזמן שהוא קשור ותלוי, פוקקין בו; ואם לאו, אין פוקקין בו. וחכמים אומרים, בין כך ובין כך, פוקקין בו.

יז,ח כל כסויי הכלים שיש להן בית אחיזה, ניטלין בשבת. אמר רבי יוסי, במה דברים אמורים, בכסויי הקרקעות; אבל בכסויי הכלים--בין כך ובין כך, ניטלין בשבת.

מסכת שבת פרק יח

יח,א מפנין אפילו ארבע חמש קופות של תבן ושל תבואה, מפני האורחין ומפני ביטול בית המדרש; אבל לא את האוצר. מפנין תרומה טהורה, ודמאי, ומעשר ראשון שניטלה תרומתו, ומעשר שני והקדש שנפדו; והתורמוס היבש,

מפני שהוא מאכל לעיזים. אבל לא את הטבל, ולא את מעשר ראשון שלא ניטלה תרומתו, ולא את מעשר שני והקדש שלא נפדו, ולא את הלוף, ולא את החרדל; רבן שמעון בן גמליאל מתיר בלוף, מפני שהוא מאכל לעורבים.

יח,ב חבילי קש וחבילי עצים וחבילי זרדים--אם התקינן למאכל בהמה, מטלטלין אותן; ואם לאו, אין מטלטלין אותן. כופין סל לפני האפרוחים, שיעלו או שיירדו. תרנגולת שברחה, דוחין אותה עד שתיכנס. ומדדין עגלים וסייחים. והאישה מדדה את בנה. אמר רבי יהודה, אימתיי--בזמן שהוא נוטל אחת ומניח אחת; אבל אם היה גורר, אסור.

יח,ג אין מיילדין את הבהמה ביום טוב, אבל מסעדין. ומיילדין את האישה בשבת, וקורין לה חכמה ממקום למקום, ומחללין עליה את השבת, וקושרין את הטבור; רבי יוסי אומר, אף חותכין. וכל צורכי מילה עושין בשבת.

מסכת שבת פרק יט

יט,א רבי אליעזר אומר, אם לא הביא כלי מערב שבת, מביאו בשבת מגולה; ובסכנה, מכסהו על פי עדים. ועוד אמר רבי אליעזר, כורתין עצים לעשות פחמין לעשות ברזל. כלל אמר רבי עקיבה--כל מלאכה שאפשר לה ליעשות מערב שבת, אינה דוחה את השבת; מילה שאי אפשר לה ליעשות מערב שבת, דוחה את השבת.

יט,ב עושין כל צורכי מילה--מולין, ופורעין, ומוצצין, ונותנין עליה אספלונית וכמון. אם לא שחק מערב שבת, לועס בשיניו ונותן; אם לא טרף יין ושמן, נותן זה לעצמו וזה לעצמו. אין עושין לה חלוק כתחילה, אבל כורך עליה סמרטוט. ואם לא התקין מערב שבת--כורך על אצבעו ומביא, אפילו מחצר אחרת.

יט,ג מרחיצין את הקטן לפני המילה, ולאחר המילה. מזלפין עליו ביד, אבל לא בכלי. רבי אלעזר בן עזריה אומר, מרחיצין את הקטן ביום השלישי שחל להיות בשבת, שנאמר "ויהי ביום השלישי בהיותם כואבים" (בראשית לד,כה). ספק ואנדרוגינוס, אין מחללין עליו את השבת; ורבי יהודה מתיר באנדרוגינוס.

יט,ד מי שהיו לו שני תינוקות, אחד למול בערב שבת ואחד למול בשבת--שכח ומל את של ערב שבת בשבת, חייב. אחד למול לאחר שבת ואחד למול בשבת--שכח ומל את של אחר שבת בשבת--רבי אליעזר מחייב חטאת, ורבי יהושוע פוטר.

יט,ה קטן נימול לשמונה, לתשעה, לעשרה, לאחד עשר, לשנים עשר--לא פחות ולא יתר: כדרכו, לשמונה. נולד בין השמשות, נימול לתשעה. בין השמשות ערב שבת, נימול לעשרה. יום טוב לאחר שבת, נימול לאחד עשר. שני ימים טובים של ראש השנה, נימול לשנים עשר. קטן החולה, אין מולין אותו עד שיבריא.

יט,ו אלו הן ציצין המעכבין את המילה, בשר החופה את רוב העטרה. אינו אוכל בתרומה. אם היה בעל בשר, מתקנו מפני מראית העין. מל, ולא פרע את המילה--כאילו לא מל.

מסכת שבת פרק כ

כ,א רבי אליעזר אומר, תולין את המשמרת ביום טוב, ונותנין לתלויה בשבת; וחכמים אומרים, אין תולין את המשמרת ביום טוב, ואין נותנין לתלויה בשבת, אבל נותנין לתלויה ביום טוב.

כ,ב נותנין מים על גבי שמרים בשביל שייצלו, ומסננין את היין בסודרין ובקפיפה מצרית. נותנין ביצה במסננת של חרדל, ועושין יינמילין בשבת. רבי יהודה אומר, בשבת, בכוס; ביום טוב, בלגין; במועד, בחבית. רבי צדוק אומר, הכול לפי רוב האורחין.

כ,ג אין שורין את החלתית בפושרין, אבל נותנה לתוך החומץ. אין שורין את הכרשינין, ולא שפין אותן; אבל נותן הוא לתוך הכברה, או לתוך הכלכלה. אין כוברין את התבן בכברה, ולא יניחנה במקום גבוה בשביל שיירד המוץ; אבל נותן הוא בכברה, ונותן לתוך האיבוס.

כ,ד גורפין מלפני הפטם, ומסלקין לצדדין מפני הראי, כדברי רבי דוסא; וחכמים אוסרין. נוטלין מלפני בהמה זו, ונותנין לפני בהמה זו בשבת.

כ,ה הקש שעל המיטה--לא ינענענו בידו, אבל מנענעו בגופו. אם היה מאכל בהמה, או שהיה עליו כר או סדין--מנענעו בידו. מכבש של בעלי בתים-- מתירין, אבל לא כובשין; ושל כובסין, לא ייגע בו. רבי יהודה אומר, אם היה מותר מערב שבת, מכיר את כליו ושומטן.

מסכת שבת פרק כא

כא,א נוטל אדם את בנו והאבן בידו, כלכלה והאבן בתוכה. ומטלטלין תרומה טהורה, עם הטמאה ועם החולין. רבי יהודה אומר, אף מעלין את המדומע באחד ומאה.

כא,ב האבן שעל פי החבית--מטה על צידה, והיא נופלת. הייתה בין החביות- -מגביהה, ומטה על צידה, והיא נופלת. מעות שעל הכר--נוער את הכר, והן נופלות. אם הייתה עליו לשלשת, מקנחה בסמרטוט; הייתה על של עור-- נותנין עליה מים, עד שתכלה.

כא,ג בית הלל אומרין, מעבירין מעל השולחן קליפין ועצמות; בית שמאי אומרין, מסלק את הטבלה כולה ונוערה. מעבירין מעל השולחן פירורין פחות מכזית, ושיער של אפונין ושל עדשים, מפני שהוא מאכל בהמה. ספוג--אם יש לו עור בית אחיזה, מקנחין בו; ואם לאו, אין מקנחין בו. וחכמים אומרים, בין כך ובין כך, ניטל בשבת.

מסכת שבת פרק כב

כב,א חבית שנשברה--מצילין ממנה, מזון שלוש סעודות, ואומר לאחרים, בואו והצילו לכם: ובלבד שלא יספוג. אין סוחטין את הפירות להוציא מהן משקין; יצאו מעצמן, אסורין. רבי יהודה אומר, אם לאוכלין, היוצא מהן מותר; ואם למשקין, היוצא מהן אסור. חלות דבש שריסקן מערב שבת--יצאו מעצמן, אסורין; רבי אלעזר מתיר.

כב,ב כל שבא בחמין מלפני השבת, שורין אותו בחמין בשבת; וכל שלא בא בחמין מלפני השבת, מדיחין אותו בחמין בשבת--חוץ מן המליח הישן וקולייס

האספן, שהדחתן היא גמר מלאכתן.

כב,ג שובר אדם את החבית לאכול ממנה גרוגרות, ובלבד שלא יתכוון לעשותה כלי. אין נוקבין מגופה של חבית, דברי רבי יהודה; ורבי יוסי מתיר. לא ייקבנה מצידה. אם הייתה נקובה--לא ייתן עליה שעווה, מפני שהוא ממרח; אמר רבי יהודה, מעשה בא לפני רבן יוחנן בן זכאי בערב; ואמר, חושש אני לו מחטאת.

כב,ד נותנין תבשיל לתוך הבור בשביל שיהא שמור, ואת המים היפים ברעים בשביל שייצנו, ואת הצונן בחמה בשביל שייחמו. מי שנשרו כליו בדרך, מהלך בהן ואינו חושש; הגיע לחצר החיצונה--שוטחן בחמה, אבל לא כנגד העם.

כב,ה הרוחץ במערה או במי טבריה--מסתפג אפילו בעשר לונטייות, ולא יביאם בידו; אבל עשרה בני אדם מסתפגין בלונטית אחת, פניהם ידיהם ורגליהם, ומביאין אותה בידם.

כב,ו סכין ומתמשין, אבל לא מתעמלין ולא מתגרדין. אין יורדין בפילומה, ואין עושין אפיקטפיזון בשבת. אין מעצבין את הקטן, ואין מחזירין את השבר. מי שנפרקה ידו או רגלו, לא יטרפם בצונן; אבל רוחץ כדרכו, ואם נתרפא, נתרפא.

מסכת שבת פרק כג

כג,א שואל אדם מחברו כדי יין וכדי שמן, ובלבד שלא יאמר הלוויני; וכן שואלת אישה מחברתה כיכרות. אם אין מאמינו--מניח טליתו אצלו, ועושה עימו חשבון לאחר שבת. וכן ערב פסחים בירושלים שחל להיות בשבת, מניח טליתו אצלו ואוכל את פסחו, ועושה עימו חשבון לאחר יום טוב.

כג,ב מונה אדם את אורחיו, ואת פרפרותיו מפיו; אבל לא מן הכתב. ומפיס עם בניו ועם בני ביתו על השולחן, ובלבד שלא יתכוון לעשות מנה גדולה כנגד מנה קטנה, משום קוביה. מטילין חלשים על הקודשים ביום טוב, אבל לא על המנות.

כג,ג לא ישכור אדם פועלין בשבת, ולא יאמר אדם לחברו לשכור לו פועלין.

ואין מחשיכין על התחום לשכור פועלין, ולהביא פירות; אבל מחשיך הוא לשמור, ומביא פירות בידו. כלל אמר אבא שאול, כל שאני זכאי באמירתו, רשאי אני להחשיך עליו.

כג,ד מחשיכין על התחום לפקח על עסקי הכלה, ועל עסקי המת להביא לו ארון ותכריכין. גוי שהביא חלילין בשבת--לא יספוד בהן ישראל, אלא אם כן באו ממקום קרוב. עשו לו ארון וחפרו לו קבר, ייקבר בו ישראל; ואם בשביל ישראל, לא ייקבר בו עולמית.

כג,ה עושין כל צורכי המת, סכין ומדיחין אותו, ובלבד שלא יזיזו בו אבר. ושומטין את הכר מתחתיו, ומטילין אותו על החול, בשביל שימתין. קושרין את הלחי--לא שיעלה, אלא שלא יוסיף. וכן קורה שנשברה, סומכין אותה בספסל או בארוכות המיטה--לא שתעלה, אלא שלא תוסיף. אין מאמצין את המת בשבת, ולא בחול עם יציאת נפש; וכל המאמץ עם יציאת נפש, הרי זה שופך דמים.

מסכת שבת פרק כד

כד,א מי שהחשיך בדרך, נותן כיסו לנוכרי; אם אין עימו נוכרי, מניחו על החמור. הגיע לחצר החיצונה, נוטל את הכלים הניטלין בשבת; ושאינן ניטלין, מתיר את החבלים, והשקין נופלין.

כד,ב מתירין פקיעי עמיר לפני בהמה, ומפספסין את הכיפין; אבל לא את הזירין. אין מרסקין לא את השחת, ולא את החרובין לפני בהמה, בין דקה בין גסה; רבי יהודה מתיר בחרובין בדקה.

כד,ג אין אובסין את הגמל, ולא דורסין; אבל מלעיטין. ואין ממרין את העגלים, אבל מלעיטין אותן. ומהלקטין לתרנגולין, ונותנין מים על גבי המורסן; אבל לא גובלין. אין נותנין מים לפני דבורים, ולפני יונים שבשובך; אבל נותנין לפני אווזין ותרנגולין, ולפני יונים רודסייות.

כד,ד מחתכין את הדלועין לפני בהמה, ואת הנבילה לפני הכלבים; רבי יהודה אומר, אם לא הייתה נבילה מערב שבת--אסורה, לפי שאינה מן המוכן.

כד,ה מפירין נדרים בשבת, ונשאלין לנדרים שהן לצורך השבת. ופוקקין את המאור, ומודדין את המטלית ואת המקוה. מעשה בימי אביו של רבי צדוק ובימי אבא שאול בן בטנית, שפקקו את המאור בטופיח, וקשרו את המקידה בגמי, לידע אם יש בגיגית פותח טפח, אם לאו ; מדבריהם למדנו, שפוקקין ומודדין וקושרין בשבת.

史上最神奇的24堂課

被禁 70 年的全美歷史上最具影響力的潛能訓練課
任何導師都不願意教給弟子的秘密課程
促成比爾・蓋茲輟學創業的「私密教程」
如今想一窺其神奇之奧秘並學習的朋友有福了，

「史上最強の24堂課」最強效的實體課
震撼登場！！

被政商各界精英聯手隱秘百年的成功禁書——查爾斯・F・哈尼爾 (Charles F.Haanel) 創作的《史上最神奇的 24 堂課 (The Master Key System)》，市面上的翻譯本多達數十種，書本容易取得，但針對這 24 堂課開設的實體課卻很少。在智慧型立体學習平台的精心策劃與籌備下，耗時 10 年的時間結合當代各大師開課，推出為期兩年的系列課程，堪稱培訓史上最強工程！

　　你過去在學校教育、成功學書籍、課程、演講裡，找不到的答案、解決不了的問題，都可以在「史上最強 24 堂課」中找到並解決。我們將有系統地透過內外兼修的最佳教程，助你發揮內在潛能、鍛鍊外在技能，完整傳授擁有**雙能 (能量＆能力)** 的秘訣，讓你成為不被時代淘汰的大贏家！

引爆你的潛能，翻身逆襲！！

本質競爭力

核心競爭力

能量、認知
思維、價值

KEY MASTER

能力、資源
人脈、圈子

挖掘你內心巨大的能量

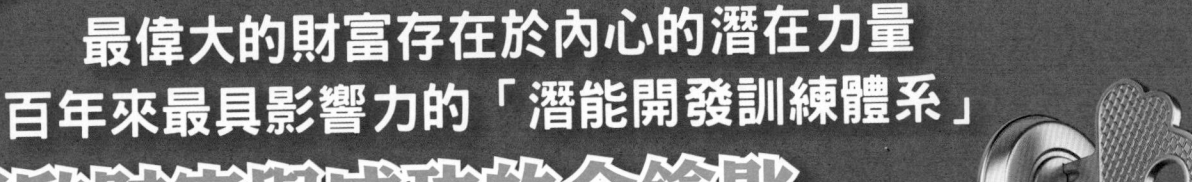

最偉大的財富存在於內心的潛在力量
百年來最具影響力的「潛能開發訓練體系」

開啟財富與成功的金鑰匙——
史上最強 24 堂課

「史上最強 24 堂課」是全台唯一最完整、強效的個人天賦潛能開發體系，既有修練身心靈的潛意識訓練法，又有指導我們走向成功的方法與技能。這套潛能開發財富訓練生命改造計畫為期 2 年，每月上 1 堂 2 整天實體課，共 24 堂，提供了：**啟動潛意識｜潛能訓練｜思維開發｜培育自信力｜視覺化目標｜重塑人格與價值｜建構和實現夢想｜靈活思考訓練營｜暢銷書作者班｜公眾演說班｜AI 技巧實戰班｜借力眾籌班｜催眠式銷售訓練營｜ESBI 創富腦革命｜無風險創業**……等系列課程，將理論與實踐相結合，通過反覆對心靈的訓練來強化思想，你將學會如何開發無限潛能，並下定決心做出改變，訓練出更強大的自己，邁向巔峰！將財富、成功、健康、幸福盡握手中！

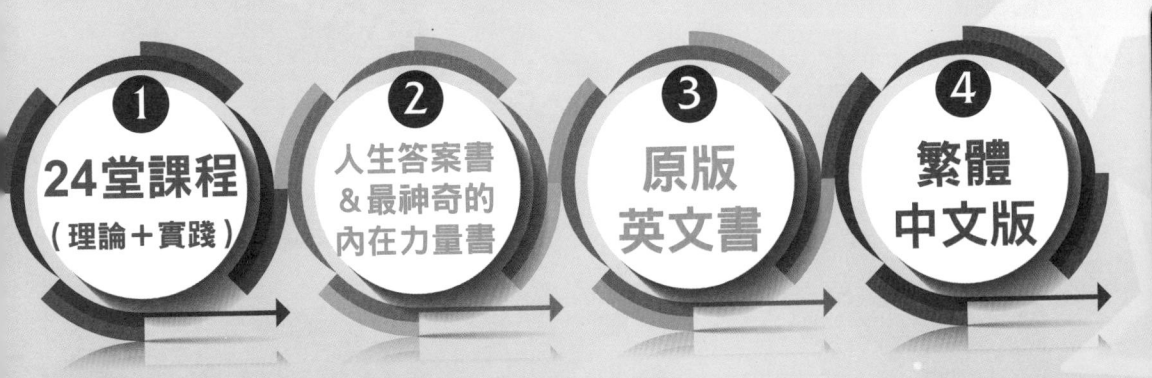

① **24堂課程**（理論＋實踐）
② 人生答案書 & 最神奇的內在力量書
③ 原版英文書
④ 繁體中文版

史上最強 **24** 堂課 完整版大全集

想知道蘋果賈伯斯、成功學之父拿破崙·希爾、香港首富李嘉誠等成功人士獲得巨大財富的秘密嗎？

立即掃描 QR 碼，報名卡位！

上課時間 ◐ 開學日 2025.1/4 & 1/5
✓ 每月第一個週六及其後的週日開課（遇國定假日上課日期順延）
✓ 每一堂為 2 日全天班
✓ 每月 1 堂課，24 堂課需 2 年學成，可接受複訓，至功成名就為止！

學費 ◐ 兩年 24 堂課，定價 $ 998,000 元

更多詳情請至〔新絲路網路書店〕查閱或撥打
☏ 客服專線 02-8245-8318

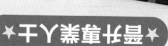

EPCBCTAIWSOD

新鑫獨立體育選出版 & 培訓計畫圖

將各地出最新賺錢的多種商業模式
一生三局的經濟BM，成就你的賺錢人生！

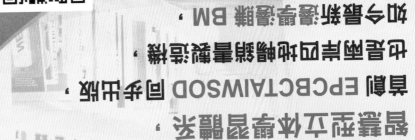

01 被動收入
自己就是一間隱形出版
商，取得出書經銷權，引
屬越多人，收入越可觀！

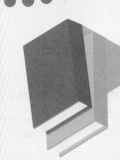

02 出書1+1
第1本書，助和名作家
分為一本書：第2本書
自己寫作，來種成發，
成為暢銷書作家！

03 高CP值
讓你護每＋變賺＋更
書＋找人脈＋升頭衔，
成為下一個的富翁！

獨鑫獨立體育商最選最夜刊，
夜刊 EPCBCTAIWSOD 同步出版，
如昔思来四接權錢最新活樣，
如今書新護每海賺 BM，
不僅讓你變出專業人生，
還能打造自己的自動賺錢機器！

目標　行動
習慣　資源
！

以書引流　以課導客

☎ 按掛車線：02-82458318

📍 地址：台灣新北市中和區中山路二段366巷10號3樓

指引人生大道的明燈！
真理指引の知識服務

真永是真

跨時代 ☑
跨領域 ☑
融匯古今 ☑
中西互證 ☑

「**真永是真**」人生大道，條條是經典，字字是真理！王天晴大師率智慧型立体知識服務團隊精選 999 個真理，打造「**真永是真**」人生大道叢書，每一個真理均搭配書籍、視頻、課程等，並融入了數千本書的知識點、古今中外成功人士的智慧，全體系應用，讓你化盲點為轉機，為迷航人生提供真確的指引明燈！

① 1 馬太效應	② 莫菲定律	③ 紅皇后效應
② 4 鯰魚效應	⑤ 達克效應	⑥ 木桶原理
③ 7 長板理論	⑧ 彼得原理	⑨ 帕金森定律
④ 10 沉沒成本	⑪ 沉默效應	⑫ 安慰劑效應
⑤ 13 內捲漩渦	⑭ 量子糾纏	⑮ NFT與NFR
⑥ 16 外溢效果	⑰ 槓鈴原則	⑱ 二八定律
⑦ 19 熵增熵減	⑳ 鱷魚法則	㉑ 鰷魚法則
⑧ 22 暈輪效應	㉓ 霍桑效應	㉔ 畢馬龍效應
⑨ 25 天地人網	㉖ 接建初追	㉗ 轉介紹
⑩ 28 破窗理論	㉙ 飛輪效應	㉚ 吸引力法則
⑪ 31 機會成本	㉜ 168系統	㉝ 低風險創業
⑫ 34 市場區隔	㉟ 目標市場	㊱ 市場定位 …… 共 999 篇

333 本書
課程演講
影音視頻
999篇 真理
Mook 20 鉅冊

真讀書會 生日趴＆大咖聚

真讀書會來了！解你的知識焦慮症！

　　在王天晴大師的引導下，上千本書的知識點全都融入到每一場演講裡，讓您不僅能「獲取知識」，更「引發思考」，進而「做出改變」；如果您想體驗有別於導讀會形式的讀書會，歡迎來參加「真永是真・真讀書會」，真智慧也！

2024 場次
11/2（六）
13:00~21:00

2025 場次
11/2（日）
13:00~21:00

2026 場次
11/7（六）
13:00~21:00

📍 地點：**新店台北矽谷國際會議中心**
（新北市新店區北新路三段 223 號捷運大坪林站）

立即報名

★ 超越《四庫全書》的「**真永是真**」人生大道叢書 ★

	中華文化瑰寶 清《四庫全書》	當代華文至寶 真永是真人生大道	絕世歷史珍寶 明《永樂大典》
總字數	8 億 勝	8 千萬字	3.7 億
冊數	36,304 冊 勝	353 本鉅冊	11,095 冊
延伸學習	無	視頻＆演講課程 勝	無
電子書	有	有 勝	無
NFT＆NFR	無	有 勝	無
實用性	有些已過時	符合現代應用 勝	已失散
叢書完整與可及性	收藏在故宮	完整且隨時可購閱 勝	大部分失散
可讀性	艱澀的文言文	現代白話文，易讀易懂 勝	深奧古文
國際版權	無	有 勝	無
歷史價值	1782 年成書	2024 年出版 勝 最晚成書，以現代的視角、觀點撰寫，最符合趨勢應用，後出轉精！	1407 年完成 勝 成書時間最早，珍貴的古董典籍。

> 「真永是真」人生大道叢書，將是史上最偉大的知識服務智慧型工程！堪比《四庫全書》、《永樂大典》，收錄的是古今通用的道理，具實用性跨界整合的智慧，絕對值得典藏！

眾力鑄就輝煌，為留傳恆久智慧出一份力！

333本書

影音視頻

課程演講

999篇真理

Mook 20鉅冊

《真永是真系列叢書》是台灣當代最宏偉不凡的知識服務智慧工程！堪比《四庫全書》、《永樂大典》，收錄的是古今通用的道理，談的是現代應用的知識、內含數十萬種書之精華，並融入了上萬本書的知識點、古今中外成功人士的智慧經驗，蘊涵了無數時間與人力的心血，串聯起人類文化的瑰寶，有系統地淬鍊成具實用性跨界整合的智慧！是您解決問題的百科全書，絕對值得典藏！

誠摯邀請您參與預購，一起來支持、傳承人生智慧寶庫！

預購《真永是真全系列叢書》共計 1059 本

贈送 998000 元最神奇 24 堂課

眾籌方案：購買 1059 本，總價 $1,637,600

★ 特價 $ 200,000 元 ★

可從《真永是真系列叢書》全套 353 本（單冊詳述版 333 本＋彩色 MOOK 專輯版 20 本）中任選或換取其他本版書（以定價 $600 元為上限），若全選《真永是真系列叢書》者，可獲得《真永是真全系列叢書》三套共 1059 本，可分 20 次領取。

贈

❶. 最神奇 24 堂課完整版 $ 價值 998,000 元。
❷. 真永是真 VVIP，包含：每年真永是真讀書會、高端人脈交流、蛋糕吃到飽、澎湃下午茶。
❸. 當年度最新真永是真系列叢書。
❹. 另享有當季其他課程及書籍促銷之優惠。

匯款帳號 ▶ 玉山銀行中和分行
銀行代碼：808
帳號 ▶ 0439979112189　戶名：王寶玲
訂購 & 客服專線 ▶ 02-8245-8318

價值 $396,000 元

掃碼立即擁有！

學習使人不惑，賺錢使人不屈

感恩回饋大放價

26本書＋
15大優質課

4＋1 超值大禮包

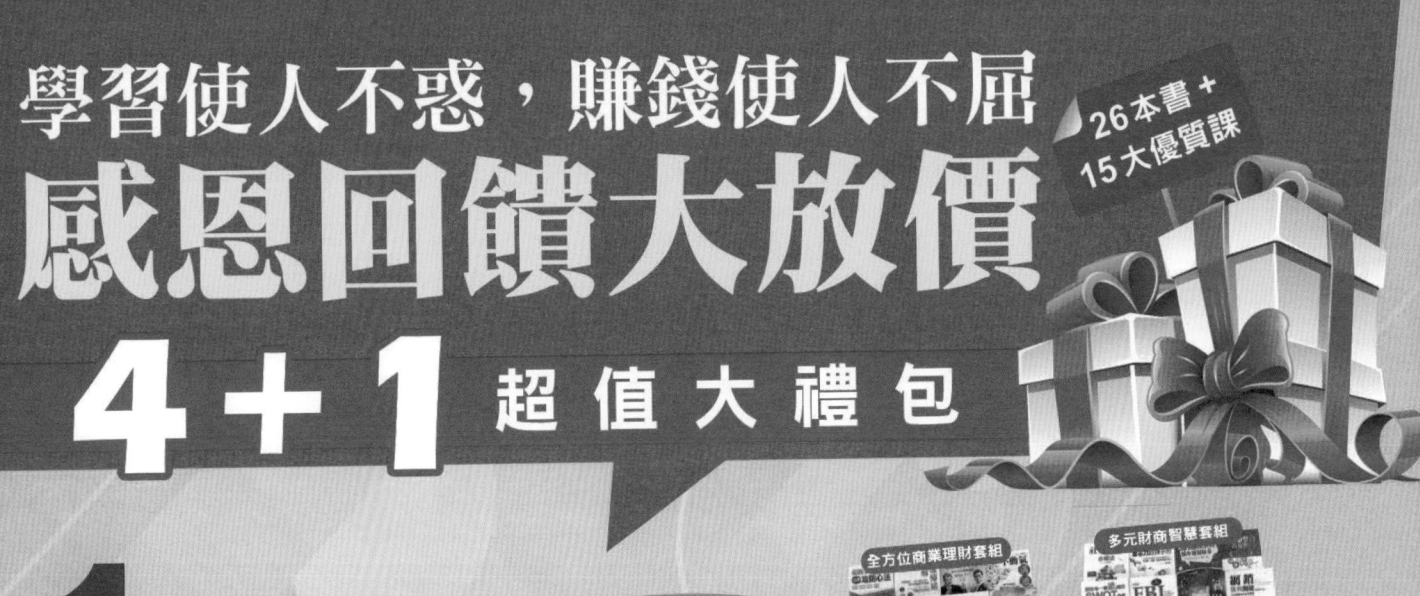

1
★ 11本暢銷好書套組・自由選 ★
商業理財、文學經典、生活養生……應有盡有。

全方位商業理財套組
多元財商智慧套組
零風險加盟創業套組
勵志經典暢銷套組

2
★ 精選線上課程・18選5 ★
不限時間、不限次數觀看

★ 英倫神探福爾摩斯
★ 真永是真：馬太效應
★ 3小時暢銷書作者培訓精華班
★ 成為國際級講師超值精華課

3
★ 精選10大實體課程・全部免費參加 ★
除享有免費10大實體課程外，另報名本集團名師之課程亦享有極大優惠。

☑ 兩岸談判學大師PK賽
☑ 168系統PK 642系統
☑ 出書出版培訓營
☑ 世界華人八大明師創業講座

4
★ 15本電子書通通免費送給你！！ ★
高CP值炸裂優惠，一次滿足愛學習的您！

加碼贈好禮！

真永是真讀書會

復盤價
$2980

＋王天晴博士生日趴 ＋高端人脈聚會 ＋蛋糕吃到飽
＋下午茶 ＋當年度最新真永是真叢書

NEW
真永是真

詳細日期請上新絲路網路書店查詢　　（價值29800）

立即訂購!! 暢銷套書＆課程詳情傳送門

更多詳細資訊請洽（02）8245-8318　新絲路網路書店 silkbook○com　www.silkbook.com　新絲路網路書店🔍 查詢

國家圖書館出版品預行編目資料

塔木德：世界首富私藏的致富秘方，只有知道的人可以脫離貧窮! / 王晴天著. -- 初版. -- 新北市：創見文化出版, 采舍國際有限公司發行, 2023.4 面；公分--

ISBN 978-986-271-959-6（平裝）

1.CST: 理財 2.CST: 成功法 3.CST: 猶太民族

177.2   112001781

塔木德（依2024最新塔木德修訂版）

創見文化・智慧的銳眼

作者／王晴天

出版者／智慧型立体學習・創見文化

總顧問／王寶玲

總編輯／歐綾纖

主編／蔡靜怡

文字編輯／Emma

美術設計／May

台灣出版中心／新北市中和區中山路 2 段 366 巷 10 號 10 樓

電話／（02）2248-7896　　　　傳真／（02）2248-7758

ISBN ／ 978-986-271-959-6

出版日期／ 2024 年 8 月再版 8 刷

全球華文市場總代理／采舍國際有限公司

地址／新北市中和區中山路 2 段 366 巷 10 號 3 樓

電話／（02）8245-8786　　　　傳真／（02）8245-8718

◎本書採減碳印製流程，碳足跡追蹤，並使用優質中性紙（Acid & Alkali Free）通過綠色碳中和印刷認證，符合歐盟&東盟環保要求。

★本書附錄塔木德經文為希伯來原文，希伯來文書寫方式為由右至左，特此説明。

智慧型立体學習股份有限公司